비즈니스의 미래

未来

The Future of Business

비즈니스의 미래

기능보다 정서, 효율보다 낭만,
성장이 멈춘 시대의 새로운 프레임

야마구치 슈 | 김윤경 옮김

흐름출판

친애하는 한국 독자 여러분께.

이번에 저의 책《비즈니스의 미래》가 한국어판으로 출간되어 무척 기쁩니다.

최근 2년 넘게 전 세계를 휩쓸고 있는 코로나 팬데믹은 우리 사회가 심각한 모순으로 가득 차 있다는 사실을 여실히 드러냈습니다. 가장 큰 모순은 사회를 유지하는 데 꼭 필요한 직업, 즉 에센셜 워크(essential work)에 종사하는 사람일수록 급여가 낮은 반면, 있으나 없으나 당장은 곤란하지 않은 일에 종사하는 사람일수록 급여가 높은 현상이라고 할 수 있습니다.

이러한 모순이 왜 그대로 방치되고 있는 것일까요? 이유는 단순합니다. 중요도가 낮은 문제라고 인식하기 때문이지요. 그렇다면 중요도가 높은 문제로 인식하는 과제는 무엇일까요? 바로 '경제 성장'입니다. '경제 성장'이라는 우선순위가 높은 문제만 해결되면 다른 모든 문제도 동시에 해결될 거라는 사고가 뿌리 깊이 박혀 있는 것이지요.

20세기 중반부터 후반에 걸쳐 경제가 크게 성장하던 시대에는 경제 성장과 함께 다른 수많은 사회 문제가 동시에 해결되었던 게 사실입니다. 하지만 현대는 그러한 시대가 아닙니다. 제가 이 책의 서두에서 지적했듯, 선진국의 경제성장률은 1960년대 이후 꾸준히 하락하고 있으며 이 추세가 반등할 기미는 보이지 않습니다. 하지만 이런 통계는 경제 정책을 담당하는 사람들에게는 불편한 진실인 모양인지, 인터넷은 물론 그 어디에서도 거의 찾아볼 수 없습니다.

과연 무엇이 문제일까요? 아무런 문제도 없습니다. 오히려 자연의 인력이 경제 성장을 저하시키고 있는데, 그러한 인력을 거스르면서 무리하게 경제를 성장시키려고 하는 것이 문제입니다. 경제 성장은 반드시 '미개척지의 발견'이나 '기존 문물의 파괴'를 수반하니까요.

GDP(Gross Domestic Product)라는 용어를 다시 한번 확인해보면 '프로덕션(Production)', 즉 생산을 지향한다는 사실을 알 수 있습니다. 다시 말해 '얼마만큼 물건을 만들어냈는가?'를 나타내는 지표입니다. 전 세계가 물건으로 가득 차 있는 현재, 물건을 새로 만들어내려면 새로운 땅, 즉 미개척지를 발견하든지 이미 있는 물건을 고철로 만들고 새로운 물건으로 대체해야 합니다. 세계 구석구석까지 시장화되어 미개척지가 사라진 오늘날, 경제 성장의 여지는 '지금 있는 물건을 얼마나 파괴하고 새로운 물건으로 바꿀 수 있느냐'에 달려 있는 것이지요. 하지만 환경, 자원, 쓰레기 문제가 지구 전체의 문제로 대두되고 있는 현실을 감안할 때, 오만하게 이러한 방향을 추구하는 것은 윤리적으로 허용되지 않을 겁니다. 이러한 상황을 올곧게 생각해보면 지금까지와 같은 방법으로 경제 성장을 지향하는 것이 얼마나 비윤리적인지 쉽게 이해할 수 있습니다.

그렇다면 어떠한 변화가 필요할까요? 상세한 내용은 이 책을 읽으면 아실 테지만, 제가 생각하는 방향은 한마디로 이렇게 표현할 수 있습니다.

비즈니스에 인간성, 즉 휴머니티를 회복시키자.

휴머니티의 회복을 실현하지 못하면 비즈니스도 경제도 점점 더 비인간적인 행위로 치달을 뿐더러, 그 일에 관여하는 사람들의 자부심과 감성을 끊임없이 파괴할 것입니다. 그렇다면 우리는 비즈니스를 그만둬야 하는 것일까요? 저는 그렇게 생각하지 않습니다. 오히려 비즈니스의 내실을 충실히 다지는 방향으로 전환해야 한다고 생각합니다. 그러기 위해선 과연 어떻게 해야 할까요?

19세기 영국에서 디자이너이자 사회사상가로 활동한 윌리엄 모리스(William Morris)는 문명화가 종료되고 누구나 어느 정도 물질적 풍요로움을 향유하게 된 세계에서 인간에게 남겨진 최후의 일은 '장식하는 일'이라고 강조했습니다. 이 얼마나 신선하고 멋진 비전입니까. 이것을 약간 딱딱한 말로 표현해보겠습니다. 문명적 풍요로움을 일정 수준까지 끌어올리는 것이 20세기까지 비즈니스의 역할이었다면 현재 우리 인류에게 남겨진 역할은 다음 두 가지, 즉 아직까지 문명적 풍요로움을 향유하지 못한 채 '남겨진 사람들'을 '문명적 풍요로움을 향유하는 쪽'으로 데리고 오는 일, 그리고 문명적 풍요로움을 이미 실현한 사람들이 살아갈 가치가 있다고 생각할 수 있는 세계, 아이들이 '태어난 건 행운이야'라고 생각할 수 있는 세계를 만들어가는 일 아닐까요. 그리고 이 두 가지 역할이야말로 비즈니스가 앞으로 해결해야 할 과제일 것입니다.

오늘날 많은 곳에서 '이 위기에 어떻게 대처해야 하는가?' 하는 주제로 다양한 논의가 이루어지고 있습니다. 이는 물론 중요한 주제이지만, 조금 우려되는 점이 있습니다. 바로 그들 논의가 한결같이 매우 수동적이고 단기적으로 보인다는 사실입니다. 물론 인명에 관련된 문제는 중대한 과제로 다루고 논의할 필요가 있습니다. 하지만 그러한 논의의 중요성 이상으로, 이런 때일수록 우리는 위기 후에 최종적으로 어떠한 세계를 만들어가야 할지 논의해야 하지 않을까요?

13세기 페스트가 휩쓸고 지나간 후에 인간성 회복 운동인 르네상스가 시작되고 중세 암흑기의 막이 내렸던 것처럼, 이번 세계적인 팬데믹 이후에 어떠한 세계를 구축해 나갈지는 우리 한 사람 한 사람의 구상력에 달려 있습니다. 이 책을 읽은 여러분이 개인으로서 코로나 이후에 어떤 세계를 그릴지, 이 책을 참고로 해서 다양한 사고를 발휘할 수 있다면 저자로서 더없이 행복할 것입니다.

끝으로, 전 세계적인 코로나 재난이 한시라도 빨리 수습되고 새로운 미래를 향해 나아갈 수 있기를 기원하며 이만 마칩니다.

야마구치 슈

저성장의 시대, 재앙인가 축복인가

"저성장은 '문명화의 종료'에서 비롯된 필연적인 것이다."

야마구치 슈는 우리가 맞닥뜨린 암울한 정체된 현실이 인류사 전체 안에서 조망하면 위기가 아닌 '축복의 신호'라고 당당히 말하고 있습니다.

본문에서 "현재 사회는 물질적 불만의 해소라는 측면에선 게임을 종료한 상태지만 삶과 일에서 느끼는 보람 같은 의미적 가치의 상실에 관련한 문제를 비롯해 빈곤과 격차, 환경 등 지금까지의 비즈니스로는 해결하기 어려운 사회적 과제가 많이 남아 있다"라고 언급한 대로, 이미 물질적 풍요를 이룬 사회에서는 절대 빈곤을 해결하기 위해 등장한 초기 산업사회 영웅들의 신화가 빛바래졌습니다. 소비가 미덕으로 여겨지던 대량 생산, 대량 소비 사회의 믿음에 균열이 생기기 시작한 것입니다. 저자는 우리 시대가 '지향점의 재조준'을 요청한다고 깊은 통찰을 통해 해석하고 있습니다.

이 균열은 개인이 삶을 영위하는 방향에도 변화를 일으켰습니다. 현재의 시간과 노력을 언젠가는 보상받을 것이라 기대하던 현대인은 이제 한 가지 이상의 직업을 갖는 'N잡러', 조기퇴직을 꿈꾸는 '파이어족(FIRE족)'으로 변모했습니다. 기존 사회 체계에서는 존재하지 않던 모습들이죠. 그들의 기대가 지켜지지 못할 약속이었음을, 즉, 증가한 물질의 풍요가 그들에게 분배되는 기회는 오지 않을 것임을 깨달았기 때문입니다.

"가령 '신규 대졸 사원 일괄 채용' '연공서열' '종신고용' 같은 고용 형태는 무한히 계속되는 성장을 전제로 하고 있어 오늘날 일본 기업을 둘러싼 상황과는 명백히 모순을 보인다. 이들 시스템이 구축된 것은 '내년에는 경제가 두 자릿수 성장을 이룬다'는 전제가 당연시되던 1950년대다"라며 야마구치 슈는 '종신고용' '연공서열'과 같이 옛날 체제를 구성하고 유지하던 시스템은 가부장제의 유교적 가치관이 서구의 기능주의적 자본주의와 결합하여 필연적으로 형성되었다는 환상이 틀렸다고 지적합니다. 저성장 시대에 근대 이후 특정 기득권층에 의해 조합되고 합리화된 산업화의 잔재는 더 이상 유효하지 않은 몽상일 뿐이라는 것이죠.

한국 역시 대졸 신입 사원을 뽑는 공개 채용 문화가 저물고 직급이 점차 사라지는 수평적 문화로 전환 중입니다. 이러한 변화는 위기에 따른 대응일 뿐 아니라 시대의 전환에 발맞추어 큰 흐름에 순응해 나가는 과정이라 할 수 있습니다. 일본 사회의 저성장, 인구감소 문제는 한국 역시 동일하게 겪고 있는 '미래의 상수'이기에 이 책의 경고와 분석에 더욱 주의를 기울여야 할 것입니다.

"미시간대학교 정치학과 교수인 로널드 잉글하트(Ronald F. Inglehart)는 앞서 기술한 〈세계 가치관 조사〉의 상세한 분석 결과를 근거로, 선진국 사회가 예전처럼 경제 성장과 소득 상승이 무엇보다 우선되던 '근대 사회'에서, 생활의 질과 행복이 우선되는 '포스트 근대 사회'로 옮겨가고 있다고 주장했다"라고 언급한 대로 사람들은 더 이상 개인의 희생과 지금이라는 시간을 담보로 집단의 풍요와 분배를 추구하지 않습니다. 즉각적으로 얻을 수 있는 행복감과 삶의 질을 우선시합니다. 즉, 풍요의 시대 속에서 의미를 찾고자 합니다.

"유대인 출신의 미국 정치철학자 한나 아렌트(Hanna Arendt)는 저서 《인간의 조건》에서 일반적인 '직업으로서의 일'의 종류를 '생존하기 위한 식량과 일용품을 얻는 행위 = 노동(labor)' '쾌적하게 살아가기 위한 인프라를 만드는 행위 = 일(work)' '건전한 사회의 건설과 운영에 관여하는 행위 = 활동(action)'의 세 가지로 나누었다"라고 한 대목에서는 나 자신과 우리가 보내는 하루를 떠올리지 않을 수 없더군요.

우리가 사회 속에서 가진 위치와 기능인 직업을 노동, 일, 활동으로 나누어 의미를 부여해 가치를 재정의한 시도가 신선했습니다. 그 의미의 크기와 이를 대하는 사람들의 인식도 제각각일 것이고요. 결국 직업은 '생존'과 '인프라'의 기능으로 귀착되기에, 이를 지각한 사람들은 결국 더 큰 의미를 찾는 '행위'를 지향할 것이라는 야마구치 슈의 주장은 더 나은 방향으로 발전할 사회를 기대하게 했고, 안도감마저 느끼게 했습니다.

의무가 사라질 풍요의 시대에 의미를 찾고자 하는 사람들의 욕망은 더 큰 가치를 향하게 될 것이라는 생각에 매우 동의합니다. 저는 저의 전작인《그냥 하지 말라: 당신의 모든 것이 메시지다》에서 '의미 소비'를 정의했습니다.

지금까지는 필요에 의해 무언가를 구매하고 소비했지만 이제는 필요를 넘어 감성이나 만족감 등을 위해 소비한다는 것을 밝히는 작업이었죠. 사람들이 더 이상 물질 소비가 아닌 의미 소비를 추구하게 된 배경은 사회가 전체적으로 풍요로워졌기 때문이에요. (중략)

구매는 그 브랜드가 말하는 가치에 대한 동조이고, 콘텐츠의 수용은 지적 취향에 대한 선언이며, 특정인을 팔로우하는 것은 연대에 대한 증명이 되니 이 행위들은 결국 나의 라이프 스타일을 세상에 천명하는 것입니다. '나는 이런 삶을 살고 있다'라고 다양한 방식으로 신호를 보내는 거죠. 이런 행위를 종합적으로 관찰하다 보면 내가 어떤 사람인지 자연스럽게 설명할 수 있게 됩니다. 나의 모든 것이 나를 설명하는 메시지가 됩니다. (중략)

Brand is the Message.
Content is the Message.
Network is the Message.

Lifestyle is the Message.

Your every move is the message.

— 송길영,《그냥 하지 말라》

내가 선택하는 모든 것, 상품과 서비스, 혹은 그 무엇이라도 그게 어떤 메시지를 내포하고 있는지 스스로 고민하고 의미를 밝히려고 시도해야 합니다. 더 나아가 모든 행위와 선택에 나의 어떠함을 표현할 수 있는 특정한 의미를 담으려 노력해야 합니다. 나의 일상은 스스로의 철학을 선언하고 이를 만들어 나가는 과정이기 때문입니다. 저자는 이런 과정을 '활동과 목적이 일체화'되는 삶이라고 했습니다.

저자가 꿈꾸는 '예술로써의 비즈니스(Business as Art)'는 요셉 보이스의 사회적 조형물에 대한 설명으로 이해될 수 있습니다. 그는 "모든 사람은 아티스트다. 자유의 존재이며, 우리 각자의 삶을 형성하고 인지시키는 조건, 사고와 구조들을 변형시키고 재조각하기 위해 존재한다"라며 인간의 모든 삶이 예술 작업이 될 수 있다고 이야기합니다.

송고영신(送故迎新)이라는 중국의 고사성어가 있습니다. 직역하면 '옛 관리를 보내고, 새 관리를 맞이한다'는 뜻입니다. 더 적확히 해석하면 '옛 관리를 보내야 새 관리를 맞이할 수 있다'는 뜻입니다. 환경을 변화시키기 위해서는 반드시 새로운 규칙과 책임자가 필요하다는 것이죠. 관성과 굳어진 인식은 변화를 일으킬 용기를 내지 못하게 가로막으니까요.

인간이라는 종은 각 개체의 생존을 넘어 공리를 궁리하는 지능화된 존재라고 믿습니다. 인류가 생존하고 번성할 수 있게 했던 유전자에 새겨진 이 형질의 존재를 믿기에 다음의 문장으로 우리 각자와 사회에 변화가 절실히 필요함을 다시 확신하게 됩니다.

인간이 된다는 것은 바로 책임을 지는 존재가 되는 것이다. 자신과 관계없어 보이는 비참함 앞에서 부끄러움을 아는 일이고 동료들이 거둔 승리를 자랑스럽게 여기는 일이다. 자신의 돌을 하나 올려놓으면서 세상을 건설하는 데 힘을 보탠다고 느끼는 일이다.
— 앙투안 드 생텍쥐페리,《인간의 대지》

지구 온난화와 글로벌 분쟁이 격화되는 저성장의 시대, 새로운 규칙의 고민을 공감하는 여러분께 일독을 권합니다.

송길영, 마인드 마이너(Mind Miner),
《그냥 하지 말라》 저자

차례

제2장

향하는가?　어디로　우리는

비즈니스는 역사적 사명을 이미 끝낸 것이 아닐까?

이 책을 쓰게 된 계기는 바로 이 의문에 있다. 한마디로, 이에 대해 다양한 각도에서 고찰한 결과를 기록한 것이 이 책이다. 이러한 중요한 문제에 어설프게 즉답하는 것은 위험하다는 사실을 잘 알면서도 먼저 결론을 밝히자면, 이렇게 답할 수 있다.

그렇다! 비즈니스는 그 역사적 사명을 끝마쳐가고 있다.

이 책에서 소개할 다양한 데이터는 우리가 지난 200여 년간 끊임없이 추구해온 '경제와 테크놀로지의 힘으로 사회에서 물질적 빈곤을 없앤다'는 사명이 이미 완료되었다는 사실을 보여준다. 이런 상황은 오늘날 주로 '저성장' '침체' '쇠퇴' 같은 부정적인 용어로 표현되고 있지만, 결코 비관적으로 생각할 것만은 아니다. 고대 이래 우리 인류는 항상 '생존을 위협당하지 않는 물질적 사회 기반의 정비'라는 과제를 안고 살아왔기에, 오늘날의 상황은 드디어 이 과제를 달성하고 '축제의 고원(高原)'에 이르렀다고도

표현할 수 있다.

21세기를 살아가는 우리에게 주어진 과제는, 과거의 노스탤지어(nostalgia)에 사로잡혀 이미 끝나가는 '경제 성장' 게임에 굳이 연명과 소생 조치를 하는 것이 아니다. 우리가 고원에 도달했음을 서로 축하하면서 새로운 활동을 도모해 '안전하고 편리하며 그저 쾌적하기만 한 세상'에서 '진정 풍요롭고 살아갈 가치가 있는 사회'로 변화시켜 나가는 것이어야 한다.

이러한 전환을 적극적으로 이뤄내기 위해 명심해야 할 세 가지 중요한 사항이 있다. 첫째는 '종말의 수용'이다. 우리 사회가 현재 중요한 전환기에 접어들었다는 사실을 의심하는 사람은 없을 것이다. 그렇다면 어떻게 해야 이 전환기를 성공적으로 극복할 수 있을까. 미국의 임상심리학자이자 조직 개발 컨설턴트인 윌리엄 브리지스(William Bridges)*는 전환기에 종말을 인식하고 받아들이는 일이 얼마나 중요한지를 강조했다.

브리지스는 인생의 전환기나 고비를 잘 넘기지 못하고 힘들어

---

* 윌리엄 브리지스(1933~2013): 미국의 작가, 강연자, 조직 컨설턴트. 하버드대학교에서 영어학을 전공하고 컬럼비아대학교에서 미국사 석사 학위, 브라운대학교에서 미국 문학 박사 학위를 취득한 후 밀스컬리지에서 문학 교수를 역임했다. 이후 교수직을 그만 두고 저술, 강연, 임상, 컨설팅 분야에서 활동하면서 독자적인 조직 개발 이론을 연구하고 인간성 심리학회 회장을 역임했다.

하는 사람들에게 집단 요법을 실시한 경험을 통해, 전환기를 지혜롭게 극복하지 못해 고통을 겪는 사례에는 공통으로 '과거를 완벽하게 끝내지 못했다'는 문제가 잠재하고 있다는 사실을 깨달았다. 즉, 전환기란 '무언가가 시작되는 시기'가 아니라 반대로 '무언가가 끝나는 시기'라는 사실을 알아낸 것이다. 그리고 만약 이 사회가 지금 틀림없이 전환기에 있다면 우리 역시 '무엇이 시작되는가?' 하는 물음을 던지기에 앞서 먼저 '무엇이 끝나는가?' 하는 물음에 진지하게 마주해야 한다고 지적했다. 과연 무엇이 끝나는 것일까? 여기서 이 물음에 대한 대답을 먼저 간략히 밝혀두자면, 바로 첫머리에 언급한 '경제 성장과 테크놀로지의 힘으로 사회에서 물질적 빈곤을 없앤다'는 미션이다. 이 점은 뒤에서 약간 집요할 정도로 다양한 데이터를 제시해 확인해보겠다.

둘째 핵심은, 이 상황을 '긍정적으로 받아들이자'는 것이다. 현재 우리 사회는 여러 측면에서 '저성장' '침체' '쇠퇴'라는 용어로 표현되고 있다. 하지만 나는 현대 사회를 이런 부정적인 용어로 표현하는 것에 오래전부터 거부감을 느껴왔다. 다양한 경제, 사회 지표는 우리가 최근 100년간 상당한 정도의 진보와 개선을 훌륭히 이뤄냈다는 사실을 여실히 보여준다. 자주 언급되고 있는 저성장의 경우, 그러한 달성 끝에 성숙하고 밝은 고원을 향한 결과, 필연적으로 초래된 상황이므로 비관적으로 생각할 일이 아니다.

저성장은 '문명화의 종료'에서 비롯된 필연적인 결과이기 때문이다. 문명화를 완료하고 나면 문명화를 추진하기 위해 시행하던 비즈니스가 정체되는 것은 당연한 일이다. 나중에 다시 짚어보겠지만 지구의 자원과 환경이 한정되어 있다 보니 모든 국가는 언젠가 어느 시점에 성장을 멈출 수밖에 없다. 성장이 멈추는 것을 문명화의 완성, 즉 목표 지점으로 설정한다면 일본은 세계에서 가장 빨리 이 상황에 다다른 국가라고 생각할 수 있지 않을까. 반대로 뒤집어 보면 높은 성장률은 그만큼 문명화되지 않았음을 의미하지 않을까. 문명화가 진행되고 있는 것이 아니라 늦어지고 있으므로 성장률이 높은 것이다. 이렇게 성장의 의미를 새롭게 정의하면 세계를 인식하고 바라보는 관점이 바뀌고 세상의 모습도 180도 달라질 것이다. 우리가 저성장이라는 말로 사회를 표현할 때 이미 사회에는 고성장과 저성장 두 가지 상태밖에 없다는 전제가 깔려 있다. 처음부터 고성장과 저성장 두 가지 상태밖에 없다고 전제하고 어느 한쪽을 선택하라고 종용하면 당연히 고성장이 좋다고 대답할 수밖에 없다. 이는 엄연히 유도신문이다. 그 증거로 이 대비를 다른 용어로 바꿔 생각해보자. 가령 '미숙과 성숙'으로 바꿔 어느 한쪽을 선택하게 하면 누구나 성숙이 좋다고 대답할 것이다. '성숙'은 그대로 '저성장'을 의미하며 '미숙'은 주로 '고성장'과 일치하는 개념이다.

요컨대 사물에 대한 우리의 평가는 그때그때 사용하는 이항대립(二項対立)의 구도에 따라 쉽사리 바뀐다. 스위스의 언어학자 페르디낭 드 소쉬르(Ferdinand de Saussure)*가 강조한 것처럼, 우리는 자신들이 정해놓은 용어의 틀에 속박된 상황에서밖에 세상을 파악하지 못하기 때문에 '고성장이냐 저성장이냐' 하는 엉성한 이항대립 구도를 적용해 현재 상황을 정리하는 데 더욱 신중해야 한다.

가장 큰 문제는 애초에 '어떤 사회를 만들고 싶은가?'를 확실히 정립하지 않은 채 그저 변화율을 나타내는 개념에 불과한 '성장'이라는 지표에만 집중하고 있다는 사실이다. 우리가 사회를 평가할 때 흔히 사용하는 '성장률'이라는 개념은 사회의 상태를 표현하는 지표가 아니라 변화율을 나타내는 지표다. 즉, 수학에서 말하는 미분값을 마치 상태를 설명하는 지표처럼 사용하고 있다.

만약 우리가 목표한 사회를 실현하기 위해 날마다 일하고 있

---

* 페르디낭 드 소쉬르(1857~1913): 스위스의 언어학자, 언어철학자. '근대 언어학의 아버지'로 불린다. 기호론의 기초를 마련하고 후일 구조주의 사상에 영향을 미쳤다. 언어학자 루이 옐름슬레우(Louis Hjelmslev), 로만 오시포비치 야콥슨(Roman Osipovich Jakobson) 외에 클로드 레비 스트로스(Claude Lévi-Strauss), 모리스 메를로 퐁티(Maurice Merleau-Ponty), 롤랑 바르트(Roland Barthes), 자크 라캉(Jacques Lacan), 장 보드리야르(Jean Baudrillard), 줄리아 크리스테바(Julia Kristeva), 노암 촘스키(Avram Noam Chomsky) 등 많은 사상가가 그의 영향을 받았다.

는 거라면, 그 목표가 얼마나 실현되었는지는 목표로 해야 할 사회의 달성도, 즉 적분값으로 기술되어야 한다. 이렇게 상태를 나타내는 지표로 오늘날 세계를 되돌아보면 우리 인류가 근 100년 동안 훌륭한 위업을 달성했다는 사실을 깨닫게 된다.

다음 페이지의 〈도표1〉을 살펴보자. 위쪽 도표는 1800년, 아래쪽 도표는 2019년의 세계 상태를 보여준다. 각 그래프의 세로축은 평균 수명을, 가로축은 1인당 GDP(국내총생산)를 가리키며 그래프 안에 그려진 크고 작은 원들은 각 국가를, 그리고 원의 크기는 인구수를 의미한다.

그래프를 보면 우리 인류가 최근 200년 사이에 눈부신 발전을 이뤘다는 사실을 뚜렷하게 알 수 있다. 많은 나라에서 평균 수명이 갑절 이상으로 늘어났고 1인당 GDP는 10배에서 수십 배까지 상승했다. 그중에서도 유독 눈길을 끄는 것은 도약이라고 해도 좋을 만한 일본의 변화다. 1800년에는 인도의 약간 위쪽이며 파키스탄과 비슷한 정도였던 1인당 GDP가 2019년에는 프랑스, 영국과 거의 같은 수준까지 상승했다. 그 밖의 주요 선진국들과 비교해도 근소한 차이밖에 나지 않는 수준이다.

오늘날 특히 미국과 비교해서 '일본 붕괴론'을 주장하며 일본의 정책과 현실을 비판하고 미래를 절망적으로 논하는 책이 많은데, 한 발 뒤로 물러나 넓은 시야에서 바라보면 그 차이를 크다고

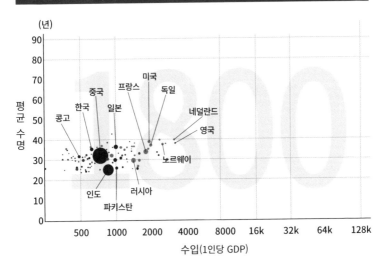

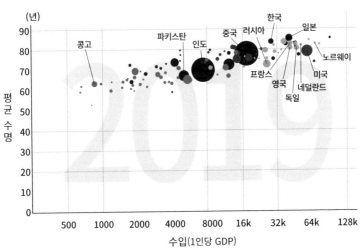

인식하느냐 작다고 인식하느냐, 즉 비교의 기준 척도를 어디에 두느냐에 따라 달리 해석된다는 것을 알 수 있다. 에베레스트 정상 부근에서는 산등성이가 험하게 파인 난코스 구간의 100미터 높이 차이도 완만한 들판에서 보면 '같은 장소'일 뿐이다. 우리는 과거에 달성한 성과를 조금 더 긍정적으로 평가할 필요가 있다.

전 세계적인 베스트셀러 한스 로슬링(Hans Rosling)*의 저서 《팩트풀니스》는 다양한 지표를 이용해 세계가 얼마나 좋아졌는지를 보여준다. 이런 책이 전 세계에서 열광적으로 받아들여졌다는 사실 자체가 사람들이 일상에서 사회 상황을 양적 상태에 관한 변화율로 인식하고 있으며 그 수치의 해석과 관련해서 얼마나 자신감을 상실하고 있었는지를 말해준다.

마지막으로 이 전환기를 극복하기 위한 세 번째 중요 사항으로 '새로운 게임의 시작'이라는 점을 지적하고 싶다. 요즘 자본주의가 막다른 골목에 내몰렸음을 지적하는 글이 수없이 나오고 있지만 대부분 단지 '끝났다'고 비극적으로 울부짖고 있을 뿐, 새로운 방향성을 제시하지 못하고 있다. 나는 물질적 빈곤을 사회에서

---

* 한스 로슬링(1948~2017): 스웨덴 웁살라시 출신의 의사, 공중위생학자. 카롤린스카 의학원의 국제보건학 교수이자 스웨덴 스톡홀름에 거점을 둔 갭마인더 재단의 공동설립자다. 세계적인 베스트셀러 《팩트풀니스》에서 다양한 데이터를 토대로 세계가 얼마나 좋아졌는지를 제시했다.

없앤다는 비즈니스의 사명이 이미 거의 달성되었으며 이로써 우리 사회는 축제의 고원을 향하고 있다고 주장했는데, 그렇다고 해서 자본주의는 끝났으며 사회 발전은 여기서 멈출 것이라고 막무가내로 단정할 생각은 없다.

현재 사회는 물질적 불만의 해소라는 측면에선 게임을 종료한 상태지만 삶과 일에서 느끼는 보람 같은 의미적 가치의 상실에 관련한 문제를 비롯해 빈곤과 격차, 환경 등 지금까지의 비즈니스로는 해결하기 어려운 사회적 과제가 아직 많이 남아 있다. 명백히 말해서 세계는 대다수 사람들에게 편리하고 안전하며 쾌적하게 살 수 있는 장소가 되었지만, 아직도 '진정으로 풍요롭고 살아갈 가치가 있다고 생각되는 사회'가 되지는 못했다. 이러한 문제를 어떻게 해결하느냐는 주제마다 다르지만, 한 가지 말할 수 있는 것은 낡은 게임은 끝났고 새로운 게임이 시작됐다는 사실이다.

이 책에서 자주 사용하는 '고원'이라는 비유를 비롯해 우리가 살아가고 있는 현대라는 시대를 세계사에서 '제2의 변곡점'으로 인식하는 역사관 등 이 책을 집필하는 데는 사회학자 미타 무네스케(見田宗介) 도쿄대학교 명예교수의 저서 《현대 사회는 어디로 향하고 있는가-고원의 앞날을 열다(現代社会はどこに向かうか-高原の見晴らしを切り開くこと)》(2018)에서 사용된 다양한 비유적 표현과 사고관의 기조를 전용했음을 미리 밝히며 더불어 이를 허락해

준 미타 교수에게 감사의 뜻을 표한다.

지금 바로 본론으로 들어가고 싶지만 바쁜 독자를 위해서 이 책에서 주장하는 바를 간단히 소개하고자 한다.

1. 우리 사회는 환히 열린 고원사회(高原社會)로 연착륙하고 있다

- 우리 사회는 고대 이래 인류가 오랜 세월 꿈꿔온 물질적 부족 해소라는 숙원을 거의 해결했다. 오랫동안 상승세를 보여온 끝에 이제는 성장률이 완만하게 낮아지고 있는 현재 상황을 은유적으로 표현하면 '고원으로의 연착륙'이라고 할 수 있다.
- 완만하게 고도를 떨어뜨리며 '고원'으로 접근하고 있는 상황을 주로 '저성장' '침체' '쇠퇴'라고 일컫는데, 이런 부정적인 표현을 쓰는 것은 매우 부적절하다.
- 19세기 중반 이후 우리를 괴롭혀오던 '무한 상승, 확대, 성장'이라는 강박관념에서 해방된 사회를 앞으로 어떻게 더욱 풍요롭고 활기차게 만들어 나갈지 구상하고 실천하는 것이 우리에게 남겨진 새로운 사명이다.

2. 고원사회에서 해결해야 할 과제는 경제에 휴머니티를 회복시키는 것이다

- 자본주의의 다양한 제도가 시행착오를 겪으며 제 기능을 못한다고 지적받고 있지만, 이를 전부 부정하고 새로운 시스템을 추구하면 '관념의 포로'가 될 위험이 있다.
- 오히려 이미 사회에 자리 잡은 자본주의와 시장경제 원리 체계를 '해킹'해 이를 빼앗으려고 구상해야 한다.
- 이때 경제 속에 인간성 원리, 다시 말해 휴머니티를 개입시킬 수 있는 논리를 찾아내야 한다. 다시 말해 사회라는 집적회로에서 프로세서의 역할을 수행하는 개인의 연산에 휴머니티라는 요소를 조합해 넣어야 한다.

3. 실현하기 위한 열쇠는 '인간성에 기인한 충동'을 바탕으로 한 노동과 소비다

- 경제 합리성에 '해킹'된 사고와 행동 양식을 희로애락에 기인한 충동으로 다시 해킹해 되돌려야 한다. 그럼으로써 경제 합리성에만 의존해서는 해결할 수 없는 문제를 해결하고, 실현하지 못한 구상의 구체화를 꾀할 수 있다.
- 이때 미래를 위하여 현재를 희생한다는 수단주의적인 (instrumental, 미래지향형) 사고관과 행동 양식에서 영원히

순환하는 현재를 풍요롭고 활기차게 살아간다는 자기충족적(consummatory, 현상쾌락형)* 사고관과 행동 양식으로 전환해야 한다.

• 충동에 기인한 경제 활동을 되찾아서 경제 합리성을 과도하게 추구하느라 침체되었던 사회 혁신을 다시 활성화해야 한다.

4. 이를 실현하기 위해서는 교육, 복지, 세금 제도 등 사회 기반을 개선해야 한다

• 충동에 기인한 자기충족적 경제 활동을 촉진하기 위해서 누구나 안심하고 몰입할 수 있는 일을 찾아 매진하게 하려면 보편적 기본소득(UBI, Universal Basic Income, 문화적이고 건강한 생활을 하는 데 필요한 현금을 국민에게 지급하는 제도 – 역주)을 반드시 도입해야 한다.

• 물질적 산출의 양에 따라 경제 상황을 파악하는 GDP(국내총생산)가 효력을 잃어가는 가운데, 고원사회의 건전성과

---

* '컨서머토리(consummatory)'는 미국의 사회학자 탤컷 파슨스(Talcott Parsons)가 만든 조어이다. 사회학 분야에서 '그 자체를 목적으로 한' '자기충족적'이라는 의미로 사용되어 왔다. '컨서머토리'의 반대말은 '인스트루멘털(instrumental)', 즉 '수단적'이다.

풍요로움을 측정하기 위한 여러 가지 지표와 사회적 균형 성과표(social balance score card)를 도입해야 한다.

- 물질적 부족을 해소하고 문명화를 추진할 인재를 키우기 위해 구축된 현재의 교육 제도를 근본적으로 개선하고, 자신의 충동을 깨달아 행동하며 동료와 협력할 줄 아는 인재를 육성하기 위한 교육 제도로 전환하는 데 힘써야 한다.
- 보편적 기본소득과 새로운 교육 정책을 실천하기 위한 조세 제도를 고부담, 고복지형으로 전환하고 부의 활발한 재분배를 도모해야 한다.

이 내용을 읽고 '흠, 이거 꽤 흥미로운데!' 하고 생각한 당신, 꼭 본론으로 넘어가길 바란다. 분명히 즐겁게 읽을 수 있을 것이다. 반면에 이 요약 내용을 읽고 '뭐? 이 사람 대체 뭐라는 거야?'라고 생각한 당신, 꼭 본론으로 넘어가시라. 분명, 더욱 즐겁게 읽을 수 있을 것이다.

제 1 장

우리는 어디에 있는가?

●

저는 사실 그렇게 슬프지 않아요.
당신조차 모르는 생의 유열을 이런 산속에서
남모르게 맛보고 있으니까요.

— 호리 다쓰오(堀辰雄) 중편소설, 〈아름다운 마을(美しい村)〉

현재 비즈니스의 상황

1장에서는 먼저 '우리는 어디에 있는가?'를 확인하고자 한다.
여러분도 알고 있듯, 이 시점에서 코로나로 인한 팬데믹은 언제쯤
진정이 될 것인지, 애초에 근본적인 수습이 가능한 것인지를 두고
다양한 의견이 엇갈리고 있다. 하지만 어떤 논의에서도 '세상은
이제 예전으로는 되돌아가지 않을 것'이라는 사실이 전제되어 있
다. 이 변화가 좋은 방향으로 향하든 나쁜 방향으로 향하든 우리
가 불가역한 변화 과정의 한가운데 있는 것은 확실하다. 이 변화
를 어떻게 잘 극복할 것인지 오랜 시간을 들여 논의해야 한다. 이

때 가장 중요한 전제로 다시 확인해야 하는 논점이 있다.

우리는 어디에 있는가?
우리 사회는 어떠한 이야기의 흐름 속에 있는 것인가?

이 논점에 관한 고찰을 소홀히 한 채 그저 단기적인 대응책을 거듭 내봐야, 결국 얻을 수 있는 결과는 '과거의 복제'에 불과하다. 그것도 그 효과가 현저히 떨어질 것이 분명한. 현재, 여러 분야에서 수많은 사람이 '어떻게 해야 일상을 회복할 수 있을까?' 하는 논점에서 끊임없이 의견을 나누고 있다. 그런데 그에 앞서 생각해봐야 할 게 있다. 과연 우리는 '과거의 완전한 회복'을 원하는 것일까?

팬데믹 이후 세계의 구상법

코로나가 창궐한 후 재택근무를 하게 된 사람들 중 대다수가 매일 사무실로 출근하던, 누구나 당연하게 여기고 의심 없이 실천하던 라이프 스타일로 돌아가는 데 매우 부정적인 반응을 보인다.* 우리가 당연하다고 여기고 의심할 생각도 없이 실천하던 습관과 행동에 실은 어떠한 필요성이나 합리성도 없다는 사실을 보여주는 좋은 예라고 할 수 있다. 지금까지 우리의 상식과 습관에 아무런 필요성도 합리성도 없다면 그러한 상식과 습관으로 충만하던 일상을 회복하는 것에는 아무 가치도 없다. 이미 수많은 사람이 이 사실을 알아차렸다. 이런 상황을 감안할 때 우리가 처한 세계를 단순히 원래대로 되돌리는 것은 이제 불가능해 보인다.

우리가 진지하게 생각해야 할 일은 일상성의 회복이 아니다. 그런 일을 도모해봐야 그 결과는 단순히 잘못된 과거의 더욱 잘못된 재현일 뿐이다. 코로나 이전의 세상이 더할 나위 없이 좋았다고 생각하는 사람은 없을 것이다. 그렇다면 지금 우리가 생각해야 할 것은 이 사태를 하나의 계기로 인식하고 코로나 이후의 세상을 어떻게 지금까지의 세상과 다르게 구상할 것인가 하는 문제다. 이 물음을 고찰할 때 무엇보다 중요시해야 하는 핵심은 '코로나 직전의 세상이 어떠한 스토리의 흐름 속에 있었는가?' 하는 점이다. 제1장에서는 이 물음에 대한 답을 각종 경제, 사회 통계 자료를 바탕으로 탐구해보고자 한다.

우리의 생활 만족도

먼저 우리 사회가 '물질적인 생존 조건의 확보'라는 과제는 이

---

* 각종 조사에 따르면 대체로 70~80% 정도의 사람이 '이대로 재택근무를 계속하고 싶다'라고 답변했다고 한다. 출처: 손포재팬(손해보험 회사명 - 역주).

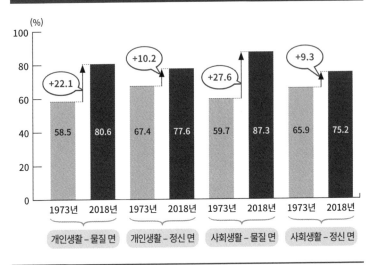

도표2: 생활 만족도에 관한 비교

	개인생활 – 물질 면	개인생활 – 정신 면	사회생활 – 물질 면	사회생활 – 정신 면
1973년	58.5	67.4	59.7	65.9
2018년	80.6	77.6	87.3	75.2
증감	+22.1	+10.2	+27.6	+9.3

출처: NHK 방송문화연구소 2018년 조사 보고

미 완수했다는 사실을 인식해야 한다. 고대 이래로 이 사회의 과제였던 '물질적 빈곤'은 코로나 발생 이전 단계에서 거의 해소되었다.

다음의 〈도표2〉를 살펴보자. 이 그래프는 NHK 방송문화연구소가 1973년부터 5년마다 실시하고 있는 〈일본인의 의식 조사〉 항목 가운데 '생활 만족도'에 관한 1973년과 2018년도의 답변*을 비교한 자료다. 개인생활과 사회생활의 양 측면에서 물질적 만족도가 매우 높아졌다는 사실을 알 수 있다. 고대 이래 우리 사회는 계속 물질적 빈곤이라는 문제에 시달려왔는데 이 조사 결과는 대

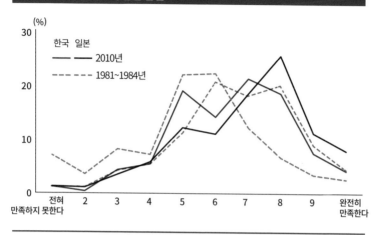

도표3: 생활 만족도에 관한 답변

(%)

한국 일본
―――――― 2010년
--------- 1981~1984년

전혀 만족하지 못한다　2　3　4　5　6　7　8　9　완전히 만족한다

출처: 세계 가치관 조사 웹사이트

다수 사람들에겐 그 문제가 이미 해소되었다는 사실을 보여준다. 사회를 구성하는 사람들이 대부분 이렇게 실감하기는 인류 역사상 처음 있는 일이다. 이 같은 결과는 다른 조사에서도 드러났다. 〈도표3〉은 1981년 이후 세계 각국에서 실시된 〈세계 가치관 조사〉의 '생활 만족도' 항목에 대한 1981~1984년과 2010년 일본의

* 개인생활-물질 면: 의식주 등 물질적으로 윤택한 생활을 하고 있다. 개인생활-정신 면: 삶의 보람을 느끼고 마음에 활기와 평온함이 있는 생활을 하고 있다. 사회생활-물질 면: 환경이 갖추어져 있고 안전하며 쾌락하게 지낼 수 있는 지역에 살고 있다. 사회생활-정신 면: 지역과 직장, 학교에 편히 대화할 수 있고 기분 좋게 교류하는 사람이 많다.

결과를 비교한 그래프다. 한눈에 보아도, 그래프의 정점이 높아졌으며 오른쪽으로 움직이고 있다는 사실을 알 수 있다. 일본의 경우, 뾰족한 모양의 정점을 보면 1981~1984년 조사에서 '6'이었던 수치가 2010년 조사에서는 '8'로 두 단계 이동했다. 이는 생활에 높은 만족도를 느끼는 사람이 많이 늘어났다는 사실을 나타내는데, 주목해야 할 점은 '5' 이하의 수치, 즉 생활 만족도가 낮은 사람의 비율은 거의 변화가 없다는 사실이다. 최근 30년 동안 우리 사회는 높은 만족도를 느끼는 사람을 많이 증가시키는 데는 성공했지만 만족도가 낮은 사람을 많이 감소시키는 데는 실패한 것이다. 이는 '뒤처지는 사람이 있다'는 의미로 중요한 사회 과제다. 이 점에 관해서는 뒤에 다시 언급하겠다.

우리의 행복도

생활 만족도가 크게 높아진 결과의 영향인지, 같은 〈세계 가치관 조사〉의 '행복도'도 같은 기간에 크게 신장했다. 〈도표4〉를 보자. 이 그래프를 보면 1981~1984년부터 2010년 사이에 세 가지 커다란 변화가 일어났다는 사실을 알 수 있다.

1. '매우 행복'하다고 답한 사람이 15%에서 32%로 2배 이상 증가했다

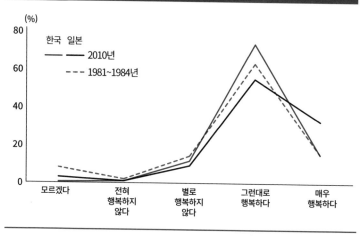

출처: 세계 가치관 조사 웹사이트

2. '그런대로 행복하다'와 '매우 행복하다'는 답을 합한 수치는 77%에서 86%로 늘어났다

3. '행복하지 않다' '전혀 행복하지 않다'를 합한 수치는 16% 에서 10%로 감소했다

정리하면 '대체로 행복하다'고 느끼는 사람이 상당히 많이 늘었고, '대체로 불행하다'고 느끼는 사람이 줄어들었다. 이 수치를 보고 의아하게 느끼는 사람도 많을 것이다.

1981~1984년은 일본 경제가 절정기를 맞이하기 직전에 해당하는 시기다. 일본식 경영의 강점을 예찬한 미국 사회학자 에즈라

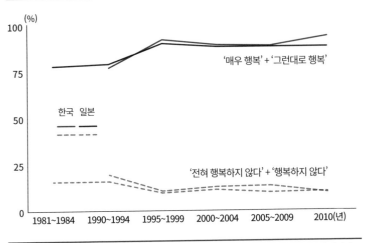

도표5: 행복도에 관한 답변

(%)

'매우 행복' + '그런대로 행복'

한국 일본

'전혀 행복하지 않다' + '행복하지 않다'

1981~1984   1990~1994   1995~1999   2000~2004   2005~2009   2010(년)

출처: 세계 가치관 조사 웹사이트

보겔(Ezra Feivel Vogel)*의 저서《재팬 애즈 넘버원(Japan as No.1)》
이 세계적인 베스트셀러가 된 때가 1979년인데, 이 시기 이후 일
본 경제는 1989년 버블 경제의 정점을 향해 달려갔다. 이렇게 경
제적으로 호황을 누리던 시기의 행복도와 생활 만족도 수치가 경
제적으로 침체된 시기의 수치보다 훨씬 낮다는 사실을 우리는 어
떻게 해석해야 할까. 과거 30년에 걸쳐 경제는 전반적으로 저조

---

* 에즈라 보겔(1930~2020): 미국의 사회학자이자 하버드대학교 교수. 1979년에 출간
  된《재팬 애즈 넘버원(Japan as No.1)》이 일본에서 베스트셀러가 되었다. 1993년부터
  1995년까지 CIA 국가정보회의의 동아시아 담당 국가정보관을 역임했다.

한 추이를 보였는 데 반해 생활 만족도와 행복도는 크게 개선되었다는 사실은 우리에게 중요한 의미를 통찰하게 해준다. 바로 경제를 더 이상 성장시키는 것은 이미 큰 의미가 없다는 사실이다. 이러한 통찰은 같은 조사의 시계열 결과를 확인해보면 한층 더 명확해진다.

〈도표5〉를 보자. 이 그래프는 세계 가치관 조사에서 '행복도'에 관한 데이터를 시계열로 나타낸 자료다. 그래프를 살펴보면 일본의 경제적 패권이 절정을 맞이한 1990년을 경계로 해서 경제적인 쇠퇴가 명확해진 그 후의 시기에 행복도 지수가 오히려 10%포인트 이상 뛰어올랐다는 사실을 알 수 있다.

디스토피아 사회인가 유토피아 사회인가

이 통계 자료를 보이는 그대로 해석하면 경제 상황과 행복 사이에는 그다지 상관관계가 없다는 당연한 결론에 이른다. 우리는 오랜 세월 동안 계속 경제적 성장을 해온 끝에 생존을 위한 물질적 기본 조건의 획득이라는 인류가 오랫동안 소망해온 꿈을 실현하고, 이제는 대다수 사람이 대체로 행복하다고 말할 수 있는 사회, 즉 옛날 사람들이 유토피아로 꿈꾸던 세상에 가까운 사회를 구축했다. 근사한 일이다.

요즘 다양한 곳에서 외쳐대는 '일본의 재생'과 '일본의 재부

흥'이라는 위세 좋은 목소리의 이면에는, 세계를 향해 경제적 존재감을 드러내고 있던 지난날의 권위를 되찾고 싶어 하는 국가주의적 노스탤지어가 도사리고 있다. 하지만 앞서 언급한 사실을 제대로 확인한 후에는 그러한 주장도 경제적 패권으로 국가의 서열이 결정된다는 진부한 가치관에 얽매인 시대착오적 사고로만 생각된다.

일본인은 '잃어버린 ○○년'이라는 표현으로 거품 경제가 꺼진 후의 몇십 년을 자학적으로 표현하곤 하는데, 대체 무엇을 잃어버린 것일까. 그 잃어버렸다는 것이 '경제적 일등국이라는 자부심'이라면 그것을 회복시킨다고 해서 뭐가 어떻게 된다는 말인가. 1980년대 후반, 거품 경제에 들떠 물건의 좋고 나쁨도 모르는 벼락부자 근성을 고스란히 드러내며 부동산과 미술품, 명품을 사들여 전 세계적으로 빈축을 샀던 일본인이 '경제적 동물(economic animal)'이라고 모멸적인 야유를 받았던 부끄럽고 창피했던 기억을 떠올려보길 바란다.

1990년대 초반 버블 경제가 붕괴한 이후, 저조하게 추이하는 경제와 주가에 대한 불만족 때문에 우리 사회는 자주 '침체된 어두운 골짜기'로 표현되었다. 하지만 이 표현은 부정적인 데다 애초에 잘못된 것이다. 우리 사회가 여전히 간과할 수 없는 다양한 문제를 안고 있는 것은 분명하지만, 지금까지 확인한 만족도와 행복도에 관한 통계는 우리 사회가 착실히 '밝게 펼쳐진 행복의 고원'으로 다가와 있다는 사실을 보여준다. 우리 사회는 어두운 침체기로 향하고 있는 게 아니라 성숙하고 밝은 고원으로 향하고 있다. 이것이 첫 번째로 확인해야 할 코로나 직전의 상황이다.

비즈니스의 사명 종료

인류가 오랫동안 안고 있던 과제는 생존을 위협받지 않도록 물질적 생활 기반을 정비하는 것이었다. 오늘날 선진국에서는 이 과제를 거의 이뤄냈다. 당연히 인류가 기뻐 축배를 들어야 할 상황이지만 한편으로는 곤란한 문제도 발생했다. 바로 '비즈니스의 역사적 사명 종료'라는 문제다. 일본 가전 산업을 대표하는 기업인 파나소닉(구 마쓰시타전기산업)의 창업자 마쓰시타 고노스케(松下幸之助)는 마쓰시타전기를 창업할 때 회사가 이루어야 할 사명을 다음과 같이 정의했다.

생산자의 사명은 귀중한 생활 물자를 수돗물같이 무한히 하는 일이다. 아무리 귀중한 물건이라도 많은 양을 만들어 무료나 다름없는 가격에 제공하는 것이다. 그렇게 해야 빈곤이 사라질 것이다. 빈곤에서 생겨나는 모든 고통이 없어지고 생활의 번민도 극도로 축소될 것이다. 물질을 중심으로 한 낙원에 종교의 힘이 주는 정신적 안정이 더해져야 인생이 완성된다. 우리의 진정한 경영은 바로 여기에 있다.[*]

바로 그 유명한 '수도 철학'의 매니페스토(manifesto)다. 마쓰시타 고노스케는 이 선언문에서 생산자의 사명은 생활 물자를 끝없이 제공해서 빈곤을 없애는 일이라고 선언했다. 그렇다면 80~90%의 사람들이 물질적으로 만족하는 현재의 일본에서 파나소닉은 그 사회적 사명을 달성했다고 할 수 있다.

일본인은 태평양전쟁 후 서유럽 국가들이 수백 년에 걸쳐 구축한 문명 세계를 반세기도 지나지 않아 일궈내는 데 성공했다. 그 결과 마쓰시타 고노스케가 사명으로 정의한 '생활 물자를 풍부하게 제공해 빈곤을 축소해가는 일'이 일본에서는 거의 달성됐다.

이는 일본에만 국한된 상황이 아니다. 다양한 통계 데이터가 보여주듯이, 21세기 선진국에서 살아가는 사람들은 대부분 물질적 불만을 품지 않고 살아가게 되었으며, 그 필연적인 결과로 '소비의 비물질화'라고 해야 할 정도의 변화가 일어나고 있다.

미시간대학교 정치학과 교수인 로널드 잉글하트(Ronald F. Inglehart)**는 앞서 기술한 〈세계 가치관 조사〉의 상세한 분석 결과를 근거로, 선진국 사회가 예전처럼 경제 성장과 소득 상승이 무엇보다 우선되던 '근대 사회'에서, 생활의 질과 행복이 우선되

---

* 松下幸之助.com(https://konosuke-matsushita.com/column/quiz/no11.php).
** 로널드 잉글하트(1934~2021): 미국의 정치학자. 미시간대학교 교수. 포스트 물질주의 사회의 연구와 세계 가치관 조사에 기초한 정치의식 연구자로 알려져 있다.

는 '포스트 근대 사회'로 옮겨가고 있다고 주장했다.***

우리가 '문명화가 종료된 시대'를 살아가고 있는 것은 틀림없다. 반면에 물질적 욕구에 대한 불만 해소는, 곧 시장에서의 수요 축소로 이어지므로 비즈니스 측면에서는 상당히 곤란한 일이 일어날 수밖에 없다. 왜냐하면 현재의 사회 시스템은 무한한 성장을 전제로 구축되어 있어서 물질적 수요가 증가하지 않는 고원 상태는 매우 수지가 맞지 않기 때문이다.

인류의 숙원이라고 할 수 있는 꿈같은 상황이 눈앞에서 실현되고 있다. 이는 인류 전체가 달성한 위대한 성과인데도, 우리는 손을 맞잡고 마음껏 축배를 들지 못한다. 오히려 모든 조직의 정상에서 말단까지 온통 '매출과 이익이 증가하지 않는다' '주가가 오르지 않는다' '성장 기회를 찾을 수 없다' '신규 사업에 착수할 수 없다'고 미간을 찌푸리며 괴로워하는 사람들뿐이다.

다시 말하면, 우리 대부분이 관여하고 있는 '무한한 성장을 추구하는 비즈니스'라는 게임에는 본질적인 파탄, 게임이 끝나면 폭발하는 시한폭탄이 내장되어 있다는 의미다. 왜냐하면 이 게임은 사명을 설정할 것을 강력히 추구하면서 사명이 달성되는 것은 반기지 않기 때문이다.

역사적 사명이 끝났는데도 끝나지 않은 것처럼 행동하면서 세상에 불필요한 혼란을 일으켜 어떻게든 사명 종료를 지연시키

*** 로널드 잉글하트, 《문화 진화론(Cultural Evolution)》.

고 있다. 이것이 바로 수많은 기업이 '마케팅'이라고 부르며 행하고 있는 일이다. 여기서도 첫머리에서 지적한 윌리엄 브리지스의 '종말의 수용 문제'가 부상한다. 하지만 그러한 일에 관여하고 있는 많은 사람이 이미 그 기만을 알아차리고 있다. 의미도 느낄 수 없는 일에 내몰리며 높은 목표를 달성하라고 압력을 받은 사람은 정신적으로 무너질 수 있다는 면에서 이는 중요한 문제다.

비즈니스 대전환의 필요성

2017년, 세계보건기구(WHO)는 전 세계적으로 증가하는 추세인 우울증이 21세기 선진국에서 가장 심각한 질병 중 하나가 될 가능성이 높다고 경고했는데, 이는 문명화의 종료라는 문제와 밀접하게 연관되어 있기도 하다.

우리 인간은 '의미'를 에너지로 삼아 살아가고 있기 때문에 의미도 의의도 느끼지 못하는 일을 하면서 살아가긴 힘들다. 우리 사회가 앞으로 커다란 위기에 맞닥뜨리게 된다면, 틀림없이 경제적인 쇠퇴와 물질적인 부족이 아니라 의미의 상실이 그 원인일 것이다.

19세기의 철학자 프리드리히 니체(Friedrich Nietzsche)*는 근대화로 인해 물질적 풍요를 손에 넣은 사람들이 의미의 상실에 빠질 것이라고 예언했다. 니체는 물질적 풍요로움이 증가하는 한편

과학의 발전으로 종교라는 규범의 해체가 진행되는 세계에서 서민들은 의미의 상실이라는 깊은 병에 걸릴 것이라고 내다봤다. 니체의 주장에 따르면, 의미를 상실한 사람들은 니힐리즘에 빠지게 된다. 니체는 니힐리즘을 '무엇을 위해서?'라는 물음에 답하지 못하는 상태라고 정의했다.

> 니힐리즘은 무엇을 의미하는가? 최고의 가치가 상실된다는 것을 뜻한다. 거기엔 목표가 없다. '무엇을 위해서?'라는 물음에 대한 답변이 없다.
>
> — 프리드리히 니체, 《권력 의지》

고대 그리스에서 최고의 가치로 여겨지던 '진선미(眞·善·美)'가 그 최고의 가치를 상실하고 '무엇을 위해서?'라는 질문에도 명확히 대답하지 못하는 상태를 니체는 니힐리즘이라고 명명했다. 니체가 지적한 니힐리즘의 정의가 오늘날 사회 상황을 놀라울 정도로 정확하게 표현한다는 데 전율을 느끼지 않을 수 없다.

물질적 풍요를 제공해 사회에서 빈곤을 없애는 것을 비즈니스

---

* 프리드리히 니체(1844~1900): 독일 연방 프로이센 왕국 출신의 철학자이자 고전 문헌학자. 실존주의의 대표적인 사상가 중 한 사람으로 알려져 있다. 이례적으로 젊은 나이에 스위스의 바젤대학교 고전 문헌학 교수로 발탁되었지만 머리가 깨질 듯한 격심한 두통으로 강의를 할 수 없어 퇴직했다. 퇴직한 후에는 무국적자, 재야의 아마추어 철학자로 일생을 보냈다. 저서로 《차라투스트라는 이렇게 말했다》《비극의 탄생》《권력 의지》 등이 있다.

의 목적으로 내건다면, 약 90%의 사람이 물질적으로 만족하고 있는 상황에서 '우리는 무엇을 위해 존재하는가?' 하는 물음에 대답할 수 없게 된다. 이러한 상황은 비단 기업에만 해당하지 않는다. 비즈니스의 사명을 사회에서의 물질적인 불만과 부족 해소라고 정의한다면 지금까지 확인한 수치는 틀림없이 비즈니스는 그 역사적 사명을 끝내가고 있다는 사실을 보여주는 것이라고 말할 수 있다.

그렇다면 이 축제의 고원에서 우리는 무엇을 해야 할까? 제3장에서 상세하게 고찰하겠지만, 미리 밝혀두자면 '문명적 풍요로움을 만들어내는 비즈니스'에서 '문화적 풍요로움을 창조하는 비즈니스'로의 전환을 도모해야 한다.

지금까지 확인했듯이, 고대 이래 우리 사회가 숙원으로 내걸어 온 '물질적 부족을 해소한다'는 과제는 이미 달성되었다. 훌륭한 위업이므로 달성되었음을 축하한 뒤에 우리의 사명이 완수되었다는 사실을 깨끗이 받아들이고, 새로운 밀레니엄을 향해 어떠한 가치를 사회에 실현해 나갈 것인가 하는 과제를 생각해야 할 시기가 도래했다.

GDP 성장률의 한계

이번에는 GDP를 확인해보자. 이 책을 집필하던 2020년 6월,

국제통화기금(IMF)은 2020년 세계 경제성장률을 -4.9%로 하향 수정하고 1929년 세계 대공황 이래 최악의 경제 수축이 일어날 것이라고 발표했다.* 국가별로 살펴보면, 미국은 1946년 이후, 영국은 1709년 이후, 프랑스는 1950년 이후 최악의 마이너스 성장을 기록할 것이라고 예측했다. IMF는 코로나 팬데믹으로 만들어진 제2의 파도가 무사히 수습되면 "세계 경제는 다시 성장 기조로 되돌아갈 것"이라고 발표했는데, 이는 필시 의도적이겠지만 오해의 소지가 있는 발언이다.

왜냐하면 코로나가 발생하기 이전 단계에서 선진국의 경제성장률은 이미 장기적으로 명백한 하락 추세였기 때문이다. 다음 〈도표6〉을 살펴보자. 이 표는 세계은행이 발표한 선진 7개국, 즉 G7의 국가별 GDP 성장률의 평균 추이를 연대별로 정리한 것이다.** 각국의 GDP 성장률을 10년마다 평균을 내어(예를 들면 1980년대라면 1981년부터 1990년까지 매년 GDP 성장률의 평균치를 계산했다) 산출했다. 통계 수치는 2019년까지 집계한 자료로, 코로나의 영향은 포함되어 있지 않다. 또한 독일의 통계 자료는 1971년부터

---

* IMF 웹사이트(https://www.imf.org/en/Publications/WEO/Issues/2020/06/24/ WEOUpdate June2020). GDP는 '국내총생산'을 뜻하며 'Gross Domestic Product'의 머리글자를 땄다. 일반적으로는 '일정 기간 내 국내에서 생산된 부가가치의 총액'으로 정의된다.

** G7 = 미국, 영국, 프랑스, 독일, 일본, 이탈리아, 캐나다. 현재는 '선진 7개국'이 아니라 러시아를 포함한 '선진 8개국'이라고 하는 것이 통례이지만, 러시아에 관해서는 1990년 이후의 데이터밖에 없어서 여기서는 평균치를 산출하는 데 포함시키지 않았다.

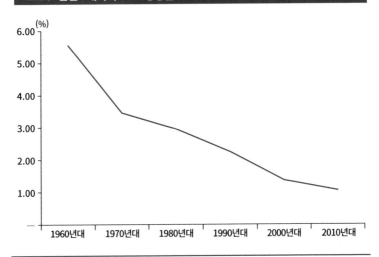

도표6: 선진 7개국의 GDP 성장률

출처: 세계은행 웹사이트를 토대로 저자가 집계(https://data.worldbank.org/indicator/NY.GDP.MKTP.KD.ZG)

적용되어서 1960년대의 평균치에는 반영되지 않았다. 이 도표를 보고 가장 먼저 알 수 있는 사실은, 반세기에 걸쳐 선진국의 GDP 성장률이 명백한 하향 추세를 보이고 있으며, 앞으로도 이 추세가 반전되리라고는 생각하기 어렵다는 것이다.

나는 여러 매체에서 미래 예측은 어차피 빗나가게 되어 있다고 주장했기 때문에, GDP 성장률에 대해 이렇게 지적하면 '이봐, 말을 바꾸는 거야?' 하고 생각할지도 모르지만 그 정도로 뚜렷한 추세가 반세기 넘게 계속되고 있는 이상, 이 장기적인 추세가 반전될 가능성은 적다고 생각하는 것이 자연스럽다.

세계는 다시 성장 기조로 돌아갈 것이라는 IMF의 발표를 들으면, 누구나 코로나 직전의 세계가 성장 기조를 보이고 있었다고 오해할 것이다. 그런데 실제로는 코로나 팬데믹과는 상관없이 선진국의 경제성장률은 중장기적으로 제로(0)를 향해 하락하고 있었다. 내가 IMF의 발표를 오해의 소지가 있는 발언이라고 지적한 이유가 바로 여기에 있다.

일본인은 선진국 가운데 일본만이 경제 성장의 반열에서 뒤처졌다고 여기고 있지만, 이는 사실과 다르다. 이 수치는 경제성장률의 저하가 국가별 경제 정책의 우열에 따라 발생하는 것이 아니라 경제 성장 끝에 이루어진 문명화, 즉 물질적 생활 기반의 완성으로 인해 발생한 숙명적인 사태라는 사실을 시사한다.

GDP 연명 조치

이미 많은 경제학자가 세계는 '불가피한 제로 성장으로 수렴되어가는 절정에 있다'고 지적하고 있다. 하버드대학교 경제학 교수 로렌스 서머스(Lawrence Summers)*는 선진국의 GDP 성장률이 장기적으로 하락세를 보이는 현상을 가리켜 '구조적 장기 침체

---

* 로렌스 서머스(1954~): 미국의 경제학자, 정치가. 16세에 매사추세츠 공과대학교에 입학해 28세에 하버드대학교 교수로 취임한 수재로 일찍부터 명망이 높았으며, 세계은행 수석 경제학자로 활약했다. 클린턴 정권 때 제71대 미국 재무장관(1999~2001), 오바마 정권 때 국가경제회의(NEC) 위원장(2009~2010) 등을 역임했다.

(Secular Stagnation)'라고 명명하여 설명하고 있다.

2009년 세계 금융위기 후 미국 연방준비제도이사회(FRB)가 적극적인 양적 완화 정책을 펼쳤는데도 미국 경제가 기대치를 훨씬 밑도는 미약한 회복밖에 실현하지 못하고 금리가 계속 하락하는 사태에 관해 서머스는 대다수의 전문가가 예상도 하지 못했을 것이라고 말했다. 서머스는 "이것은 금융위기로 인한 일시적인 침체가 아니라 구조적이고 장기적인 추세가 아닐까?" 하고 문제를 제기했다.

이러한 지적에 대해 아마도 다음과 같은 반론이 있을 것이다. 단적으로 말해, 'GDP는 비물질적인 무형 자산을 측정하지 않았다. 경제의 방향이 비물질적인 가치를 창출하는 일로 크게 바뀌는 현재, GDP에 비물질적인 산출(Production)을 포함하면 결과는 분명 크게 달라질 것이다'라는 반론이다. 이 주장이 요즘 여러 곳에서 빈번하게 나오고 있는데, 나도 일정 부분은 '그건 뭐, 맞는 말이지' 하고 반응할 수밖에 없다. 더불어 이러한 'GDP 연명 조치'에 대해서는 3가지 논점에 기초한 고찰이 필요하지 않을까 한다.

GDP의 실태에 관한 진실

첫 번째는 아무리 보완하고 수정하더라도 GDP는 결국 자의성이 포함된 수치라는 사실은 달라지지 않는다는 점이다. GDP를 산출하려면 항상 머리가 핑핑 돌 정도로 많은 데이터를 취합하면서 어떤 것을 계산에 넣고 어떤 것을 계산에 넣지 않을지 주관적으로 판단해야 한다.

예를 들어, 아프리카 가나의 GDP는 2010년 11월 5일부터 다음 날인 6일까지 하룻밤 사이에 60%나 성장해서 저소득 국가(1인당 국민총생산(GNP)이 750달러 이하인 국가 - 역주)에서 저중소득 국가(1인당 GNP가 750~1500달러인 국가 - 역주)로 등급이 올랐다. 이런 일이 일어나는 까닭은 GDP 산출에 정치적 이해관계가 얽혀 있기 때문이다. 저소득 국가와 저중소득 국가는 국제기관이나 금융기관에서 받을 수 있는 경제 지원과 금리 우대 등에서 차이가 나기 때문에 '어느 정도 수치를 적용하는 것이 더 이득일까?' 하는 물음에 대한 정치가의 판단에 따라 정치적 조정이 이루어지는 것이 보통이다.

더 파고들자면, 계산상의 여러 가지 약속 사항을 어떻게 적용하느냐에 따라서도 수치가 크게 달라진다. 모든 국가의 GDP는 최종적으로 미국 달러를 기준으로 산출되는데, 각국의 통화를 달러로 환산할 때 환율을 기준으로 해 달러로 환산하느냐, 아니면 물가 수준(구매력 평가)을 기준으로 환산하느냐에 따라 10% 이상 차이가 발생한다. 사람들은 GDP 성장률이 0.5%만 오르락내리락 해도 법석을 떨지만, 애초에 GDP란 그러한 미미한 차이의 논의를 감당할 수 있는 하드 데이터(Hard Data, 생산 수량이나 매출, 가격 등 실제 경제 활동의 결과를 집계한 객관적인 통계 수치 - 역주)가 아니라 '기본적으로 합의된 방침'에 따라 각국의 통계 담당자가 자의적으로 골라낸 수치로, 말하자면 하나의 의견일 뿐이다.[*] 무형 자산과 관련해서 종종 '현재의 GDP는 경제 전반의 실태를 정확히 보여주지 않는다'라는 지적이 있는데, 애초에 GDP에 '실태' 같은 건 없다.

이렇게 생각하다 보면 필연적으로 두 번째 논점이 떠오른다. '이 새로운 계산 방법을 도입하는 데는 상황에 딱 맞는 목적 합리성이 있는가?' 하는 문제다.

GDP의 한계점

무언가를 측정하려고 할 때 우리에게는 목적이 존재한다. 혈압이나 체중을 재는 데는 건강을 유지하려는 목적이 있고, 수질이나 대기의 오염도를 조사하는 까닭은 환경을 보전하기 위한 목적이 있다. 그렇다면 GDP에 무형 자산을 포함해야 한다고 할 때 그 목적은 무엇일까?

---

[*] GDP의 국가별 비교가 의미 있는 통계 자료로 쓰이려면, 당연히 각 국가에서 같은 계산 방법을 사용해 산출해야 한다. 현재는 UN이 국민 경제 계산 체계를 위한 계산 매뉴얼에 기초해 이 계산 방법을 이용하고 있다. 1953년에 작성된 초판에서는 채 50쪽도 되지 않았던 이 매뉴얼은 2020년 현재, 총 700쪽이 넘는 방대한 자료가 되었으며, 이 매뉴얼을 읽기 위한 일반인용 해설 매뉴얼만 해도 400쪽에 이른다.

GDP는 100년 전쯤 미국에서 세계 공황의 영향으로 나날이 종잡을 수 없게 변화해가는 사회와 경제 상황을 전체적으로 파악하겠다는 목적으로 개발되었다. 당시 미국 대통령 허버트 후버(Herbert Hoover)에게는 어떻게든 대공황을 극복해야만 하는 막중한 임무가 있었지만, 당시 의회가 확보한 자료는 주가나 철 등의 산업재 가격, 도로 운송량 등 단편적인 수치밖에 없었으며 정책을 구상하는 데 참고가 될 만한 통계 자료가 갖춰져 있지 않았다. 의회는 이 상황에 대응하기 위해 1932년, 사이먼 쿠즈네츠(Simon Kuznets)**라는 러시아계 미국인 경제학자에게 '미국은 얼마나 많은 물건을 만들 수 있는가?' 하는 조사를 의뢰했다. 몇 년 후 쿠즈네츠가 의회에 제출한 보고서에는 현재 우리가 GDP라고 부르는 개념의 기초가 제시되어 있었다. 다시 말해 문제가 먼저 존재했고, 이를 측정하기 위한 지표가 나중에 도입된 것이다.

일련의 흐름에서 '문제가 먼저, 지표가 나중'이라는 점에 주목하길 바란다. 오늘날 GDP에 관한 논의는 주로 '지표가 먼저, 문제가 나중'이 되고 말았다. 측정할 수 있는 것을 측정하고 거기서 발생한 이슈를 문제 삼는 식의 사고 체계로 바뀌어버린 것이다.

문제란 '원하는 이상적인 모습'과 '실제로 관찰된 현재의 모

** 사이먼 쿠즈네츠(1901~1985): 1971년 노벨 경제학상을 수상한 미국의 경제학자이자 통계학자. 1954년 미국 경제학회 회장을 역임했다. 오늘날 GDP의 원형이 된 지표를 만들어 계량경제학에 큰 변혁을 가져왔다.

습' 사이의 차이라고 정의할 수 있다. 이 정의를 GDP의 새로운 방침에 적용해서 생각하면 이상적인 모습을 구상하지 못하고 문제의 정의도 명백히 규정하지 못한 채, 수치를 얼마든지 조작할 수 있는 지표를 대강 짜 넣었다는 느낌을 지울 수 없다.

우리가 해야 할 일은, GDP를 산출하는 것 그 자체가 아니라 '인간이 인간답게 살아간다는 건 무엇일까?' '더 좋은 사회란 어떤 사회인가?'를 논의한 뒤에, 그렇다면 무엇을 측정해야 그 달성 정도를 측정할 수 있을지 생각하는 일이다. 경제학자를 비롯한 많은 전문가가 이런 종류의 논의를 꺼리는 이유는 명백하다. 이렇게 추상적이고 철학적인 논의 과정에서는 전문가로서 권위를 발휘할 수 없기 때문이다.

GDP라는 지표의 의미

우리가 앞으로 맞이할 고원사회에서는 환경이나 자연과의 지속 가능한 공생이 꼭 필요하다. 이러한 사회에서 원래 '얼마만큼의 물건을 만들어낼 수 있는가'를 확실히 파악하기 위해 만들어진 지표가 여전히 정치와 경제의 운영 성과를 측정하는 데 가장 중요한 지표로 사용되고 있다는 사실에 놀라지 않을 수 없다.

물질 부족 문제가 심각했던 과거에는 '얼마만큼의 물건을 만들어낼 수 있는가'를 측정하는 GDP 지표에 그 나름의 의미가 있었다. 하지만 이미 앞서 설명했듯이, 적어도 선진국에서는 물질적 부족이라는 문제는 해결되었다. 이미 물질적으로 풍족해진 사회에서 '얼마만큼의 물건을 만들어낼 수 있을까?' 하는 지표를 높은 수준으로 유지하는 데 골몰한다면 결과적으로 낭비와 사치를 부추기고 물건을 쉽게 버리는 행동이 미덕으로 칭송받는 사회를 양성하게 될 뿐이다. 우리는 정말로 그러한 사회를 원하는 것일까?

오로지 경제성장률이라는 지표만 좇는 행태가 얼마나 위험한지 알리고 경제 성장은 물론 의료, 교육, 복지를 균형 있게 갖춰야 한다고 주장한 인물이 있다. 바로 미국 경제학자 존 케네스 갤브레이스(John Kenneth Galbraith)*로, 그의 저서 《풍요한 사회》는 1958년 세계적인 베스트셀러가 되었다. 그 후 반세기를 지나 물질적 만족도가 포화 상태를 이뤘는데도, 갤브레이스의 주장과 역행하는 GDP가 왜 여전히 다른 지표보다 중요시되는 것일까. 아마도 달리 적당한 목표가 없기 때문일 것이다. 일찍이 프랑스의 철학자 미셸 몽테뉴(Michel de Montaigne)**가 말했듯이, 마음은 올바른 목표를 잃으면 잘못된 목표로 향하게 된다.*** 이 사회에서

---

* 존 케네스 갤브레이스(1908~2006): 캐나다 출신의 경제학자. 하버드대학교 명예교수. 20세기에 들어서 저서가 가장 많이 읽힌 경제학자 중 한 명이다. 종신교수였던 하버드대학교에서 교편을 잡은 1934년부터 1975년까지 50권이 넘는 저서와 1000편이 넘는 논문을 저술했다. 또한 루스벨트, 트루먼, 케네디, 존슨 대통령 각 정권에서 일했다.
** 미셸 몽테뉴(1533~1592): 16세기 르네상스 시대의 프랑스를 대표하는 철학자. 모럴리스트, 회의론자, 인문주의자. 주요 저서인 《수상록》은 유럽의 인문주의자들에게 큰 영향을 미쳤다.

유통 기한이 지난 지표를 지금도 계속 사용하고 있다는 것은, 바꿔 말하면 새로운 목표를 전혀 구상하지 못하고 있다는 의미다.

그렇다면 지금 우리가 해야 할 일은 어설프게 GDP에 연명 조치를 취할 게 아니라 우리가 어떤 사회를 만들고 싶은지, 우리가 살아갈 가치가 있는 사회는 어떤 사회인지에 대해 개방적인 논의를 거친 후에, 과연 어떠한 지표를 이용해야 가치 있는 사회를 실현해 나가는 과정에서 진척과 달성 정도를 측정할 수 있는지 고찰하는 것이 아닐까?

GDP 너머의 가치관과 사회 비전 설계

마지막 세 번째로 지적하고 싶은 것은 앞으로도 우리는 여전히 '작은 미국'을 목표로 하여 미국의 뒤를 계속 좇을 것인가? 하는 문제다.

앞서 말한 대로 GDP라는 지표는 원래 미국에서 고안되었으며, 이 지표로 국위를 측정하기 때문에 미국이 항상 우위의 입장에 있(는 것처럼 보인)다는 점을 잊어서는 안 된다. 본래 영국의 식민지였던 미국에서는, 왜 영국에서 무척 인기 있는 스포츠인 축구와 크리켓, 럭비가 전혀 받아들여지지 않고 농구와 미식축구, 그

*** 미셸 몽테뉴《수상록》에서.

리고 야구같이 다른 나라에선 유례없는 독창적인 스포츠만 유행하는 것일까. 이는 미국과 마찬가지로 일찍이 영국의 식민지였던 인도와 오스트레일리아, 뉴질랜드에서 여전히 럭비와 크리켓을 중심으로 한 스포츠가 국민의 인기를 한 몸에 받는 것을 생각해보면 희한한 현상이다. 여기서 개국 이래 미국의 사고 저변에 깔려 있는 '다른 국가의 실력이 뛰어난 경기로는 결코 싸우지 않는다'는 강한 선택적 의도를 간파할 수 있다. 미국 경제분석국(U.S. Bureau of Economic Analysis)은 한때 GDP를 20세기의 가장 위대한 발명 중 하나라고 평가했는데,**** 그렇게 생각하는 것도 무리는 아니다. 이러니저러니 해도 이 지표로 측정하기 때문에 미국이 세계 제일의 패권 국가로 계속 존재할 수 있는 것이다. 그리고 지금 제조 산업에서 정보 산업으로 산업의 중심이 옮겨가고 있는 미국에서 비물질적인 재산, 즉 무형 자산을 GDP에 도입하자는 논의가 나오고 있다.

이 논의의 이면에 숨어 있는 그들의 본심을 '지금까지는 자국이 크게 두드러져 보이는 지표를 사용해왔지만, 이 지표를 기준으로 하면 성장률이 약간 둔해지는 데다가 맹렬한 기세로 쫓아오는 국가도 나왔기에 다시금 자신들이 우위로 보이게 하는 규칙 개혁

**** J.Steven Landefeld, "GDP: One of the Great Invention of the 20th Century," in Bureau of Economic Analysis, Survery of Current Business. January 2000(http://www.bea.gov/scb/account_article/general/0100od/maintext.htm).

을 도입하고 싶다'라고 해석하면, 이 제안에 속지 않도록 조심하고 싶어지는 것이 당연한 반응이 아닐까.

제2차 세계대전에 패전한 후부터 반세기 넘는 세월 동안, 일본은 그저 미국을 목표로 삼고 이를 따라잡으려는 데만 온 힘을 기울여왔는데 앞으로도 이런 행보를 계속해야 하는가. 2020년 5월, 미국에서는 경찰의 과잉 진압으로 흑인 남성 조지 플로이드(George Floyd)가 사망한 사건을 계기로 전국 각지에서 대규모 폭동이 발생했다. 인종 차별과 경제적 격차라는 이중 분열로 국민을 갈라놓고 여전히 국민건강보험제도의 실현조차 장담할 수 없는 미국을 바라보면서 진심으로 그런 사회가 이상적이라고 생각하는 사람은 단 한 명도 없을 것이다.

제2차 세계대전 후, 물질적인 번영을 누리고 있는 미국이 일본인들에게 '동경의 나라'로 여겨졌던 상황을 이해하지 못하는 것은 아니다. 다만 앞서도 말했듯이, 우리는 이 문제를 해결했기 때문에 이제는 미국을 롤모델로 추종하는 것을 멈추고 경제와 물질을 대신할 새로운 가치관과 새로운 사회 비전을 설계해야 하는 단계에 와 있는 것이 아닐까.

정체된 세계 경제

지금까지 선진 7개국의 경제성장률이 중장기적으로 하락세를 보이고 있다는 사실을 지적하고, 이 같은 현상이 문명화의 종말에서 야기된 필연적인 상황임을 강조했다.

이러한 견해에 관해서 '선진국의, 그것도 최근 50년 동안의 추세를 근거로 이런 판단을 내리는 것은 시야가 협소한 게 아닌가?' 하는 비판을 제기할 수도 있다. 앞으로의 경제 성장은 아시아와 아프리카를 중심으로 한 비선진국이 견인할 것으로 예측되기에 선진국의 동향만 놓고 이러한 판단을 내리는 건 경솔하다고 판단될지도 모른다.

조금 시선을 돌려 21세기 글로벌 경제에서 견인차 역할을 할 것으로 기대되는 브릭스(BRICs) 4개국인 브라질, 러시아, 인도, 중국의 수치를 확인해보자. 각 국가명의 맨 앞 글자를 따서 만든 브릭스(BRICs)라는 용어는 2001년 11월 투자은행 골드만삭스의 경제학자 짐 오닐(Jim O'Neill)이 투자가들에게 제출한 보고서 〈더 나은 글로벌 경제 브릭스의 구축(Building Better Global Economic BRICs)〉에서 처음 사용한 이후 전 세계로 확산되었는데, 최근에는 거의 사용하지 않고 있다.

결과적으로 러시아의 2000년대 GDP 성장률은 4.93%로, 확실히 다른 선진 7개국과 비교해 높은 수치이기는 하지만 2010년대의 GDP 성장률은 0.91%로 프랑스와 같고 일본과 거의 비슷한 수준까지 급격히 하락했다. 브라질도 마찬가지로 2000년대에는 3.71%였던 GDP 성장률이 2010년대에는 1.21%까지 떨어져 다른 선진국과 거의 비슷한 수준이 되었다.

브릭스 4개국 가운데 붐이 일었을 당시와 비슷한 성장률을 유지하고 있는 국가는 인도밖에 없는데 인도도 코로나 팬데믹으로 인해 경제 성장에 급제동이 걸려 성장세로 회복할 수 있을지 불투명한 상황이다.

새로운 밀레니엄의 도래와 함께 급격히 부상하던 2000년대 초 세계 경제를 견인해줄 것이라고 기대되던 브릭스의 기세가 20년도 채 버티지 못하고 성장 속도가 떨어지고 있다는 사실은 우리에게 신랄한 시사점을 던져준다. 앞으로의 경제 성장이 기대되는 아프리카를 비롯한 지역들도 선진국을 뛰어넘는 성장률을 누릴 수 있는 호황기가 그리 오래 지속되지는 않을 것으로 보인다.

고성장의 민낯

시간축과 공간축을 확대해서 확인해보자. 〈도표7〉은 고대부터 2100년까지 전 세계 GDP 성장률의 추이를 나타낸다. 그래프를 보면 바로 알 수 있듯이, 고대 이후 2000년에 걸쳐 지속적으로 상승해 온 GDP 성장률이 1950년부터 1990년 사이에 정점을 기록한 후, 현재는 하향 국면으로 접어들었다. 인류 역사상 처음으로 경제성장률이 상승 추세에서 하향 추세로 반전하는 바로 이 순간을 우리는 살고 있다. 다시 말해, 이 그래프는 우리가 살고 있는 21세기 초반의 시대가 실로 인류사적인 변곡점이라는 사실을 보

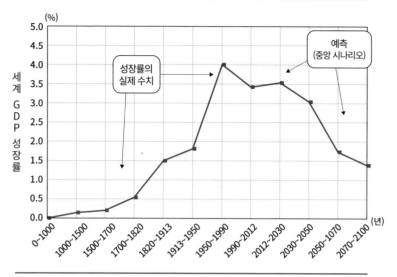

도표7: 고대부터 2100년까지 세계 GDP 성장률의 변화

(%)

세계 GDP 성장률

성장률의 실제 수치

예측 (중앙 시나리오)

0~1000 / 1000~1500 / 1500~1700 / 1700~1820 / 1820~1913 / 1913~1950 / 1950~1990 / 1990~2012 / 2012~2030 / 2030~2050 / 2050~1070 / 2070~2100 (년)

출처: 토마 피케티, 《21세기 자본》

여준다. 이 사실은 아무리 강조해도 부족하다. 우리는 일찍이 부모 세대가 경험한 고성장을 '정상적인 상태'라고 여기는 경향이 있다. 하지만 이 그래프는 당시의 상황이 전 인류사에서 극히 특이하고 예외적이었다는 사실을 명백히 보여준다.

프랑스의 경제학자 토마 피케티(Thomas Piketty)는 세계적인 베스트셀러가 된 저서 《21세기 자본》에서 우리가 일반적으로 성장에 대해 떠올리는 이미지는 단지 환상에 지나지 않는다고 일축했다.

중요한 점은 기술적인 면에서 세계의 최전선을 차지하고 있는 국가에서 1인당 산출된 성장률이 오랜 세월에 걸쳐 연 1.5%를 상회한 국가의 역사적 사례가 하나도 없다는 사실이다. 과거 수십 년의 기록을 살펴보면, 최고 부유국의 성장률이 훨씬 낮다. 1990년부터 2012년에 걸쳐 1인당 산출은 서유럽에서는 1.6%, 북미에서는 1.4%, 일본에서는 0.7%였다. 앞으로 논의를 진행할 때 이 현실을 반드시 염두에 두길 바란다. 대다수 사람들이 성장이란 적어도 3~4%는 되어야 한다고 생각하기 때문이다. 앞서 설명했듯이 역사적으로도 논리적으로도 이것은 환상에 지나지 않는다.

— 토마 피케티, 《21세기 자본》

피케티 자신은 이 책에서 GDP 성장률 예측에 관해서는 '잘 모르겠다'고 미리 밝히고 나서 '과거 두 세기의 역사를 되돌아보면 그 수치가 1.5% 이상이 될 가능성은 상당히 낮다'고 지적했다. 덧붙이자면, 경제학자나 민간 경제가 장기적인 경제 예측을 내놓을 때는 전반적으로 실제 가치보다 부풀려지는 경향이 커서 실측치가 예측치의 아래쪽에 위치하는 사례가 대부분이라는 점을 기억해두는 것이 좋다.[*]

이들 수치를 확인하다 보면 성장이란 일종의 종교와 같다는 것을 절감하게 된다.

---

[*]　https://www.rieti.go.jp/jp/publications/dp/19j058.pdf.

성장의 종교화

나는 2017년(한국에서는 2018년 출간 – 역주)에 출간한 저서 《세계의 리더들은 왜 직감을 단련하는가》에서, 비즈니스와 관련된 의사 결정을 할 때 너무 과학에 치우친 탓에 오히려 비즈니스가 위축되고 취약해졌다고 설명하고, 인간성에 바탕을 둔 감성과 직감을 되살려야 한다고 강조했다. 하지만 경제와 사회에 관한 인식에서는 이러한 경향이 확실히 반대라고 느낀다. 그 이유는 단순히 무한한 성장이라는 사고가 비과학적인 판타지일 뿐이기 때문이다.

토마 피케티가 지적했듯이, 세계 경제의 성장률이 앞으로 2% 내의 저조한 움직임을 보인다고 해도 세계 경제 규모는 100년 후에는 현재의 7배, 300년 후에는 370배, 1000년 후에는 3억 9000만 배가 된다. 이를 많은 사람이 바람직한 수준이라고 생각하는 4%까지 끌어올린다면 그 수치는 각각 100년 후에는 현재의 49배, 300년 후에는 약 12만 9000배, 1000년 후에는 대략 10경 3826조 배가 되어 어느새 의미조차 헤아릴 수 없게 된다. 이미 현 시점에서 지구의 자원, 환경, 자연 문제가 중요한 과제가 된 상황을 생각하면 2%의 성장조차 어렵다는 사실을 잘 알 수 있다.

과학적으로 있을 수 없는 일을 믿는 것을 '신앙'이라고 한다. 한결같이 성장만을 외치는 사람들은 이것을 일종의 종교처럼 믿고 있다. 미국의 사회심리학자 리언 페스팅어(Leon Festinger)*는 인지부조화 이론을 제시하며 수많은 사례에서 자신의 신념과 사실이 어긋날 때 사람은 신념을 바꾸기보다는 사실의 해석을 바꿔 신념을 지키려 한다고 주장했다. 특히 이러한 현상을 쉽게 찾아볼 수 있는 곳이 신앙 현장이다. 페스팅어는 컬트 교단 내부로 잠입해서 '미확인 비행물체(UFO)가 나타난다' '대홍수가 지구를 덮친다' 같은 교주의 예언이 빗나간다는 사실을 직접 확인하고도 여전히 믿음을 버리지 않으려는 신자를 관찰한 경험을 계기로 이 이론을 만들어냈다고 했다.

그래서 오늘날 훌륭한 혁신을 거듭해오면서도 경제성장률이 둔화되는 현상은 바뀌지 않는다는 사실을 목격하고도 여전히 '비물질적 무형 자산을 측정하지 않았다' '언젠가 한계가 다가올지도 모르지만 지금은 아니다' '혁신으로 성장의 한계를 타파할 수 있다' '아프리카의 경제 성장이 세계 경제를 견인할 것이다' 'SNS 등 무료 서비스의 가치가 GDP 계산에 반영되지 않았다'라고 흥분해서 주장하는 반론을 들으면 들을수록 페스팅어가 말한 '사람은 신념을 부정하는 사실을 목격했을 때 신념을 바꾸는 게 아니라 사실의 해석을 달리한다'는 지적을 떠올리지 않을 수 없다.

다음으로 GDP와 관련성 높은 지표인 노동생산성에 관해 알

---

* 리언 페스팅어: 미국의 심리학자. '사회심리학의 아버지'라고 불리는 쿠르트 레빈(Kurt Zadek Lewin)에게 아이오와대학교에서 배우고 영향을 받았다. 인지부조화 이론과 사회적 비교이론의 제창자로서 알려져 있다.

아보자. 말할 필요도 없이 생산성은 국가별 GDP를 총 투입 노동량으로 나눈 것으로, 쉽게 말해서 '얼마나 효율적으로 일해서 가치를 창출하는가'를 나타내는 지표다.

노동생산성에 관해서는 '일본은 선진국 가운데서도 노동생산성이 낮다. 노동생산성을 더욱 높여야 한다'는 지적을 빈번하게 듣는다. 확실히 현 시점에 선진국의 노동생산성과 비교해보면 일본의 생산성은 칭찬받을 만하지 않다. 따라서 결론적으로 조금 더 효율적으로 일하자는 데는 결코 이견이 없지만 각국의 노동생산성 상승률의 추이, 즉 코로나 팬데믹에 이르기까지의 상황을 확인해봐야 한다.

GDP 성장률이 둔화하고 있음을 감안하면 당연한 이야기지만, 〈도표8〉을 보면 알 수 있듯이 여기서도 고원으로의 연착륙 상황을 알아차릴 수 있다. 선진 7개국의 노동생산성 상승률은 1960년대 정점을 찍은 이후 단기적인 변동은 있지만, 선진국 전체의 추세를 보면 하락세가 명확해 보인다.

유일한 예외라고 해도 좋은, 1990년대 미국에서 나타난 중기적인 노동생산성 상승에 관해서도, 이를테면 전자기기류의 성능 향상을 반영한 물가 계산, 소위 헤도닉 물가지수(hedonic price index, 개별성이 강한 재화의 물가 지수를 작성할 때, 그 성능의 표준화에 의해 회귀적으로 산출되는 물가 지수 – 역주)를 도입해 인플레이션율을 낮추거나, 혹은 기업에서의 소프트웨어 구입 비용 명목을 중간재 구입에서 설비투자로 변경하는 등 1990년대 말 GDP 계산 방법을

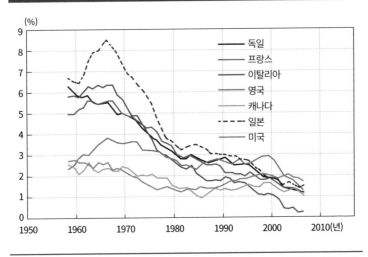

출처: Jason Furman, Productivity Growth in the Advanced Economies, 2015, p.4, Figure 3.

다양하게 변경함으로써 과거 몇 년 동안의 GDP 절대치 및 성장률이 크게 신장했다는 사실을 알아두어야 할 것이다.

헤도닉 지수를 도입하고 소프트웨어 구입 항목을 투자로 변경함으로써, 1990년대 후반부터 2000년대 전반에 걸친 실질적 GDP 성장률은 외관상으로 크게 신장되었다. 실제로 세상은 호경기였으며 GDP가 완전히 거짓이었던 것은 아니다. 하지만 그러한 변경으로 인해, 실제 이상으로 경제 상황이 호조로 보였을 가능성을 부인할 순 없다. 게다가 헤도닉 지수에 의한 계산을 처음 도입한 나라가 미국이었기 때문에 유럽 국가들이나 일본에 비해 미국 경

제가 막강하게 보였던 것은 확실하다. 바다 건너편에서는 경제정
책 담당자가 머리를 싸매고 있었다. 컴퓨터는 어느 국가의 어떤
기업에서도 공평하게 이용할 수 있는데 왜 컴퓨터 혁명에 의한
생산성 향상 효과는 미국에서만 나타나는 것일까.

— 다이앤 코일, 《GDP 사용설명서》

미국의 통계에서 나타난 1990년대의 일시적인 성장 추세에는
미심쩍은 부분이 있다. 노동생산성을 언급할 때 일본이 패자라는
식의 자학적인 말들이 자주 나오는데, 이는 어디까지나 단편적인
모습을 바탕으로 한 도토리 키재기식 평가일 뿐이다. 중장기적으
로 보면 선진국은 대체로 노동생산성 상승률의 장기적인 하락세
를 보이고 있다는 사실을 잘 알 수 있다.

기술 혁명과 생산성의 상관관계

이 자료가 충격적인 통계라는 생각이 드는가. 1960년대는 통
신 수단이 전화, 전보, 우편에 한정되어 있었고, 팩스는커녕 복사
기와 전자계산기조차 없던 시대다. 1970년에 쏘아 올린 아폴로
13호의 사고를 소재로 한 영화 〈아폴로 13〉을 보면, 치명적인 사
고를 일으킨 우주선 안에서 톰 행크스가 연기한 선장 짐 러블이
궤도 계산을 다시 하는 장면이 그려져 있는데, 이때 선장이 계산

에 사용한 도구는 연필과 지우개였고, 검산을 부탁받은 지상의 엔지니어가 사용한 도구는 계산자(slide rule)였다.

당시 계산기는 매우 무겁고 계산 속도가 느린 데다 고가였기에 복잡한 수리 계산을 일상 업무로 하는 나사(NASA)도 대부분 전자계산기를 사용하지 않고 단백질로 이루어진 범용 계산기인 두뇌에 의존했다. 그렇게 없는 것투성이었던 시대보다 팩스, 복사기는 물론 휴대전화, 이메일, 메신저, 전화 회의 시스템, 컴퓨터, 프레젠테이션 소프트웨어, 표 계산 소프트웨어 등 다양한 기술로 무장하다시피 한 2000년대 이후의 생산성 상승률이 훨씬 낮다.

인터넷 관련 기술이 업무 현장에 사용되기 시작한 1990년대 후반 이후, 우리의 업무 방식이 급격히 변화되자 결과적으로 생산성도 크게 개선되었다고 여기기 쉬운데 실제로 도표를 보면 최첨단 기술로 무장해봤자 생산성의 둔화 곡선은 바꾸지 못한다는 사실을 알 수 있다.[*]

나날이 진화를 거듭하는 기술을 활용해 노동생산성을 높이기 위해 끊임없이 노력하고 있는데도 노동생산성 상승률은 왜 장기적으로 하락하는 것일까.

이 물음에 대해 노스웨스턴대학교 경제학 교수인 로버트 고든(Robert Gordon)은 '하락하고 있는 게 아니라 정상으로 돌아가고 있을 뿐이다'라는 대답을 내놓았다. 바꿔 말하면, 1960년대 같은 높은 생산성과 높은 성장률은 결코 자본주의의 예사로운 상태가 아니라, 인류사적으로 볼 때 매우 특수한 전무후무의 이상 상태였다는 뜻이다. 한마디로, 노동생산성 상승률은 하락하고 있는 것이 아니라 예전에 비정상적으로 높았던 것이 정상적인 상태로 되돌아가고 있다는 의미다.

인간이 품고 있는 세계상(世界像, Weltbild)에는 사람마다 개인의 기억과 경험이 짙게 반영되게 마련이다. 우리 세대가 품은 세계상은 '성장'이 정상으로 인식되던 우리의 어린 시절, 또는 부모 세대의 인상과 기억에 의해 형성되어 있기 때문에 높은 성장률이야말로 정상적인 상태이며 현재와 같은 저성장은 비정상적인 상태라고 생각하는 것이다. 그렇기에 다양한 경제 시책과 기업 시책을 실시해 오늘날의 비정상적인 상태를 정상적인 상태로 되돌려야 한다고 믿고 20여 년 동안 헛수고를 거듭해왔다. 하지만 고든

---

* 한편으로 이렇게 아무것도 없는 상황이 오히려 생산성을 높이는 데 기여했다는 견해도 제기할 수 있다. 〈도표8〉은 1950년대 후반부터 시작되는데 그래프의 기점을 확인해 보면 일본, 독일, 이탈리아가 상위 3개국이라는 사실을 알 수 있다. 말할 것도 없이, 이들 국가는 제2차 세계대전에서 패전한 추축국으로, 특히 독일과 일본은 국토가 잿더미가 될 정도로 철저히 파괴됐다. 그렇게 파괴된 후에 정말로 '아무것도 없는 상태'에서 문명을 부활시키려고 하면, 높은 생산성 상승률로 쉽게 이어지리라는 것은 상상하기 어렵지 않다. 이 책에서 나중에 상세히 고찰하겠지만, 소비는 파괴나 다름없다. 소비가 새로운 수요를 낳는다고 하면, 철저한 파괴 후에 높은 생산성 상승이 일어나는 것은 당연한 결과다. 본론에서는 별로 언급하지 않았지만, 근대 이후 소비의 이상적인 모습에 관해 철저히 고찰한 사상가 조르주 바타유(Georges Bataille), 장 보드리야르(Jean Baudrillard), 롤랑 바르트(Roland Barthes)는 물건의 사용은 단지 완만한 소모를 초래할 뿐인 데 반해 경제를 견인할 수 있는 급격한 수요의 성장에는 파괴가 필요하다고 주장했다. 바타유도 보드리야르도, 바르트도 이 '파괴'가 현대에서 사치의 실태이며 방법이라고 지적했는데, 이들 세 국가가 종전 후에 높은 생산성 상승률을 기록한 것은 우리 경제가 사실은 '파괴'라는 행위, 즉 문자 그대로 비생산적이고 비도덕적인 행위와 매우 잘 맞는다는 사실을 보여준다.

교수의 말에 의하면, 수만 년에 이르는 인류의 오랜 역사에 비추어볼 때 오히려 20세기 후반이 비정상적인 상태이며 현재는 정상적인 상태로 되돌아가고 있을 뿐이다. 이 지적은 앞서 소개한 토마 피케티의 주장과도 일치한다.

고든과 피케티의 지적이 옳다면 수많은 기업이 높은 성장을 목표로 내걸고 직원들이 심신의 건강을 해쳐가면서 일에 몰두하고 있는 현재의 상황은, 간신히 되찾은 정상 상태를 다시금 비정상 상태로 되돌리려는 쓸모없는 노력이라는 의미가 된다. 쓸모없는 노력 끝에는 쓸모없는 성과가 나올 수밖에 없다. 현재 우리 사회가 정상적인 상태에 연착륙하고 있다면 우리는 이 상황을 비정상적인 상태로 되돌릴 것이 아니라, 더욱 풍요롭고 활기찬 '정상 상태'를 되찾기 위해 노력해야 하지 않겠는가.

하드랜딩하는 사회

다시 한번 앞의 〈도표8〉에 나와 있는 일본의 상황에 주목해보자. 일본을 제외한 선진 7개국의 그래프가 완만한 하향선을 그리며 서서히 하락하는 연착륙 즉, 소프트랜딩(soft landing)의 이미지인 데 반해, 일본을 나타내는 그래프는 급강하라고 해도 좋을 정도로 격심한 하드랜딩(hard landing) 양상을 보이고 있다.

이것이 일본 사회에서 일어나고 있는 여러 가지 문제와 알력의 원인이다. 다시 말해 현재 가동하고 있는 다양한 사회 시스템과 플랫폼은 성장을 당연한 전제로 여기던 1950년대에서 1960년대에 걸쳐 형성되었다는 데서 그 이유를 찾아야 한다. 가령 '신규 대졸 사원 일괄 채용' '연공서열' '종신고용' 같은 고용 형태는 무한히 계속되는 성장을 전제로 하고 있어 오늘날 일본 기업을 둘러싼 상황과는 명백히 모순을 보인다. 이들 시스템이 구축된 것은 '내년에는 경제가 두 자릿수 성장을 이룬다'는 전제가 당연시되던 1950년대다.

종신고용과 연공서열 같은 인사 정책을 일본 기업의 전통으로 생각하는 사람이 많은데, 이는 있을 법한 오해이지만 사실과는 전혀 다르다. 우선 종신고용과 연공서열이라는 용어는 보스턴 컨설팅그룹의 초대 도쿄사무소장을 지낸 제임스 아베글렌(James Abegglen)이 1958년에 출간한 저서 《일본의 경영(The Japanese Factory)》에서 처음 사용한 용어다. 역사적으로 보면 불과 60년쯤 전에 미국인이 만든 용어이지, 결코 일본 기업의 전통적인 제도가 아니다. 즉, 연공서열과 종신고용으로 대표되는 사회 시스템 대다수는 일본의 오랜 역사를 비추어 볼 때 극히 짧은 기간 동안 운용된 매우 특수한 제도였던 셈이다.

오늘날 일본 사회에선 다양한 문제와 알력이 분출되고 있는데, 이는 저성장 자체가 야기했다기보다는 성장을 전제로 한 사회 시스템과 고원으로 연착륙하고 있는 현실 사회가 서로 부정합을 일으켜서 발생했다고 봐야 옳다. 일본 사회에선 1868년 문명 개화 이후, 100년 이상에 걸쳐 작용해온 '무한의 상승, 성장, 확대를 추구하려는 압박감'과 최근 여러 해 동안 점점 강해지고 있는 '서서히 고도를 낮춰 연착륙하려고 하는 자연의 인력' 두 가지 힘이 서로 마찰을 일으켜 갖가지 비극과 혼란을 빚어내고 있는 것이다.

인구 포화의 뜻

지금까지 물건이 널리 보급된 수요 포화 사회에서 GDP도 노동생산성도 연착륙 양상을 나타내고 있다는 사실을 확인했다. 이러한 지적에 대해 지구상의 인구가 아직도 계속 증가하고 있는 이상, 새로운 수요가 창출될 것이라는 반론을 제기할 수도 있다. 과연 어떨까.

인구 동향을 확인해보자. 일본의 인구가 이미 감소 추세에 들어섰다는 사실은 대부분 알고 있지만, 여기서는 우선 세계의 인구에 대해 먼저 알아보겠다. UN에 따르면(2019년 7월 2일 발표) 세계의 인구는 2019년 77억 명에서 2030년 85억 명(2019년 대비 10% 증가), 2050년 97억 명(2019년 대비 26%), 2100년 109억 명(2019년 대비 42%)으로 증가할 것으로 예측된다. 이러한 수치를 확인하면 '뭐야? 앞으로도 계속 증가하잖아?' 하고 생각할지 모르지만, 여기서 주목해야 할 핵심은 '증가율'이다.

다음의 〈도표9〉를 살펴보자. 이 그래프는 1750년부터 2100년

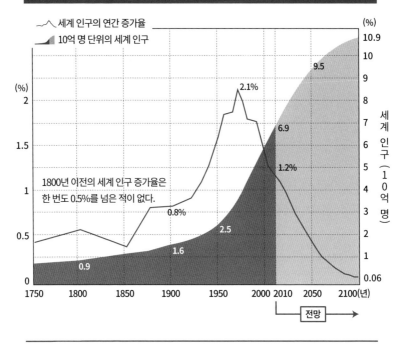

까지의 인구 및 그 증가율의 추이를 나타내고 있다. 이 자료를 보면 2100년까지 인구는 완만한 곡선을 그리며 조금씩 증가할 것으로 전망되지만, 증가율은 1960년대에 이미 정점을 찍고 나서 급격히 낮아지고 있다는 것을 알 수 있다. 더욱 정확하게 설명하자면, 세계의 인구 증가율이 정점에 오른 것은 1967년이다. 그때부터 반세기에 걸쳐 인구 증가율은 계속 하락하고 있다. 1960년대에 절정을 맞이한 이후 반세기를 지나면서 명확한 하락 추세를

보인다는 점은 앞서 살펴본 선진국의 GDP 성장률 그래프를 떠올리게 한다.

여기서도 또한 18세기부터 상승하기 시작해 20세기 중반에 절정을 맞이한 뒤에 급격히 감속한다는, 이 책에서 여러 번 살펴본 가파른 산 형태의 곡선과 비슷한 양상임이 나타난다. 다시 설명할 필요도 없이, 경제 규모를 확정하는 수요의 총량은 최종적으로는 인구에 좌우되겠지만, 그 인구 성장률은 이미 50년 전에 정점을 지나 가까운 장래에는 거의 증가하지 않고 일정한 상태를 유지할 것으로 보인다.

로지스틱 곡선은 무엇을 시사하는가

지금까지 전 세계의 GDP 및 인구 증가율을 살펴보고, 두 가지 모두 이미 절정을 찍은 후 반세기에 걸쳐 명확히 저하 또는 감소 추세를 보이고 있다는 사실을 확인했다. 그렇다면 세계 인구를 얼마나 정확하게 예측할 수 있을까? 사실 인구 증가율을 예측하는 것은 매우 어려운 일로, 과거에 국가나 국제 기관이 실시한 예측은 여러 차례나 크게 빗나간 바 있다.[*] 수많은 연구기관과 학자들은 가까운 미래에 지구 전체의 인구가 일정한 수를 한계점으로 하여 변동 없이 한결같은 '정상(定常) 상태'로 들어설 것이라고 전망했다.

이때 근거가 된 것이 로지스틱 곡선(logistic curve)이다. 로지스틱 방정식(logistic equation)은 생물의 개체 수가 변화하는 모습을 나타내는 수리 모델의 일종이다. 일정한 환경 조건에서 가령 고립된 집단(colony)에 그 집단의 환경 조건에 적합한 생물 종을 풀어놓으면 처음에 조금씩 증식하다가 어느 시기부터 급격한 증식기를 맞이한 후에 환경이 허용하는 일정한 밀도와 용량에 개체 수가 가까워지면 증식률이 감속하다가 차츰 안정되면서 마침내 안정 평형 상태에 들어선다. 이 상황을 그래프로 나타내면 〈도표10〉과 같은 S자형 곡선을 그린다.

구체적으로 로지스틱 곡선은 $[dN/dt = rN(1-N/K)]$라는 미분 방정식으로 표시된다. 여기서 N은 개체 수를, t는 시간을, 그리고 dN/dt은 단위 시간당 개체 수의 증가율을 의미한다. r은 내적자연증가율, K는 환경수용력이라고 불리는 정수(定數)다. 다시 말해,

---

* 현재 일본에서는 '저출산 현상'이 자주 거론되고 있는데, 과거 다른 국가에서 제시되었던 저출산에 따른 인구 감소에 대한 예측은 지금까지 대부분 크게 빗나갔다. 영국에서는 20세기 초 출산율이 크게 떨어지자 정부와 연구기관이 다양한 전제를 깔고 인구 예측을 실시했다. 그들이 작성한 17가지 인구 예측 유형을 현재 돌아보면 인구 감소를 예측한 14가지 유형은 완전히 빗나갔고, 나머지 3가지 유형은 인구 증가를 예측했지만 그 증가는 실제 수치를 훨씬 밑돌았다. 결과부터 말하자면 실제로는 정부와 싱크탱크가 정리한 17가지 인구 예측을 훨씬 웃돌 만큼 인구가 증가했다. 미국의 출생률도 1920년에 낮아지기 시작해 1930년대까지 계속 하락했다. 1935년에 발표된 인구 예측에서 1965년에는 미국 인구가 3분의 2까지 감소할 것이라고 내다보았다. 마치 현재의 일본을 방불케 하는 상황이지만, 그 결과 또한 크게 예상을 뒤엎었다. 제2차 세계대전 참전을 계기로 결혼율이 높아졌고 그에 따라 출생률도 대폭 상승해 1965년에는 인구가 줄어들기는커녕 오히려 베이비붐이 도래했다.

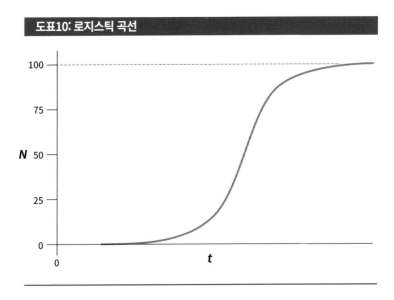

도표10: 로지스틱 곡선

개체 수 N이 증가해 환경수용력 K에 가까워질수록 개체 수 증가율이 감소한다. 덧붙이자면 〈도표10〉의 그래프에서는 개체 수가 증식한 후에 안정 평형 상태로 접어드는데, 이는 성공한 생물종에서 볼 수 있는 패턴이며, 어떤 생물종은 번영의 정점을 찍은 후 감소 추세로 들어서 그대로 멸망하기도 한다. 공룡이 그 전형적인 예다. 인간도 지구라는 유한한 환경 속에서 살아가는 생물이므로 로지스틱 곡선의 숙명에서 벗어나기 어렵다.*

1990년대 이후 다양한 분야에서 글로벌화라는 말이 활발히 사용되고 있다. 매우 반어적인 의미가 함축되어 있는 말이라고 하지 않을 수 없다. 글로벌의 어원은 원래 글로브(globe), 즉 '구(球)'

이다. 구에는 모서리가 없기 때문에 그 표면에서 판도를 펼치려는 사람이 보기에는 언뜻 아무런 제약도 없는 무한한 공간이 눈앞에 펼쳐지는 것처럼 생각될 것이다. 하지만 위상적(topological)으로는 이 또한 폐쇄 영역일 뿐이다. 여기에 '유한성'이라는 키워드가 떠오른다. 대항해시대 이후 세계 각국은 시장의 확장을 꾀하고 지리적인 확대를 지향해왔지만 이러한 노력을 수백 년 동안 계속해온 결과 이제는 더 이상 진출할 공간이 없어진 상황, 즉 폐쇄된 구의 유한성이 명백해졌다.[**] 이 상황 또한 우리 사회가 '고원으로

---

[*] 생물의 번성과 쇠퇴를 로지스틱 곡선이라는 개념으로 설명하고자 제안한 사람은 벨기에의 수학자 피에르 베르헐스트(Pierre Verhulst)다. 그가 이런 생각을 하게 된 경위는 무척 흥미롭다. 베르헐스트는 1798년 발표되어 큰 반향을 불러일으킨 토머스 맬서스(Thomas Malthus)의 《인구론》에 위화감을 느끼고 그 부자연스러운 점을 해소하기 위해 이 모델을 고안했다. 잘 알려진 것처럼, 맬서스는 《인구론》에서 인구는 기하급수적으로 증가하는 데 반해 식물이나 자원은 산술급수적으로밖에 증가시킬 수 없기 때문에 자원 부족으로 인해 발생하는 구조적 빈곤은 불가피하다고 지적했다. 이른바 '맬서스의 함정'이다.

덧붙이자면 맬서스는 상당히 극단적인 인물로, 이 같은 지적에 다음처럼 대응했다. '그렇다면 어떻게 해야 좋은가?' 하는 질문에는 '식량 부족으로 죽음에 이르는 사람도 있겠지만 그것은 모두 자기 책임이므로 어쩔 수 없다'고 일축했으며, '구조적 식량 부족으로 기아 상태에 이른 사람은 어떻게 해야 하는가?' 하는 질문에는 '자연도태를 촉진시키기 위해 돕지 않는 것이 좋다'고 단언했고 당시 인도적인 정치가가 나서서 실시하고 있던 '구빈법(救貧法)'을 철폐해야 한다고 주장했다. 도저히 친구가 될 수 없을 것 같은 유형이다.

이야기를 다시 되돌리면, 맬서스의 주장에 대해 베르헐스트가 거부감을 느낀 부분은 '인구는 무한히 증식한다'는 가정이다. 베르헐스트는 진지하게, 아무리 이론적 가정일지라도 실제로는 환경이나 자원이 한정되어 있기 때문에 인구 증가에는 언젠가 제동이 걸린다고 생각하는 것이 자연스럽다고 주장했다. 시간이 지남에 따라 인구 증가율은 감소하고 인구는 어느 지점에서 포화된다고 생각해야 한다. 로지스틱 방정식은 이 점에 착안해 생물 개체 수의 증식을 모델화했다.

의 연착륙' 국면에 들어서고 있다는 사실을 나타내고 있다.

문명사적 전환점

지금까지 '생활 만족도' 'GDP 성장률' '생산성 향상률' '인구 증가율'의 네 가지 지표를 통해 코로나 직전의 세계가 어떠한 상황이었는지 확인해보았다. 우선 이들 개별 지표가 나타내는 상황을 통합적으로 고찰했을 때 무엇을 알 수 있는지 생각해보자.

이번에는 조금 큰 틀에서 앞서 설명한 로지스틱 곡선에 인류의 역사를 적용해 고찰해보고자 한다. 〈도표11〉을 살펴보자. 이 도표는 로지스틱 곡선에 인류사를 적용한 것이다. 이 그래프에서는 인류사를 '문명화 이전 시대' '전기 문명화 시대' '후기 문명화 시대' '문명화 이후(고원) 시대' 네 단계로 나누어 정리했다.

문명화 이전 시대는 오늘날 우리 사회의 기저를 이루는 다양한 추상적 제도와 시스템, 구체적으로는 화폐나 시장, 종교 등이

** 공간의 유한성이 명백해지면, 그다음은 시간을 확장할 수밖에 없다. 하지만 이것도 또한 리먼 사태로 인해 그 유한성이 분명해졌다. 리먼 사태의 진원이 된 것은 저소득층을 대상으로 한 주택담보대출, 즉 서브프라임 모기지이다. 이 금융 상품은 '미래의 소득을 현재로 옮겨온다(=시간을 확대한다)'는 발상에서 개발되었다. 이것은 '시간이 확대, 상승, 성장을 낳는다'는 20세기적 패러다임을 전제로 한 아이디어이지만, 공간이 확대되지 않는 세계에서는 시간의 가치도 제로가 된다는 사실이 결국은 밝혀진 것뿐이다.

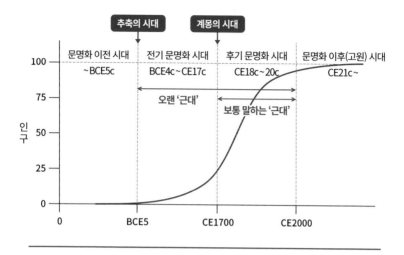

도표11: 로지스틱 곡선상에 정리한 인류사

추축의 시대

계몽의 시대

문명화 이전 시대	전기 문명화 시대	후기 문명화 시대	문명화 이후(고원) 시대
~BCE5c	BCE4c~CE17c	CE18c~20c	CE21c~

오랜 '근대'

보통 말하는 '근대'

인구

100 — 75 — 50 — 25 — 0 —

0 BCE5 CE1700 CE2000

고안되거나 사용되기 이전 시대를 가리킨다. 인류의 시조가 아프리카에서 탄생한 이래, 수만 년에 걸쳐 계속된 이 시대에 전환점을 가져온 것이 '추축(樞軸)의 시대'였다. 인류가 마주한 첫 번째 변곡점이다. 추축의 시대라는 용어가 낯설 수 있다. 이 용어는 독일의 철학자이자 정신과 의사였던 칼 야스퍼스(Karl Jaspers)가 기원전 5세기를 전후로 한 300여 년 사이에 전 지구적 규모로 발생한 사상사, 문명사적 전환점을 가리켜 명명한 것이다. 이때 대체 무슨 일이 일어난 것일까?

이 시대에 고대 그리스에서는 소크라테스와 플라톤에 의해 철학이, 인도에서는 우파니샤드(Upanishad, 우주 원리와 개인 원리의 일치를 설명한 고대 인도의 교전 - 역주)와 불교가, 중동에서는 조로아스터교(Zoroastrianism)*가, 중국에서는 제자백가에 의한 유교가, 팔레스타인에서는 그리스도교의 초석이 되는 고대 유대교가 각각 탄생했다. 신기하게도 단 500여 년이라는 짧은 기간에 서쪽으로는 에게해부터 동쪽으로는 중국까지, 오늘날 우리의 정신과 사상, 과학의 뼈대가 된 사고관이 전 세계적인 규모라고 해도 좋을 범위에서 동시다발적으로 생겨난 것이다.

역사적으로 '근대'라고 할 때 그것은 일반적으로 16세기 르네상스 이후, 계몽시대가 시작되고부터 현대까지라고 보지만, 나는 이 추축의 시대가 근대의 특징인 '인간주의' '합리주의' '자연주의'의 시작이었다는 점에서, 이를 '오랜 근대의 시작'이라고 생각한다.

다시 돌이켜 생각해보면 근대의 시작으로 꼽히는 '르네상스(Renaissance)'라는 말은 원래 재생 또는 부활을 의미하는 프랑스어인데, 여기서는 추축의 시대에 있었던 고대 그리스, 고대 로마의 문화를 재생, 부활시킨다는 뜻이다. 여기에서 공통하는 정신을

---

* 고대 페르시아 지역에서 발원한 종교. 창시자는 조로아스터(Zoroaster)이며 경전은 아베스타(Avesta)다. 성립 연대는 기원전 1200년대부터 기원전 7세기경까지 폭넓게 추정될 정도로, 그 시기가 확실치 않다. 광명신인 아후라 마즈다(Ahura Mazda)를 최고의 신으로 삼고 그 상징으로 불을 숭배하기 때문에 배화교(拜火敎)라고도 불린다. 세계를 광명신(선신, 善神)과 암흑신(악신, 惡神)인 아리만(Ahriman)의 대립이라는 이차론으로 인식하고 종말의 시기가 오면 구세주에 의한 최후의 심판이 내려진다고 설파하는 세계관은 그 후 유대교나 그리스도교 등 일신교에 영향을 미쳤다.

알아내는 건 쉬운 일이다. 오늘날 우리는 고대 그리스의 철학자 플라톤이 남긴 저서를 별다른 위화감 없이 우리의 일상 감각에 비춰 읽을 수 있다. 이는 곧 추축의 시대에 현재 우리 정신의 근저를 이루는 것이 이미 다 갖춰졌다는 사실을 시사한다.

문명화 종말 시대를 살아가다

추축의 시대를 거쳐 인류는 오랜 기간 이어지는 근대로 들어선다. 그러나 인구와 문명의 폭발적 발전이 나타나기까지는 일단, 중세라는 시대를 통과한 뒤에 계몽주의 혁명과 그 필연적 결과로써 산업혁명을 기다려야만 했다. 추축의 시대에 현대를 살아가는 우리의 정신 기저를 이루는 것이 이미 준비되었다고는 하지만, 실제로 사람들의 물질적 생활 기반이 테크놀로지에 의해 급속히 정비되기까지는 거의 2000년의 세월이 필요했다.

일반적으로 제1차 산업혁명은 18세기 후반에 시작되었다고 본다. 이 무렵부터 인간이 지닌 문제 해결 능력이 폭발적으로 발달해 의식주 각각의 물리 환경이 극적으로 개선되는 '문명화'가 급속히 진행되었다. 그 상승 곡선은 20세기 후반에 이르기까지 계속되었다. 현재 이 상승 곡선은 이미 살펴본 대로 다양한 측면에서 그 경사가 완만해지고 있으며, 미래에는 변동 없이 일정한 상태가 유지되는 '고원 상태'로 옮겨가 '무한히 지속되는 행복한 현재'가 순환하는 시대가 오지 않을까 하는 것이 내가 세운 가설이다. 이것이 바로 인류가 마주하게 될 두 번째 변곡점이다.

우리는 기원전 5세기경 첫 번째 변곡점을 통과하고 나서 거의 2500년 만에 새로운 단계로 전환하는 시기에 와 있다. 첫머리부터 서술해온 내용을 토대로 표현하자면, 우리가 지금 살고 있는 시기는 '문명화의 종말 시대'다. 그리고 아마도 2020년 전 세계를 덮친 코로나 팬데믹이 이 고원 상태로의 이행을 급속하게 만들 것으로 보인다.

위대한 리셋은 무엇을 의미하는가

2020년 초, 중국 우한에서 시작된 신형 코로나바이러스로 인한 재해는 전 세계로 확산되었고, 여전히 수습과 안정의 기미가 보이지 않는 상황이다. 팬데믹이 앞으로 어떤 추이를 보일지는 알 수 없지만, 현 시점에서 이미 몇 가지 큰 사회적 변화가 발생했다. 이는 불가역한 변화로, 미래의 우리 사회를 크게 변모시킬 것이다.

2020년 6월, 세계경제포럼(매년 스위스의 다보스에서 개최되어 일명 '다보스포럼(Davos Forum)'으로 불린다 - 역주)은 2021년 1월에 개최되는 연차 총회의 주제를 '위대한 리셋(The Great Reset)'으로 삼았다. 세계경제포럼을 창설한 클라우스 슈밥(Klaus Schwab)은 이

'리셋'의 의미에 관해 다음과 같이 답변했다.

전 세계의 사회경제 시스템을 다시 생각해야 한다. 제2차 세계대
전 후부터 계속되는 시스템은 다른 입장을 취하는 사람을 포용
하지 못하며 환경 파괴까지 일으키고 있다. 지속성이 부족하고
이미 시대에 뒤처져 있다. 사람들의 행복을 중심으로 한 경제로
사고를 전환해야 한다.
— 〈일본경제신문〉 2020년 6월 3일 기사

이 책을 여기까지 읽은 독자라면, 슈밥의 논고가 어떤 의미를
함축하고 있는지 깊이 이해할 수 있을 것이다. 즉, 코로나 팬데믹
이 고원으로 서서히 다가가던 세계를 착륙시키는, 최후의 결정타
가 될 거라는 뜻이다. 여기서 슈밥은 상당히 부드럽게 에둘러 말
하고 있지만, 지금까지 그가 한 연설을 바탕으로 뜻을 헤아려보
면, '제2차 세계대전 후부터 계속되는 시스템'이란 이제까지 종종
언급한 '무한의 성장을 전제로 하는 시스템'을 가리킨다.

그러면 이 강박적인 시스템을 어떻게 '리셋'할 것인가. 슈밥은
'사람들의 행복을 중심으로 한 경제'라는 표현을 사용했다. 저명
한 비즈니스 전문가이자 경제학 박사이기도 한 인물이 한 말이라
고는 도무지 생각하기 어려울 정도로 감동적인 지적이다. 이 비
전에도 우리 사회가 앞으로 지향해야 할 곳이 '침체된 어두운 골
짜기'가 아니라 '밝고 바람이 잘 통하는 고원'이라는 낙관적인 희

망이 제시되어 있다. 더욱 구체적으로, 슈밥은 기자들에게 다음과
같이 대답했다.

기자　리셋 후에 자본주의는 어떻게 될까요?

슈밥　자본주의라는 표현은 이미 적절하지 않습니다. 금융 완화
　　로 돈이 넘쳐나고 자본의 의미는 열어졌지요. 이제 성공을
　　이끄는 것은 혁신을 일으키는 창업가 정신과 재능이므로
　　오히려 '재능주의(Talentism)'라고 불러야 합니다.
　　코로나 위기로 많은 국가에서 의료 체제의 부실이 드러났
　　습니다. 경제 발전만 중시할 게 아니라 의료와 교육 같은
　　사회 서비스를 충실하게 갖춰야 합니다. 자유시장을 기반
　　으로 하면서도 사회 서비스를 만족시키는 '사회적 시장 경
　　제(Social market economy)'가 필요합니다. 정부도 ESG(환경·
　　사회·기업통치)를 중시해야 합니다.

　　여기서 슈밥이 지적한 '자본주의라는 표현은 이미 적절하지
않다'는 말에 관해 조금 보충설명하겠다. 자본주의는 자본이 무한
하게 증식한다는 기조를 믿고 따르는 일종의 신앙이다.* 슈밥은
자본이 이미 과잉 상태가 되어 증식할 수 없게 된 이상, 이 신앙을
더 이상 유지할 수 없다고 강조한 것이다.

자본의 가치도 시간의 가치도 제로

근대 이래 계속되어온 자본 증식의 상승 곡선을 알고 있는 우리로서는 이러한 지적을 갑자기 받아들이기엔 어려울 것이다. 하지만 슈밥이 지적한 대로 자본주의라는 신앙은 더 이상 유지할 수 없는 상황을 보여주는 지표가 있다. 바로 금리다.

여러분도 알고 있듯이, 선진국의 금리는 이미 코로나 이전 단계에서 거의 제로(0)에 가까운 수준까지 하락했다. 금리가 문명사에서 전례 없는 수준까지 떨어진 사태는 과연 무엇을 의미하는 것일까. 먼저 이자의 정의를 살펴보자. 『브리태니커 백과사전』에서 '이자(Interest)' 항목을 펼치면 다음과 같이 쓰여 있다.

신용 또는 금전을 사용하는 데 지불된 가격
The price paid for the use of credit or money

정말 간단한 정의다. 이자는 쉽게 말해 '자본의 가격'이다. 즉,

---

* 종종 자본주의와 시장경제를 같은 용어처럼 말하는 사람이 있는데, 자본주의를 이렇게 정의하면 이들 두 개 용어가 오히려 상반된다는 사실을 알 수 있다. 시장경제가 건전하게 기능하면 기업의 이익은 장기적으로 제로(0)의 '완전 시장'에 이르게 된다. 자본주의의 본의가 자본의 무한한 증식을 높이는 데 있다고 하면 그러한 '이익 제로의 완전시장'은 바람직하지 못한 것이 된다. 이런 의미라면 오히려 시장경제의 기능을 저해하는 제약 조건을 만들어 균형 상태에 이르지 못하도록 방해하는 것이 자본주의라고 할 수 있다. 역사가 페르낭 브로델(Fernad Braudel)도 시장경제와 자본주의가 정반대 개념이라고 말한 바 있다.

이자가 거의 제로가 되어간다는 것은 자본의 가치가 없어졌다는 뜻이다. 이것이 바로 슈밥이 말한 '자본의 의미가 옅어졌다'는 지적의 의미다.

우리 사회 시스템은 시간이 지나면서 자본의 가치가 증식된다는 것을 전제로 구축되었는데 근대 이후 오랫동안 상식으로 여겨온 일들이 이제는 성립하지 않게 됐다. 이것은 대체 무슨 말일까.

여기서 중요한 핵심은 '시간'이다. 미래의 자본 가격이 이자가 된다는 것은 이자와 시간이 불가분의 관계이며, 시간에 의해 이자의 존재가 합리화된다는 뜻이다. 뒤집어 말하면 '이자 = 자본의 가치'가 제로가 되었다는 것은 '시간의 가치'도 제로가 되었다는 의미다. 논리가 역전된 셈이다. 실제로 일어나고 있는 일은 오히려 그 반대다. 즉 시간의 가치가 없어졌기 때문에 금리의 가치도 하락했다고 봐야 한다. 시간의 가치가 없어진 이유는 우리 사회가 이미 고원에 도달해서 시간이 지나면서 상승, 성장, 확대될 거라는 기대를 더 이상 할 수 없게 되었기 때문이다.

성장 사회의 반성문

시간의 가치가 상실된 상황은 우리가 인류사적인 전환점에 들어섰다는 사실을 가리킨다. 인류의 역사에 등장한 이데올로기에는 '더 나은 미래를 위해 현재를 수단화한다'는 사고가 포함되어 있는 경우가 빈번하다. 이를테면 그리스도교에 최후의 심판이라는 사고관이 있다는 것은 대부분 잘 알 것이다. 세상의 종말이 다가오면 그리스도가 재림하고 심판을 받은 끝에 천국에 갈 사람과 지옥에 갈 사람이 나뉜다는 믿음이다. 그렇기에 그리스도교도는 경건하고 근면하게 현재를 살아가야 한다고 말한다. 이것은 달리 보면 더 나은 미래를 위해 현재를 수단화하는 사고방식이라고 인식할 수 있다. 참고로 최후의 심판은 그리스도교에서만 볼 수 있는 사고방식이 아니라 조로아스터교, 유대교, 이슬람교에서도 모두 찾아볼 수 있는 세계관이다.

또한 마르크스주의*에서는 인류의 역사가 모두 계급투쟁의 역사였다고 정리하고 나서 이 역사는 노동자의 단결로 자본가가 타도되어 계급 대립도 지배도 없는 공동 사회가 찾아옴으로써 완성된다고 한다. 마르크스는 종교를 부정했기 때문에 마르크스주의와 교전종교(敎典宗敎)를 물과 기름처럼 생각하는 사람이 있지만 사실 양쪽의 사고관은 매우 비슷하다.** 조로아스터교나 그노시스주의(Gnosticism, 신에 관한 고차원적인 신비적 지식으로 인간의 구제를 설명한 종교 사상 – 역주)***는 선과 악이 마지막 전쟁을 치른 후 선

---

* 카를 마르크스(Karl Marx)와 프리드리히 엥겔스(Friedrich Engels)가 정립한 사상을 토대로 확립된 사회주의 사상 체계의 하나다. 종래의 사회주의가 순수한 유토피아 사회를 구상한 것과 구분하기 위해 '과학적 사회주의'라고도 한다. 마르크스주의는 자본을 사회의 공유재산으로 바꿈으로써 노동자가 자본 증식을 위해서만 살아간다는 임금 노동의 비참한 특성을 파기하고 계급 없는 협동 사회를 건설하는 것을 목표로 한다.

이 지배하는 세상이 실현된다고 설명하는데, 이 이야기의 '선'을 '노동자'로, '악'을 '자본가'로, '마지막 전쟁'을 '혁명'으로 치환해 보면 그대로 마르크스주의에서 주장하는 내용으로 환골탈태한다는 사실을 알 수 있다.

마르크스가 종교를 민중의 아편이라고 지적했다는 이야기는 잘 알려져 있다. 그렇기에 러시아혁명 이후 소련과 중국 등 공산주의 국가에서는 더더욱 명확한 정책적 의도를 가지고 종교를 탄압했는데, 마르크스주의와 마르크스주의가 강하게 부정한 정전종교(正典宗教)가 실은 같은 골자의 이야기를 주장했으며 수십억 명의 사람들이 그 이야기에 도취되었다는 사실은 우리에게 큰 통찰을 가져다준다. 이는 우리 인간이 '지금 열심히 노력하면 언젠가 좋은 미래가 찾아온다'는 식의 희망 이야기를 좋아한다는 뜻이다. 또한 이를 반대로 말하면, 그런 희망적인 이야기가 없으면 우리는 살아갈 수 없다는 의미다. 그런데 이러한 이야기를 아무도 하지 못하게 된 세상이 지금 가까이 다가와 있다.

** 게이오기주쿠대학교 학장을 역임했으며 아키히토 전 일왕이 황태자였을 때 가정교사를 지낸 고이즈미 신조(小泉信三)는 마르크스주의를 종교적 입장에서 비판했다. 고이즈미에 의하면 사회주의가 전제로 하는 '원시 공산 제도에서 계급 분화가 일어나고 마침내 공산주의 사회가 도래하여 계급 대립이 사라진다'는 사고는 그리스도교적인 천년 왕국 대망론과 같으며 종교적 신앙일 뿐이라고 역설했다.

*** 1세기 무렵 생겨나 3~4세기에 걸쳐 지중해 세계에서 세력을 떨쳤던 종교·사상. 현재 우리가 살아가는 이 세계를 악의 우주, 또는 미친 세계로 보는 한편, 처음에는 진(真)의 최고신이 창조한 선(善)의 우주가 있었다고 인식하는 '반우주적 이원론'을 주장한다.

우리가 판단의 근거로 삼는 수많은 도덕과 규범은 미래를 위해 현재를 수단화한다는 사고방식을 전제로 하며, 이 사고방식은 미래를 완성하기 위해 역사가 진보한다 또는 내일은 오늘보다 분명히 좋아진다는 확신을 기저에 두어야 비로소 합리화된다. 하지만 시간이 지나면 이러한 규범과 가치관의 근거는 와해되고 만다.

지금 이만큼의 물질적인 번영으로 윤택한 생활을 하는데도 우리 사회는 이루 말할 수 없는 공허감으로 가득 차 있다. 만약 우리의 역사가 이미 마지막 순간을 맞이해 시간이 소멸되고 심지어 많은 사람이 그 사실을 어렴풋이 알아차리고 있다면, 미래의 실현을 위해 현재를 수단화하라는 사회적인 규범과 가치관에 사람들이 공허감을 느끼는 것은 당연한 결과라고 할 수 있다.

넥스트 자본주의

그렇다면 무엇이 자본을 대신할 것인가. 이에 대해 슈밥은 기자에게 '자본주의에서 재능주의로의 전환'이라고 답했다. 재능은 바꿔 말하면 '개성'이다. 지금 이 세상을 살아가고 있는 사람들이 각자의 충동에 기인해 발휘하는 개성이야말로 사회를 더욱 풍요롭고 활기차게 바꿔 나간다. 그러한 미래를 '재능주의'라고 말한 것이다.

여기서도 또한 한결같이 경제 발전만을 추구할 게 아니라 더욱 좋은 사회를 실현하는 데 우리 인간이 지닌 재능과 시간이라는 자원을 투입해야 한다는 구상이 제시된다. 슈밥은 '고원사회의 고도를 이 이상 더 높이려 하지 말고, 이 고원사회를 우리에게 더욱 행복한 곳으로 만드는 방향으로 전환하자'고 주장했다. 이를 위해서는 새로운 인간관과 사회관이 필요하다.

앞서 지적한 대로, 일본인을 비롯해 특히 선진국으로 불리는 고도 산업 사회를 살아가는 사람들은 생존을 위한 물질 부족의 해소라는 문제를 거의 해결했다. 우리는 앞으로 근대 이래 줄곧 우리를 괴롭혀온 '무한의 성장, 확대, 상승을 추구하는 압력'이 서서히 감소해가는 새로운 시대를 살아가게 될 것이다. 이 새로운 시대에는 지금까지 우리가 의거해왔던 다양한 규범이 잇달아 해체되는 모습을 직접 목격하게 될 것이다.

근대부터 계속되고 있는 상승 포물선의 관성 안에서 무한 성장이 계속될 것이라는 예측을 당연한 전제로 생각하는 사람들에게 성장이 끝나버린 고원 상태의 사회는 자극이 없고 정체되어 매력 없는 세상처럼 느껴질지도 모른다. 바로 여기에 우리가 마주해야 하는 본질적인 과제가 있다.

진짜 문제는 경제가 성장하지 않는다는 사실이 아니라 경제 이외에 무엇을 성장시켜야 좋을지 모르겠다는 빈곤한 사회 구상력이며, 또한 경제 성장을 멈춘 상태를 풍요롭게 살아갈 수 없다고 여기는 우리의 빈곤한 마음이다.

제 2 장

우리는
어디로
향하는가?

이상을 실현할 수 있는 엄청난 능력을 지니고 있으면서도 어떠한 이상을 실현해야 하는지는 모르는, 그런 시대를 우리는 살아가고 있다. 만물을 지배하고 있지만 자신을 지배하지는 못한다. 풍부한 재능을 갖고 있으면서도 어찌할 바를 모르고 막막해한다. 결국 현대 세계는 전에 없는 자산, 지식, 기술을 보유하고 있으면서도 가장 불행한 시대다.

― 오르레가 이 가세트, 《대중의 반역》

경제성에서 인간성으로의 전환

지금까지 다양한 지표를 이용해 우리 사회가 '고원으로의 연착륙' 국면에 접어들었다고 설명했다. 앞으로 우리는 어느 방향으로 나아가야 할까? 그 답은 먼저 다음과 같이 말할 수 있다.

'편리하고 쾌적한 세계'를
'살아갈 가치가 있는 세계'로 바꿔 나간다.

이것밖에 없다. 달리 표현하면 '경제성을 바탕으로 움직이는 사회'에서 '인간성을 바탕으로 움직이는 사회'로 전환시켜야 한다. 우리가 앞으로 맞이할 고원사회를 온화하고 정의와 위안으로 가득 차 있는 사회, 활기 있고 감성 풍부한 사회로 만들어가기 위해서는 경제성 본위에서 인간성 본위로 반드시 전환해야 한다.

이 과제를 실현하기 위해서는 최근 100년 동안 우리 사회를 줄곧 괴롭혀온 다음 세 가지 압박에서 벗어나야 한다.

- '문명을 위해 자연을 희생해도 어쩔 수 없다'는 문명주의
- '미래를 위해 현재를 희생해도 어쩔 수 없다'는 미래주의
- '성장을 위해 인간성을 희생해도 어쩔 수 없다'는 성장주의

추구해야 할 고원사회의 이미지는?

고원사회의 이미지를 조금 더 구체적으로 생각해보자. 누군가 어떤 메시지를 전하고자 하는가는 그가 무엇을 긍정하고 있는지 보다는 무엇을 부정하고 있는지 파악해야 더욱 명확히 알 수 있다. 이런 이유로 나의 주장을 더욱 명확히 전달하기 위해서 '추구하는 방향'과 함께 '추구하지 않는 방향'을 소개한 뒤에 본론으로 들어가고자 한다.

추구하는 방향

거대한 북유럽형 사회민주주의 사회[*]

혁신에 의한 사회 과제의 해결

기업 활동에 의한 문화적 가치 창조

추구하지 않는 방향

작은 미국형 시장원리주의 사회

혁신에 의한 경제 성장 추구

기업 활동에 의한 대량 소비 촉진

이것만 봐도 내가 주장하는 고원사회의 이미지는 지금 우리 사회 전체가 필사적으로 추구하고 있는 방향과는 크게 다르다는 사실을 알 수 있을 것이다. 솔직히 말해서 현재 가고 있는 방향으로 사회를 계속 끌고 가면 그 앞에는 고원이 아니라 나락으로 떨어질 벼랑밖에 없다고 생각한다. 벼랑 아래에서는 극소수의 사람만이 경제적 승자가 되어 향락적인 생활을 누리는 한편, 대부분의 사람은 삶의 보람도 일하는 보람도 느끼지 못하는 '인공지능의

---

[*] 자본주의 경제가 초래하는 격차와 빈곤 등을 해소하기 위해 주장된 사회주의 사상으로, 폭력 혁명과 프롤레타리아 독재를 부정하고 의회제 민주주의 방법으로 의회를 통해 평화적·점진적으로 사회주의를 실현함으로써 사회 변혁과 노동자의 이익을 도모하는 개량주의적인 입장·사상·운동을 가리킨다. 혁명·계급투쟁을 지향하는 공산주의와 구별되며 정책상 의회 제도에 기초한 부의 재분배에 의한 평등을 목표로 하는 사회주의이다.

노예' 같은 일에 종사하면서 살게 될 것이다. 오스카 와일드(Oscar Wilde)*의 말을 빌리자면 진짜 살아가는 게 아니라 그저 생존해 있을 뿐인 인생인 셈이다.

기술 혁명이라는 환상

우선 기본적인 오해를 정리하는 데서 시작해보자. 제1장에서 다양한 통계 자료를 들어 우리가 성장의 무의미화 국면에 들어섰다고 강조했다. 이러한 지적에 대해서는 항상 다음과 같은 반론이 제기된다.

1. 혁신으로 경제 성장의 한계를 타파할 수 있다
2. 마케팅으로 수요의 포화를 늦출 수 있다

여지없이 종말 수용의 실패를 느끼게 하는 주장이지만, 이러한 방향으로 성장주의를 이어 나가다가는 우리 사회는 점점 더 디스토피아로 다가가게 될 뿐이다. 하지만 안타깝게도 많은 사람

---

* 오스카 와일드(1854~1900): 아일랜드 출신의 시인, 작가, 극작가. 심미적·퇴폐적·회의적이었던 19세기 말 문학의 기수로 불린다. 다채로운 문필 활동을 했지만 동성연애 혐의로 수감되었다가 출옥 후 실의에서 회복하지 못한 채 세상을 떠났다.

이 현재의 꽉 막힌 상황을 타파하려면 이 두 가지 방향에서 경제 성장을 추구할 수밖에 없다고 소거법적 사고로 접근한다. 그래서 우선 이 두 가지 방향성이 있을 수 없는 선택지라는 사실을 분명히 밝히고자 한다.

1. 혁신으로 경제 성장의 한계를 타파할 수 있다

흔히 볼 수 있는 이 반론부터 옳고 그름을 파헤쳐보자. 먼저 결론을 말하자면, 이 반론은 난센스라고밖에 말할 수 없다. 이유는 무척 단순한데, 최근 30여 년 사이에 우리 생활을 이 정도까지 격변시킨 인터넷에 관련한 혁명조차도 경제 성장의 한계를 깨뜨리지 못했기 때문이다. 제1장에서 이미 확인했듯이, 인터넷이 보급되기 시작한 1990년대에도, 스마트폰이 널리 공급된 2000년대에도, 그리고 인공지능이 보급된 2010년대에도 선진국의 GDP 성장률은 명확한 하락 추세를 나타냈으며 반전될 기미조차 없었다. 우리 사회에 그렇게나 강한 영향을 미친 인터넷과 인공지능의 혁명으로도 명백히 하락 추세에 있는 경제성장률을 반전시킬 수 없었다면 대체 어느 정도의 혁명을 일으켜야 경제성장률을 회복시킬 수 있다는 말인가.

오늘날 인터넷과 인공지능의 기술이 21세기의 뉴 이코노미(New Economy, IT 발달과 글로벌화로 경기 순환이 소멸되고 인플레이션 없는 성장이 지속된다는 논리에서 나온 개념 – 역주)를 견인할 거라는 안일한 분위기가 세상에 넘쳐나고 있지만 이를 뒷받침해줄 만한 자료는 없다.

노벨경제학상을 수상한 두 명의 경제학자 아브히지트 바네르지(Abhijit Banerjee)*와 에스테르 뒤플로(Esther Duflo)**는 최근 쓴 저서에서 다음과 같이 서술했다.

페이스북의 CEO인 마크 저커버그는 인터넷의 발달이 끝없이 긍정적인 효과를 가져온다고 믿고 있는데, 그러한 신념을 공유하는 사람이 얼마나 많은지 보여주는 다수의 보고서와 논문이 있다. 한 예로, 아프리카 등 신흥국에 특화된 전략 컨설팅 회사 달베르크(Dalberg Global Development Advisors)가 발표한 보고서에는 '인터넷이 지닌 의심할 여지 없이 막대한 힘이 아프리카의 경제 성장과 사회 변혁에 기여할 것이 틀림없다'라고 쓰여 있다.

이 사실이 거의 명백해서 이런저런 증거를 들어 독자를 번거롭게 할 것까지도 없다고 생각했는지 아무런 데이터도 인용되어 있지 않다. 이것은 현명한 판단이었다고 말해야겠다. 그런 데이터는 존재하지 않기 때문이다. 선진국에 관한 한, 인터넷의 출현으로 새로운 성장이 시작되었다는 증거는 일절 존재하지 않는다.

— 아브히지트 바네르지, 에스테르 뒤플로,
《힘든 시대를 위한 좋은 경제학》

---

* 아브히지트 바네르지(1961~): 인도 콜카타 출신의 경제학자. 현재 매사추세츠공과대학교 교수. 2019년에 노벨경제학상을 수상했다.

이 책에서 아브히지트 바네르지와 에스테르 뒤플로가 '일절 존재하지 않는다'고 강조해 단언했다는 점에 주목하길 바란다. 일반적으로 어떤 명제를 강력하게 단언하는 데는 누구보다 신중해야 할 학자가 이렇게 '일절'이라는 단어까지 쓰며 특별히 강조했을 정도로, 이 명제는 의심할 여지가 없다.

선진국 가운데서도 경제성장률이 가장 높은 미국이 수많은 기술 혁신의 발상지라는 사실에서 이를 안일하게 연관 지어 '기술 혁명이 경제 성장을 견인하고 있다'고 착각하는 사람이 많은데 바네르지와 뒤플로 두 교수가 지적했듯이 기술 혁명과 경제 성장의 관계성을 증명하는 데이터는 존재하지 않는다. 세계은행이 발행하는 《세계 개발 보고》 2016년도 판에는 아주 모호하게 '인터넷이 경제에 끼친 영향력에 관해서는 아직 결론을 낼 수 없다'고 서술되어 있다.*** 인터넷이 보급된 지 25년이 더 지났는데도 여전히 결론을 낼 수 없다면 대체 언제까지 기다려야 결론이 나온다는 것일까.

** 에스테르 뒤플로(1972~): 프랑스인 경제학자. 현재 매사추세츠공과대학교 교수. 2019년에 노벨경제학상을 수상했다.

*** "World Development Report 2016": Digital Dividends, World Bank, 2016(http://www.worldbank.org/en/publication/wdr2016).

소셜 이노베이션의 본질

왜 이토록 거대한 기술 혁신이 경제성장률이 상승하는 데 공헌하지 못하는 것일까. 생각할 수 있는 이유 가운데 하나로, 이러한 혁신의 대다수가 본질적인 의미에서 새로운 시장을 창출하지 못하고 단순히 기존의 시장 내부에서 돈을 이전시킨 데 지나지 않는다는 점을 들 수 있다. 내가 사회적 혁신(social innovation)을 중시하는 반면에 상업적 혁신(commercial innovation, 기술 혁신에 의지하지 않고 기존 상품을 포지셔닝이나 디자인, 포장 등을 바꿔 새로운 고객 가치를 높이는 전략 - 역주)은 부정적으로 바라보는 이유의 핵심이 바로 이 점에 있다. 최근 20여 년 동안 사회에서 이루어진 혁신이 대부분 기존의 '돈 버는 시장'에 혁신을 도입해 '극히 일부 사람만 더 벌어들이는 시장'으로 바꿨을 뿐, 사회가 안고 있는 문제를 해소하는 데 공헌하지 못했으며 오히려 격차 확대라는 사회 문제를 빚어낸 원흉이 되었기 때문이다.

4차 산업혁명 시대를 이끌 대표적인 다섯 기업 구글, 애플, 페이스북(현 메타), 아마존, 마이크로소프트의 앞글자를 따서 가팜(GAFAM)이라고 한다. 다섯 개 기업이 다른 기업들을 압도할 만큼 거대한 시가 총액을 생성해낸다는 점에서, 빅데이터와 심층 학습으로 대표되는 기술 혁신이 마치 사회 전체의 경제 성장을 이끈다는 환상을 가진 사람이 많은 것 같은데, 이들 기업의 거대화는 사회 전체적인 시각에서 봤을 때 국소적인 성장에 지나지 않는다.

통계 수치로 확인했듯이 이들 기업이 색다른 존재감을 드러내기 시작한 2000년대 이후에도 장기적인 경제성장률 저하에는 제동이 걸리지 않았다.

중요한 점은 전체의 파이가 증가하지 않았다는 사실이다. 이 점이 제2차 산업혁명과 오늘날 디지털 혁명의 가장 큰 차이다. 기술 혁신이 새로운 시장을 창출해냈다는 것은 부정하지 않는다. 하지만 최근 20여 년 동안에 나타난 수많은 획기적인 기술 혁신이 실제로 경제성장률의 둔화 곡선을 반전시키지 못했다는 사실을 감안하면 그 효과는 그리 대단하지 않은 것으로 보인다.

기술 혁신의 이중성

실제로는 기술 혁신으로 인해 새로운 시장이 창조되기보다는 생력화(labor saving, 노동력을 줄이는 일 - 역주)와 기계화로 노동 수요가 감소하고 실업률이 높아져 소득 격차가 벌어짐으로써 빈곤이 만연하는 현상이 일어났다. 이는 간단한 계산으로도 증명할 수 있다.

총수요를 D, 노동생산성을 P, 총노동력을 L이라고 할 경우, 실업이 없는 균형 상태는 다음과 같은 수식으로 나타낼 수 있다.

$$D = LP$$

이때 혁신이 일어났다면, 그 효과는 '총수요의 증가율 = e1' 과 '노동생산성의 상승률 = e2' 두 가지가 된다. 전자의 효과가 후 자의 효과보다 크면 'D(1+e1) > LP(1+e2)'이 되므로 균형을 맞추 려면 '총노동력 = L'을 증가시켜야 하므로 혁신이 새로운 노동 수 요를 창출한 셈이 된다. 반대로 혁신 효과가 '총수요의 확대'보다 '노동생산성의 상승'이 더 크면 'D(1+e1) < LP(1+e2)'이 되므로 균형을 맞추려면 '총노동력 = L'을 감소시켜야 한다.

수식을 이야기하니 다소 복잡할지도 모른다. 구체적인 사례로 알아보자. 전철역에 있는 자동발매기나 고속도로의 통행료 자동 지불 시스템(electronic toll collection system)을 떠올리면 쉽게 이해 될 것이다. 역에 자동발매기가 설치되었다고 해서 출퇴근 횟수가 두 배가 되는 것은 아니며, 고속도로 요금소가 자동 지불 시스템 을 갖췄다고 해서 통행 횟수가 두 배로 늘어나는 것도 아니다. 다 시 말해, 이들 기술 혁신이 사회에서 실제로 활용되어도 수요는 전혀 늘어나지 않는다, 즉 GDP는 증가하지 않는 것이다.

가팜 서비스의 진짜 공헌도

가팜에 속한 다섯 개 기업의 서비스도 마찬가지다. 페이스북 의 매출은 대부분 광고에서 발생한다. 2020년 1/4분기 결산 내역 을 확인해보면, 총 매출액 177억 3700만 달러 중 광고에 의한 매출액이 174억 4000만 달러를 차지해 거의 모든 매출이 광고에 의존하고 있다고 해도 과언이 아니다.[*] 이는 무엇을 의미할까. 이들 기업의 매출은 텔레비전, 신문, 잡지, 라디오 같은 과거 미디어 기업의 매출을 단지 빼앗았을 뿐이다. 적어도 GDP라는 관점에서 전체의 파이를 넓히는 데는 공헌했다고 말하긴 어렵다.

실제 수치를 확인해보자. 매출의 대부분을 광고에 의존하는 유튜브와 페이스북이 일본 시장에 도입되기 직전[**]인 2007년, 일본 광고 시장의 규모는 7조 191억 엔이었다. 유튜브와 페이스북이 폭발적인 기세로 침투한 결과, 광고 시장이 활성화되었을까? 아니다. 결과는 오히려 정반대였다. 2018년에는 그 수치가 6조 5300억 엔으로, 광고 시장의 규모가 7%나 축소되었다.

이들 서비스가 사회 깊숙이 침투해 우리의 생활을 크게 바꿔놓은 것처럼 생각되지만, 결과적으로 얼마만큼의 경제 가치를 창출했는가 하는 관점에서 생각해보면 평가는 상당히 미묘해질 수밖에 없다. 이러한 서비스가 존재하지 않았다고 해도 일본 광고 시장의 규모는 비슷했을 것이기 때문이다.

---

[*] 페이스북 재무제표(https://investor.fb.com/investor-news/press-release-details/2020/Facebook-Reports-First-Quarter-2020-Results/default.aspx).

[**] 유튜브는 2007년, 페이스북은 2008년에 각각 일본 시장에 도입되었다.

혁명이 빈부 격차를 확대시킨다

이러한 지적에 대해 새로운 기술의 도입에는 수치로 확인할 수 있는 것 이상의 효과, 예를 들어 사람과 사람의 유대 관계가 가져다주는 행복감이나 만족감 등 정말로 중요한 가치를 반영하지 못했다고 비판할지도 모르겠다. 이에 대해 평가하는 건 상당히 어려운 문제라서 섣불리 답하기 곤란하다. 하지만 페이스북 등 소셜 미디어로의 접근을 차단하면 어떠한 변화가 일어나는지 실험한 결과, 대부분 폭넓은 행복도와 생활 만족도 항목에 대한 평가 수치가 상승했다는 사실을 밝힌다. 다시 말해 소셜미디어에 접속함으로써 사람들의 행복도와 생활 만족도가 훼손되었다는 사실을 시사하는 결과라고 할 수 있다.[*]

기술 혁신이 경제 성장이나 행복도와 생활 만족도 상승에도 긍정적 영향을 끼치지 못하는데 이들 혁신이 사회에서 실제로 활용됨에 따라 오히려 일자리를 잃는 사람들이 생겨난다. 예전에는 흔히 볼 수 있던 역 매표소 직원이나 고속도로 통행료 징수원들은 어떻게 되었는가. 이들은 모두 일자리를 잃었다. 기계화되기 쉬운 직업에 종사하는 사람일수록 노동시장에서 보수가 높은 일

---

[*] Hunt Allcot, LucaBraghieri, Sarah Eichmeyer, and Matthew Gentzkow, "The Welfare Effects of Social Media(소셜 미디어의 복지 효과)", "A Contribution to the Theory of Economic Growth(경제 성장 이론에 대한 기여)," Quarterly Journal of Economics 70, no. (1956): 65-94, https://doi.org/10.2307/1884513.

자리를 얻을 기회가 적으며, 기술 혁신으로 인해 실직할 때마다 조건이 더 나쁜 일자리로 옮겨갈 수밖에 없다.** 이러한 이유로 기술 혁신이 실현될수록 빈부 격차가 확대되는 것이다.

최근 20여 년간, 특히 미국에서는 왜 경기 순환에 상관없이 빈부 격차가 확대되는 데 제동이 걸리지 않았는지 활발하게 논의되었는데 이유의 하나로 기술 혁신으로 인한 실업이 꼽힌다는 사실은 의미하는 바가 크다. 사회가 기를 쓰고 추구하는 혁신이 '부의 이동'밖에 일으키지 못하고, 실업과 빈부 격차의 확대를 초래할 뿐이라면 우리가 필사적으로 하고 있는 일들은 대체 무엇을 위한 것인지 생각하지 않을 수 없다.

이러한 문제를 제기하면 많은 사람이 '예전의 러다이트 운동(Luddite movement)***을 떠올려봐라, 자동 방직기 때문에 실직한 기술자들도 나중에는 산업혁명이 창출한 새로운 직업에 종사하게 되어 결국은 윤택한 삶을 누리지 않았는가?' 하고 반론한다.

** 빈부 격차의 확대를 소위 신자유주의 경제정책의 결과물로 단정하는 사람이 많다. 이를테면 미국과 유럽에서는 1980년대 로널드 레이건과 마거릿 대처가, 일본에서는 2000년대에 고이즈미 준이치로 총리가 추진한 일련의 규제 완화와 공영사업 민영화 등의 경제정책이다. 하지만 많은 경제학자가 기술 혁신으로 인한 노동 수요의 감소가 이들 경제정책 전환보다 큰 역할을 했다는 입장을 표명하고 있다.

*** 19세기 초 산업혁명기에 기계가 도입되면서 실업의 위협에 노출된 영국의 수공업자와 노동자들이 일으킨 기계 파괴 운동. 1811~1817년 영국 중북부의 직물 공장 지대로 확산되어 정부가 강력한 탄압을 가했지만 이를 진정시키지는 못했다. 러다이트(Luddite)의 어원은 이 운동의 지도자로 불리는 네드 러드(Ned Ludd)의 이름에서 따왔다고 하는데, 실제로 존재한 인물인지는 확실하지 않다.

하지만 앞서 말했듯 제1차와 제2차 산업혁명이 일어난 시대는 아직 세계에 많은 불안과 불만, 불편이 잔존해 있던 시대다. 이러한 시대라면 실직자들이 새롭게 태어난 산업의 노동력이 될 수 있었지만, 제1장에서 짚어본 대로, 우리는 이미 문명화가 끝난 고원에 도달해 있으며 살아가는 데 딱히 이렇다 할 물질적인 불만을 느끼지 않는 상태가 되었다.

사회에서 기술 혁신의 가치는 시대 배경이나 상황에 따라 크게 달라지기 때문에 현대에서 기술 혁신이 어떤 영향을 미쳤는지 역할과 위치를 200년 전의 그것과 똑같은 선상에서 논하기는 무리가 있다.

비즈니스적으로 해결해야 할 문제

현실적으로 사회에는 아직도 해결해야 할 과제가 쌓여 있는데도 왜 기술 혁신은 정체된 것일까. 혁신은 말할 필요도 없이 사회가 안고 있는 과제를 해결함으로써 실현된다. 이는 사회에 해결해야 할 과제가 있는 한 혁신에 대한 요구가 그치지 않는다는 의미다. 이때 떠오르는 키워드가 바로 '경제 합리성'이다.

이노베이션은 경제 합리성과 기술적 합리성이라는 두 가지 제약 속에서 과제를 발견하고 그 과제를 해결하는 게임이다. 우리 사회는 수백 년 동안 이 게임을 계속하고 있는데, 시간이 지날수록 이 두 가지 합리성을 모두 만족시키는 해답을 찾기가 어려워 지고 있다는 사실을 인정하지 않을 수 없다. 지금부터 경제 합리 성의 한계가 어떻게 확정되는지를 고찰해보겠다.

〈도표12〉를 살펴보자. 이것은 사회에 존재하는 문제를 '보편 성'과 '난이도'에 따라 정리한 표다. 세상에 존재하는 모든 문제를 이 표 안에 집어넣어 정리한다고 생각해보자. 가로축의 보편성은 그 문제를 안고 있는 사람의 수를 나타낸다. 보편성이 높은 문제 란 수많은 사람이 고민하는 문제이며, 보편성이 낮은 문제는 극히 일부 사람만이 고민하는 문제라는 의미다.

한편, 세로축의 난이도는 그 문제를 해결하는 데 필요한 자원 의 양을 나타낸다. 난이도가 높은 문제는 해결하는 데 사람, 물 건, 돈 등의 자원이 많이 필요하다는 뜻이며 난이도가 낮은 문제 는 이를 해결하는 데 사람, 물건, 돈 등의 자원이 적게 든다는 뜻 이다.

비즈니스의 본질적인 역할을 '사회가 안고 있는 문제의 해결' 이라고 생각할 때, 여러분은 이 표의 어느 영역부터 해결하겠는 가. 그렇다. 대개 경제 합리성을 생각해 A 영역부터 착수할 것이 다. 이 영역의 이익률이 가장 높다고 생각하기 때문이다.

문제의 보편성이 높다는 것은 그 문제로 고민하는 사람이 상 대적으로 많다, 즉 시장이 크다는 의미다. 반면에 문제의 난이도 가 낮다는 것은 문제 해결에 드는 노력이 상대적으로 적다, 즉 투 자가 적다는 의미다. 물이 높은 곳에서 낮은 곳으로 흘러 모이듯

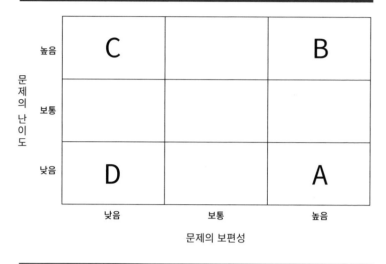

도표12: 문제의 보편성과 난이도(1)

이, 자본은 이익률이 높은 곳을 찾아 모이기 마련이므로 A 영역에 힘을 쏟는 사람들에게는 다른 영역에 힘을 쏟는 사람보다 자본이 잘 모인다. 옛날처럼 자본이 희소하던 시대에는 이 차이가 결정적이었을 것이다.

금리가 거의 제로에 가까워진 현재는 자본이 과잉 공급 상태에 빠져 투자 병목 현상이 나타나고 있지만, 이러한 사태는 역사상 유례없는 일이다. 인류 역사상 자본은 항상 희소했다. 그렇기에 근대 이후 이 희소한 자본을 누가 주체가 되어 분배할 것인가 하는 논점에 관해 자본주의와 공산주의 사이에서 격한 논의가 이루어지기도 했다. 오늘날 공산주의가 이데올로기로써 쇠퇴한 이유는, 이데올로기 자체의 매력이 없어졌다기보다 그 이데올로기를 성립시켰던 '자본의 희소성'이라는 제약 조건이 해소됨으로써 사상 자체의 의미가 상실되었다는 이유가 크다.

기업은 왜 거대화되었는가

이야기를 되돌려보자. 이렇게 해서 많은 사람이 A 영역의 문제를 해결하는 데 힘을 쏟으면 이 영역의 문제는 점차 해결되어 간다. 그런데 앞서 말했듯이 문제가 해결되면 비즈니스 게임이 종료되기 때문에 결국은 대부분이 지리적 확대를 꾀하는 방법으로 이 문제를 뒤로 미뤄버린다. 그런데 뜻밖에도 아주 좋은 결과가 나왔다.

지리적 확대가 A 영역의 문제에는 굉장히 잘 맞는 방법이었던 것이다. 보편적인 문제란 누구나 똑같이 느끼는 문제라는 뜻이므로, 가령 미국에서 비즈니스를 하던 사람이 아시아로 지리적 확대를 꾀하거나 혹은 아시아에서 비즈니스를 하던 사람이 유럽으로 지리적 확대를 꾀해도 새로운 시장에서 원활하게 받아들여졌다.

일본은 이러한 방법으로 경제를 급격히 발전시켰다. 1980년대 일본의 주요 수출품인 자동차와 가전제품은 모두 보편적인 문제를 해소해주는 물건이다. 비에 젖지 않고 쾌적하게 이동하고 싶다거나 음식이 상하지 않도록 안전하게 보관하고 싶다거나 덥지도 춥지도 않은 방에서 쾌적하게 지내고 싶다는 욕구는 전 세계적으로 보편적인 바람이다. 이러한 보편적인 문제를 해결하려고 노력했기에 일본은 해외에 진출해서 크게 성공한 것이다.

더 언급하자면, 이 영역의 문제를 해결해 비즈니스를 추진하는 데 있어서는 규모가 관건이다. 보편적인 문제란 동서남북, 남녀노소, 빈부의 차이에 상관없이 모든 사람이 고민하는 것이므로 이에 관한 해결책, 즉 솔루션은 '누구나 받아들일 수 있는' 것이어야 한다.

특히 물건의 생산에는 규모의 이익(Scale merit, 기업의 규모가 커짐에 따라 제품의 단위당 생산비용이 낮아지는 데서 생기는 이익 - 역주)이 크게 작용하기 때문에 시장을 세분화해서 세세히 적응하려고 하기보다, 보편적인 문제를 최대공약수적으로 해결할 수 있는 솔루션을 개발해 전 세계에 판매하는 접근 방식이 합리적인 경쟁 전략이다. 일례로 자동차업계에서 미국의 포드는 이 방법을 실천해 초기 T형 포드를 양산했다. 일본 가전 산업도 대부분 이 같은 전략을 철저히 시행해 세계 진출이라는 성과를 일궈냈다.

오늘날 직원이 수십만 명에 이르는 공룡 기업이 수없이 존재하는데 이러한 기업이 출현한 것은 19세기 후반 이후다. 역사상 최초로 1만 명 이상의 직원을 둔 기업은 1870년에 창업한 스탠더드 오일(Standard Oil Co.)*이다. 그전까지는 직원이 몇만 명 있는 회사가 역사상 존재하지 않았다는 뜻이 된다. 경영사학자인 앨프리드

챈들러(Alfred D. Chandler)는 저서 《보이는 손》에서 '1880년대에 들어서고부터 대기업이 급격히 증가했다'라고 언급했다.

왜 19세기 말 대기업이 생겨나고 늘어났는지는 앞의 설명에서 명백히 알 수 있다. 지리적으로도 인구 동태적으로도 보편적인 문제를 낮은 비용으로 처리하려면 규모가 중요한 경쟁 요인이 되기 때문이다. 지리적으로 넓은 범위에 흩어져 있는 조직을 효율적으로 운영하기 위해서는 문서와 권한 규정으로 체계화된 거대한 관료 기구 시스템이 필요하며, 비용 삭감의 강력한 압박은 단계별 과정을 처음부터 끝까지 단번에 관통하는 가치 사슬(Value chain) 모형을 추구한다.

이들 시스템을 기업 조직의 경계에 걸쳐서 구축하려면 영국의 경제학자 로널드 코스(Ronald H. Coase)**가 지적한 '거래 비용' '탐색 비용' '관리 비용' 등이 축적되어 현저한 비효율화가 발생하고, 그것은 '누구나 살 수 있는 가격으로 제공한다'는 전략을 저해하는 요인이 되기 때문이다.

현재의 자본주의 사회에서 이러한 대기업들은 세계를 움직이

---

* 미국의 석유 회사. 존 록펠러와 그의 파트너(모리스 클라크 등 - 역주)가 1863년 설립한 오하이오주의 조합(파트너십)을 전신으로 하여 1870년에 설립했다. 1911년, 미국 연방 최고재판소의 명령에 따라 34개 자회사로 분할, 해체되었다.

** 로널드 코스(1910~2013): 미국의 경제학자. 논문 〈기업의 본질(The Nature of the Firm)〉(1937)과 〈사회적 비용의 문제(The Problem of Social Cost)〉(1960)로 1991년에 노벨경제학상을 수상했다. 그때까지 경제학에서 거의 다루지 않던 '권리'나 '법'에 의한 외부성 문제, 또는 '거래 비용' 개념을 도입해 산업조직론 발전에 크게 공헌했다.

는 주역이 되었다. 하지만 사회적 요청이 보편성 높은 문제에서 보편성이 낮은 문제로 옮겨가고, '문제의 질'이 물질적인 부족을 해결하는 데서 정신적인 굶주림을 해소하는 것으로 전환된다면 옛날의 공룡과 마찬가지로 수많은 대기업은 환경 등과 부조화를 일으키면서 극소수를 제외하고는 세상에서 필요없어질 것이다.

반면에 그와 반대편에서 보편성이 낮은 개별적 문제에 대처하며 필요한 대가를 충분히 얻을 수 있는 소규모 집단과 조직, 또는 다양화된 정신적 가치에 대한 니즈를 충족시킬 수 있는 개인과 집단은 앞으로 점점 더 중요해질 것이다.

시장 원리의 한계에 부딪히다

지리적 확대를 도모하여 A 영역의 시장을 확대했다고 해도 이 또한 한계가 찾아오기 마련이다. 〈도표13〉을 살펴보자. 앞서 설명했듯이 지구는 '한정된 구체(球体)'이므로 지리적 확대도 언젠가는 한계를 맞이하게 된다. 그러면 A의 영역에 관한 문제는 거의 해소될 터이고 이제 다른 문제를 해결해야 한다. 이때 난이도가 더 높은 문제에 맞서기 위해 B 방향으로 영역을 이동할지, 아니면 보편성이 더 낮은 문제를 해결하기 위해 D 방향으로 영역을 이동할지는 사업자에 따라 제각각 다를 것이다.

하지만 기본적인 선별의 논리를 적용하면 대기업일수록 투자

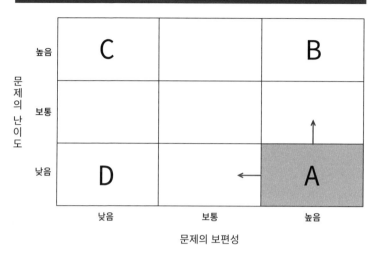

도표13: 문제의 보편성과 난이도 (2)

여력이 크고 필연적으로 큰 시장을 추구하기 때문에 B 방향으로 이동할 가능성이 높다. 규모가 그다지 크지 않은 사업자는 투자 여력이 없는 데다 그 정도로 큰 시장을 필요로 하지 않기 때문에 D 방향으로 진출하게 된다. 경쟁 전략이 다양화되는 것이다.

이렇게 문제의 탐색과 해결 과정을 끊임없이 이어가다 보면 마침내 문제 해결에 드는 비용과 문제 해결로 얻을 수 있는 이익이 균형을 이루는 한계곡선에 도달하게 된다. 바로 〈도표14〉에 있는 경제 합리성 한계곡선이다.

이 곡선의 위쪽으로 가려고 하면 문제 해결의 난이도가 너무

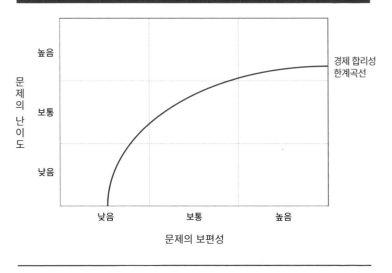

도표14: 경제 합리성 한계곡선

경제 합리성
한계곡선

문제의 난이도

높음
보통
낮음

낮음
보통
높음

문제의 보편성

높아져 투자를 회수할 수 없다는 한계에 부딪히고, 이 곡선을 왼쪽으로 빠져나가려고 하면 문제 해결로 얻을 수 있는 이익이 너무 적어서 투자를 회수할 수 없다는 한계에 부딪히게 된다.

자본주의가 해결할 수 있는 문제의 범위는 이 곡선에 의해 규정된다. 다시 말해, 이 곡선의 안쪽에 있는 문제라면 시장이 해결할 수 있는 문제이지만 이 곡선의 바깥쪽에 있는 문제는 해결 불가능한 문제로 미착수 상태로 방치되어 있다고 할 수 있다.

경제 합리성 한계곡선의 문제와 시장과 관계

밀턴 프리드먼(Milton Friedman)[*]으로 대표되는 시장원리주의 자는, 정부가 쓸데없는 일을 벌이지 말고 시장에 맡겨두면 모든 문제가 해결될 것이라고 주장했다. 하지만 이것은 경제 합리성 한계곡선 안쪽에 있는 사회 과제에만 해당하는 이야기이다. 곡선 바깥쪽에 있는 과제는 원리적으로 해결할 수 없다. 시장이란 이익이 나오는 한 무슨 일이든지 하지만 이익이 나지 않으면 아무런 행동도 하지 않기 때문이다.

프리드먼 등이 지적했듯 분명히 시장이 해결할 수 있는 문제라면 시장은 가장 효율적인 방법으로 그 문제를 해결할 것이다. 실제로 근대라 불리는 오랜 기간 우리 사회가 마주해온 보편성 높은 문제의 대부분은 시장의 기능에 의해 해결되어왔다.

그런데 앞서 서술했듯이, 그렇게 계속 실행하면 어딘가에서 경제 합리성 한계곡선의 벼랑에 부딪혀 문제를 탐색하고 해결책을 강구하는 범위는 거기서 끝나고, 벼랑 건너편에 있는 보편성이 낮은 문제 또는 난이도가 높은 문제는 착수도 하지 못한 채 방치된다. 여기에 시장원리주의의 한계가 있다.

---

[*] 밀턴 프리드먼(1912~2006): 미국의 경제학자. 고전파 경제학과 통화주의, 시장원리주의·금융자본주의를 주장하고 케인스적 총수요 관리 정책을 비판했다. 1982년부터 1986년까지는 일본은행 고문도 역임했다. 1976년에 노벨 경제학상을 수상했다.

소외된 계층의 문제

추상적인 이야기여서 이미지가 잘 그려지지 않을지 모르니 구체적인 예를 들어보겠다. 제1장에서 안전하고 쾌적하게 살아가기 위한 물질적 기반을 정비하는 건 거의 종료되었다고 설명했다. 여기서 '거의'라는 부사를 사용한 이유는 제외된 사람들이 존재하기 때문이다.

국립사회보장·인구문제연구소가 2017년에 실시한 조사에 따르면 과거 1년간 경제적 이유로 식품을 구입하지 못해 곤궁에 처한 적이 있는 가구가 13.6%였다.* 매일 하는 식사는 분명 중요한 일로, 물질적 기반이 최우선적으로 갖춰져야 하는 일이지만 경제적 이유로 그러한 욕구를 충족할 수 없는 사람들이 존재하는 게 사실이다. 그런 이들이 얼마나 불안할지 생각하면 정말로 마음이 아프다. 또한 아동 빈곤 문제도 마찬가지다. 현재 일본의 아동 빈곤율이 OECD 국가들 중에서 최악의 수치를 보이고 있으며, 심지어 명확히 악화 추세에 있다는 사실을 알고 있는가. 아동의 상대적 빈곤율은 1985년 10.9%에서 2015년 13.9%로 악화되었다.** 민주주의를 표방하는 국가에서 이러한 문제가 자꾸 악화되고, 심

---

* 국립사회보장·인구문제연구소 〈2017년 사회보장·인구문제 기본조사 생활과 협력에 관한 조사〉(http://www.ipss.go.jp/ss-seikatsu/j/2017/seikatsu2017summary.pdf).
** https://www.nippon-foundation.or.jp/what/projects/ending_child_poverty.

지어 많은 사람이 이러한 문제에 무관심하다는 사실은 실로 부끄러운 일이다.

'희귀 질환' 문제 또한 경제 합리성 한계곡선의 바깥에 있는 문제다. 희귀 질환은 말 그대로 병에 걸리는 사람이 희귀한 질병을 뜻한다. 일본에서는 그 정의를 구체적으로 5만 명 미만으로 정해놓았다. 암에 걸린 환자 수가 연간 약 100만 명에 이르는 것을 감안하면 희귀 질환의 환자 수는 20분의 1 이하인 셈이다. 인구가 1억 명인 국가에서 5만 명 미만이면 그 비율은 0.05% 미만이다. 앞서 표로 설명한 '보편성이 낮은 문제'에 해당하는 셈이다. 이러한 문제를 해결하고자 해도 주주가 좋아하는 큰 매출이나 이익을 기대하지 못할 가능성이 크다.

한편, 난치병에 대한 치료법이나 특효약 개발은 대개 극히 난이도가 높은 문제이므로 투자액이 커지는 데다 애초에 개발에 성공할지조차 불확실하다. 다시 말해, 기대할 수 있는 매출은 적은데 필요한 투자액은 막대하고, 게다가 불확실성 또한 높다.

현재의 사회 시스템을 전제로 한다면, 이러한 안건에는 대개 많은 예산을 책정하기 어렵다. 주주 자본은 불확실성을 매우 싫어하기 때문이다. 결과적으로 이러한 문제는 경제 합리성 한계곡선의 바깥에 위치하게 된다. 자본주의 사회를 살아가는 사람들은 경제 합리성 대륙의 벼랑 끝에 서서 저쪽 바다 위에 떠 있는 거대한 '문제의 섬'을 바라보고 있을 수밖에 없다.

하지만 심각한 질병은 당사자와 그 가족에게는 인생을 좌지우지할 만큼 절실한 일이므로 이 문제를 단지 보편성이 낮거나 난이도가 높다는 이유로 방치하는 것은 사회 윤리적으로 받아들이기 어렵다. 한 사람 한 사람 인간의 인생은 소홀히 해선 안 되는 존엄한 것이다. 그 질병이 아무리 희귀하고 치료하기 어렵다 해도 사회가 그 문제를 방치하는 것은 허용되어서는 안 될 일이다.

그렇다면 어떻게 해야 할까. 시장 원리에 맡겨두어도 이러한 문제는 경제 합리성 한계곡선의 바깥에 있기 때문에 해결할 수 없다.

인간의 조건은 무엇인가

이 책의 첫머리에서 살펴보았듯이, 확실히 우리 사회는 시장 원리와 과학 기술의 힘을 이용해 수많은 문제를 해결하는 데 성공해왔다. 하지만 이를 뒤집어 생각하면 현 시점에 잔존해 있는 심각한 문제들은 대다수가 현재 사회 시스템을 전제로 해서는 해결할 수 없는, 경제 합리성 한계곡선 너머 저편에 가로놓여 있다.

기술에 의한 혁신은 분명 경제 합리성 한계곡선을 바깥쪽으로 확대하기 위해 실행되지만, 현재에도 특히 앞의 〈도표12〉와 〈도표13〉의 D 영역에 위치하는 문제는 경제 합리성에만 의지해선 해결할 수 없는 문제로 계속 남아 있다. 이 문제를 '그러니 어쩔 수 없다' 하며 방치해서는 안 된다. 적어도 민주주의를 표방하는 국가에서 이렇게 절실한 문제가 해결되지 않고 있다면 그 책임을 져야 할 사람은 위정자가 아니라 우리 자신이라는 사실을 잊지 말아야 한다.

프랑스의 문학가이자 비행사인 앙투안 드 생텍쥐페리(Antoine De Saint Exupery)는 저서 《인간의 대지》에서 다음과 같이 서술했다.

인간이 된다는 것은 바로 책임을 지는 존재가 되는 것이다. 자신과 관계없어 보이는 비참함 앞에서 부끄러움을 아는 일이고, 동료들이 거둔 승리를 자랑스럽게 여기는 일이다. 자신의 돌을 하나 올려놓으면서 세상을 건설하는 데 힘을 보탠다고 느끼는 일이다.

— 앙투안 드 생텍쥐페리, 《인간의 대지》

생텍쥐페리는 인간의 조건으로 자신과 관계없다고 생각되는 어떤 비참한 일을 앞에 두고 부끄러움을 아는 인간성을 꼽았다. 우리가 경제 합리성을 이유로 사회에 잔존하는 격차와 빈곤, 학대 같은 '비참함'을 방치할 수밖에 없다면, 우리는 인간성을 갖춘 존재(human being)가 아니라고 말하는 것이다. 오늘날 일본 사회가 안고 있는 비참함을 떠올린다면 실로 따끔한 지적이다.

모티베이션의 원천은 인간성이다

지금까지 고찰한 내용에서 다음의 두 가지 결론을 도출할 수 있다. 한 가지는 경제 합리성 한계곡선의 바깥에 있는 문제는 시장 원리에 의존해선 영원히 해결할 수 없다는 사실이다. 우리가 살고 있는 자본주의 사회에서는 금전적 대가야말로 모티베이션의 원천이다. 경제 합리성 한계곡선의 바깥에 있는 문제를 해결하는 데 금전적 보수로 동기를 부여하는 것은 불가능하다. 다시 말해, 현재 잔존하는 '희소하지만 해결하기 어려운 문제'는 경제 합리성과는 별개의 모티베이션을 발동시켜야만 해결할 수 있다는 뜻이다. 이 점에 관해서는 뒤에서 상세히 설명하겠지만, 이러한 문제와 관련해 모티베이션의 원천으로 삼을 만한 것은 인간성에 기인한 충동밖에 없다.

충동은 '그렇게 하지 않을 수 없다'는 강한 의지를 의미한다. 이해득실을 따지면 결코 뛰어들 수 없는 문제를 해결하려면 경제 합리성을 초월한 충동이 필요하다. 현재의 세계가 안고 있는 고착된 문제들은 대부분 그러한 충동에 의해 자신을 움직이는 사람만이 해결할 수 있다. '뭐라고? 합리적 자본주의 시대에 충동 같은 것에 의지해야 한다고?'라며 의아해할지도 모르지만, 오히려 이 '충동'이야말로 근대 자본주의를 이륙시키는 엔진이었다는 사실을 돌이켜봐야 한다. 일찍이 존 메이너드 케인스(John Maynard Keynes)는 19세기 말부터 20세기 초에 걸쳐 발흥한 자본주의를 구동하는 정신을 인간 본래의 충동, 즉 야성적 충동(animal spirits)이라고 명명했다.

투기로 인한 불안정성 외에도 인간성의 특성에 기인한 불안정성, 즉 우리가 하는 적극적 활동은 대부분 도덕적이든 쾌락적이든, 혹은 경제적이든 간에 수학적 기대치에 의존하기보다는 오히려 저절로 생겨난 낙관에 좌우된다는 사실에서 기인하는 불안정성이 있다.

며칠이 지나야 결론이 나오는 일이라도 적극적인 태도를 취하려는 결의는 대부분 오로지 혈기(야성적 충동)라고 불리는, 가만히 있기보다는 활동으로 몰아가는 인간 본래의 충동에 따른 결과로 이루어지는 것이지, 수량화된 이득에 수량화된 확률을 곱한 가중평균의 결과로 이루어지는 것이 아니다.

— 존 메이너드 케인스, 《고용 이자 및 화폐의 일반 이론》

여기서 케인스가 주장하는 '수량화된 이득에 수량화된 확률을 곱한 가중평균의 결과'란 분명 경제 합리성의 한계를 확인하기 위해 산출되기 마련이지만, 케인스는 경제 활동이 그러한 검증을 통한 경제 합리성에 의해 구동되는 것은 아니라고 지적했다.

한편, 오늘날 기업들이 신규 사업을 검토하는 과정에서 '수량화된 이득에 수량화된 확률을 곱한 가중평균의 결과'와 관련, 세세한 부분까지 파고들어 논의하고 있다는 사실을 떠올리면, 경제 합리성 한계선의 바같에 자리한 과제를 해결하는 '사건'이 전혀 일어나지 않는 것은 당연한 결과라고 할 수 있다.

자본주의 붕괴론은 예측되었다

혁신론의 시조라고 불리는 경제학자 조지프 슘페터(Joseph Schumpeter)는 이와 똑같은 내용을 주장했다. 1936년 1월, 슘페터는 미국 농무부에서 '자본주의는 살아남을 수 있을까?'라는 극히 도발적인 제목으로 강연을 하면서 그 서두에 자기 생각을 명확하게 밝혔다.

"신사 숙녀 여러분, 그 대답은 노(No)입니다." 이노베이션에 의해 경제가 움직인다고 주장하고 신결합 등 오늘날에도 사람들 입에 자주 오르내리는 많은 콘셉트를 주장한 슘페터가 언젠가 자본주의가 스스로 붕괴할 것이라고 말한 것이다.

슘페터는 왜 자본주의가 스스로 무너질 거라고 생각했을까. 슘페터는 그 이유로 '디오니소스적 창업가 정신의 쇠퇴'를 들었다. 디오니소스는 창조와 도취를 상징하는 그리스 신화의 신이다. 이 메타포에는 정보의 근원이 들어 있는 것으로 보인다. 아마도 슘페터는 프리드리히 니체가 저서 《비극의 탄생》에서 '아폴론적인 것'과 '디오니소스적인 것'을 대비해 표현한 내용을 염두에 두고 이 말을 사용한 것으로 추측된다.

니체는 이 책에서 아폴론적인 것을 '형식적이고 질서가 잡힌 것에 대한 지향'이라는 의미로 사용했으며 디오니소스적인 것은 '도취적이고 창조적인 행위에 대한 충동'이라는 의미로 사용했다. 즉, 슘페터는 케인스와 마찬가지로 우리가 합리적이고 질서 잡힌 계산에 의지해 돈벌이만 지향하고 인간성을 기반으로 한 충동을 상실함으로써 자본주의가 멸망할 것이라고 예언했다.

자본의 무한한 증식을 지향하는 자본주의가 인간성을 기반으로 한 충동에서 합리적인 돈벌이를 지향하는 방향으로 바뀜으로써 멸망하게 될 거라는 논리는 참으로 아이러니한 지적이지만, 두 사람의 예언은 오늘날 우리가 귀담아들어야 할 중대한 통찰을 담고 있다.

증여 시스템 도입의 필요성

두 번째 결론은 이렇게 충동에 기인한 경제 활동을 지속해서 실현하기 위해서 사회에 증여 시스템을 도입해야 한다는 것이다. 문제가 경제 합리성 한계곡선의 바깥에 있다는 것은 현재의 화폐 경제 시스템, 즉 문제 해결을 담당하는 사람과 문제 해결을 원하는 사람 사이에 가로막힌 화폐 교환 구조에 의존하는 한, 이들 문제는 영원히 해결될 수 없다는 의미다. 따라서 이때는 제3자에 의한 증여가 개입되어야 한다.

증여를 조금 더 구체적으로 표현하자면 일반인의 경우에는 기부나 후원 또는 자원봉사 활동이라고 할 수 있으며, 정책의 경우에는 기본소득(basic income, 문화적이고 건강한 생활을 하는 데 필요한 현금을 모든 국민에게 지급하는 제도)으로 대표되는 경제적 보호망이 이에 해당한다고 볼 수 있다.

기본소득을 '증여'라고 부르는 데 거부감을 느끼는 사람도 있겠지만, 증여의 정의가 아무런 보답도 기대하지 않고 그냥 주는 것이라고 한다면, 기본소득의 특징은 아무런 조건 없이 그냥 준다는 데 있으므로 그야말로 증여인 것이다.

증여가 경제 합리성 한계곡선의 바깥에 있는 문제와 관련해 혁신을 실현한다는 이야기가 무슨 뜻인지 구체적으로 이해하기 어려울 것이다. 실제 예시를 들어보자. 리눅스(Linux) 개발은 무상 증여로 큰 결실을 본 대표적인 사례다. 현재 슈퍼컴퓨터나 스마트폰의 운영체제(OS)로 높은 점유율을 차지하고 있는 리눅스는 핀란드 헬싱키대학교 학생이었던 리누스 토발즈(Linus Torvalds)*가 유닉스(UNIX) 호환 기능을 갖춘 OS를 직접 개발하겠다고 마음먹고 만들기 시작한 프로그램에서 시작했다.

리눅스 이야기는 북유럽인의 정신력이 잘 드러난 일화이다.

---

* 리누스 토발즈(1969~): 핀란드 헬싱키 출신의 프로그래머. 리눅스 커널을 개발해 1991년 일반에 공개했다. 그 후에도 공식 리눅스 커널의 최종 조정 역할을 맡고 있다. 저명한 오픈소스 소프트웨어 개발 리더들에게 부여되는 명예 칭호인 자비로운 종신 독재자(BDFL, Benevolent Dictator for Life) 중 한 사람이기도 하다.

토발즈는 지식재산권을 포기하겠다고 선언하고 개발 중인 프로그램을 공개하며 누가 어떻게 개정해도 괜찮다고 밝혔다. 결과적으로 몇만 명이나 되는 전 세계 프로그래머들이 아무런 대가도 없는 이 프로젝트에 기꺼이 협력함으로써 리눅스는 굉장히 완성도 높은 OS가 되었다. '무상 노동력'이 발휘한 거대한 힘이다.

2007년 출시된 리눅스 버전 4에는 2억 8300만 줄의 소스 코드가 포함되어 있는데, 이와 똑같은 프로그램을 통상의 접근 방식으로 개발하려면 그에 소요되는 인력과 비용은 월 3만 6000명, 금액으로 계산하면 약 80억 달러 정도 된다.[**]

개발의 첫 단계부터 경제 합리성의 영역 내에서 실행하려고 한다면 아마도 리눅스 개발은 불가능했을 것이다. 한마디로, 리눅스는 거대한 '지식 증여' '능력 증여' '시간 증여'가 있었기에 완성할 수 있었다.

경제적 보수 vs 정신적 보수

자본주의 시장 원리의 도그마(dogma)에 뇌를 해킹당하고 있는 우리는 해결하는 데 1조 엔 가까운 투자가 필요한 문제에 맞닥뜨릴 경우, 당연히 이 문제를 해결하는 일은 대기업이나 정부의

[**] https://ja.wikipedia.org/wiki/Linux#cite_note-28.

몫이며 당연히 그 투자 규모에 걸맞은 이익과 효과를 기대해야 한다고 생각할 것이다.

그러나 리눅스 개발 프로젝트 사례는 노동시장에서 조달할 경우 수천억 엔에 달했을 막대한 문제 해결과 지적 창조의 자원을, 공감과 충동만 얻는다면 사회에서 얼마든지 감당해낼 수 있다는 사실을 시사한다.

리눅스 개발 일화는 또한 물질적 만족도가 이미 높은 수준에 이른 고원사회에선 노동을 통해 지식과 기술, 창조성을 발휘하는 즐거움이 더욱 중요한 보수가 될 수 있음을 보여준다.

리눅스 개발에 관여한 사람들은 대부분 IBM과 인텔 등 기업에 근무하는 바쁜 전문가들이었다. 그런 이들이 왜 무상으로 자신의 지식과 기술, 그리고 시간을 제공한 것일까. 이유는 단순하다. 즐거웠기 때문이다. 이는 다시 말해, 리눅스 개발에 참여한 사람들은 확실히 경제적 보수는 얻지 못했을지 모르지만 노동 자체에서 높은 정신적 보수를 받았다.

이러한 현상을 이 책 머리말에서 사용한 용어로 바꿔 말하면, 리눅스 개발에 관여한 사람들에게 그 일은 '경제적 보수를 얻기 위해 어쩔 수 없이 하는 수단적인 일 = 인스트루멘털(instrumental)'이 아니라 '활동 그 자체가 보수인 자기충족적인 활동 = 컨서머토리(consummatory)'였다고 할 수 있다.

생존에서 레크리에이션으로 변화하는 노동

유대인 출신의 미국 정치철학자 한나 아렌트(Hanna Arendt)는 저서 《인간의 조건》에서 일반적인 '직업으로서의 일'의 종류를 '생존하기 위한 식량과 일용품을 얻는 행위 = 노동(labor)' '쾌적하게 살아가기 위한 인프라를 만드는 행위 = 일(work)' '건전한 사회의 건설과 운영에 관여하는 행위 = 활동(action)' 세 가지로 나누었다. 이런 시각에서 보면 우리 사회는 제1장에서 확인했듯이 '노동'과 '일'에서 해방되어가고 있다. 이 고원사회에서 우리에게 남겨진 역할은 이제 최후의 '활동'밖에 없다. 그리고 이 '활동'은 될 수 있으면 피하고 싶은 괴롭고 힘든 노역이 아니라 오히려 스포츠나 레크리에이션에 가까운 행위, 활동 자체가 커다란 즐거움이 되는 그러한 행위다.

이를 달리 보면, 고원사회는 지식, 기능, 창조성을 충분히 발휘할 수 있는, 활동 자체가 일종의 상품처럼 노동시장에서 거래되는 사회가 될 것이다. 즐거운 일이 상품이 되어 '팔리는' 것이다. 이는 인류사적인 전환기가 될 것이 틀림없다.

자본주의가 도달한 미래에 이렇듯 '노동이 쾌적하고 즐거움이 되어 회수되는 사회'가 도래하리라는 것을 놀랍게도 100년도 더 전에 예언한 사상가가 있다. 바로 카를 마르크스(Karl Marx)*다. 마르크스는 자본주의에 따라 문명화가 일정한 수준에 도달한 사회에서 노동은 괴로운 행위가 아니라, 개개인이 저마다 실존을 충분히 발휘하기 위한 일종의 표현 활동이 될 것이라고 예언했다.

하지만 자본은 부의 일반적인 형태를 끊임없이 추구하는 노력으로써 그 자연 필연성의 한계 이상으로 무리하게 노동을 시키고, 그렇게 해서 풍부한 개성(reiche Individualität)을 신장시키기 위한 물질적 요소들을 창조한다. 풍부한 개성은 소비에서도 생애에서도 마찬가지로 전면적이며, 그래서 또한 그것이 행하는 노동이 이미 노동으로 나타나지 않고 활동 자체의 완전한 전개로 나타나는 것이다. 게다가 이 활동에서는 자연적 욕구를 대신해 역사적으로 생겨난 욕구가 등장하기 때문에 직접적인 형태를 취한 자연적 필연성은 소멸되는 것이다.

— 카를 마르크스·프리드리히 엥겔스,
《마르크스 엥겔스 전집(Marx Engels Gesamtausgabe)》

노동에 의한 인간성 소외를 논했다는 사실 때문에 마르크스가

---

* 카를 마르크스(1818~1883): 독일 프로이센 국왕 출신의 철학자, 사상가, 경제학자, 혁명가. 사회주의 및 노동운동에 큰 영향을 미쳤다. 1845년 프로이센 국적을 이탈한 뒤로는 무국적자였다. 1849년(31세)에 영국으로 건너간 후 영국을 거점으로 활동했다. 프리드리히 엥겔스(Friedrich Engels)의 협력을 받으면서 포괄적인 세계관 및 혁명 사상으로써 과학적 사회주의(마르크스주의)를 확립하고 자본주의의 고도한 발전에 의해 사회주의·공산주의 사회가 도래하는 필연성을 주장했다. 라이프워크로 삼은 자본주의 사회 연구는《자본론》으로 결집했고 그 이론에 따른 경제학 체계는 마르크스 경제학이라고 불리며 20세기 이후 국제정치와 사상에 지대한 영향을 끼쳤다.

노동에 대해 부정적인 사고를 했다는 인상을 받을지도 모르지만, 그것은 오해다. 마르크스는 노동을 본래 먹고살기 위해 일하는 것 이상의 다양한 의의를 지닌, 인간의 본질적인 행위로 여겼다. 위의 인용문은 굉장히 마르크스답고 거창하며 딱딱한 표현이지만, 여기서 마르크스가 말하는 '활동(Thätigkeit)'은 자본이 몰아붙여서 강제적으로 행하는 '노동(Arbeit)'이 아니라, 활동 그 자체를 즐길 수 있는 행위를 가리킨다.

공산주의 체제가 거의 다 붕괴한 현 상황에서 마르크스주의는 이데올로기로써 이미 종말을 맞이한 듯 보이지만, 마르크스가 주장한 '자본주의 이후의 세계'에 관한 통찰은 오늘날 우리에게 다양한 관점을 제시하고 있다.

문명화로 인해 생산력이 충분히 발달하고 그 필연적 결과로 자본이 이익을 거의 내지 못하는 사회에서는 노동의 필요성과 필연성이 소멸되는 동시에 풍요롭고 다양한 개성을 지닌 개인이 자유 의지에 기반해 '노동＝활동'을 자발적으로 행해 이상적인 사회를 만들어낸다는 것이 마르크스가 생각한 '자본주의 그 후'의 세계다.

이렇게 '활동'을 촉진할 때 관건이 되는 것이 보편적 기본소득 (Universal Basic Income)과 같은 경제적 보호망의 실현이다. 리눅스를 개발하는 데 왜 그렇게 많은 사람이 무상으로 참가했을까. 그 답은 단순하다. 그들이 IBM, 휴렛팩커드, 실리콘그래픽스, 인텔 등 인지도 높은 기업에서 정규직으로 근무하며 충분하고도 안정적인 경제적 보수를 얻고 있었기 때문이다. 경제적 안정성이 보장되었기에 그들은 '놀이'에 그만큼의 지식과 기술, 그리고 시간을 투입할 수 있었다.

미래의 사회 비전은 이것이다

시장 원리가 일찍이 사회에 존재한 수많은 문제를 경제 합리성에 기초해 해결한 결과, 현재 사회에는 경제 합리성 한계곡선의 바깥에 있는 문제들이 남아 있게 되었다. 이러한 문제에 대처하기 위해서는 경제 합리성을 넘어서는 모티베이션이 필요하다고 강조했는데, 이들 문제가 경제 합리성 한계곡선의 바깥에 있는 이상, 이를 해결하려는 사람이나 조직은 필연적으로 큰 불확실성과 리스크를 짊어지게 된다. 이때 '충동'에 기인해 문제 해결을 시도했다가 결국 실패하고 말았다는 사람이 잇달아 경제적으로 파산한다면, 그러한 충동에 근거해 활동하는 사람은 모두 사라질 것이다. 경제 합리성 한계곡선의 바깥에 있는 문제를 개개인의 '그렇게 하지 않을 수 없었다'는 '충동'으로 해결하고자 한다면 경제적으로 파산할 걱정이 없는 사회적 보호망이 필요하다.

이렇게 생각하다 보면 하나의 결론에 도달하게 된다. 그 결론은 앞으로 다가올 고원사회에 남아 있을 희소하고도 중대한 문제를 해결해 나가기 위해서는 지금까지 우리가 의지해온 신자유주의와 시장만능주의에서 사회민주주의 쪽으로 더욱 방향을 돌려야 한다는 사실이다.

앞서 설명한 대로, 시장 원리는 사회에 다수의 물질적 문제가 남아 있던 시대에 극히 효율적이어서 이들 문제를 해소하는 데 유용했다. 하지만 현재 우리 사회에 남아 있어 있는 문제의 대다수는 더 이상 경제 합리성에만 의존해서는 해결할 수 없다. 따라서 경제 합리성의 장벽을 가볍게 뛰어넘을 수 있는 인재가 부당하게 불이익을 당하지 않는 사회 기반의 정비가 꼭 필요하다. 이런 점에서 볼 때, 우리는 지금까지 미국이 제시해온 신자유주의와 시장만능주의 사회에 대한 비전에서, 북유럽형에 가까운 사회민주주의의 방향으로 사고를 전환해야 할 시기에 와 있는 것으로 보인다.

기업의 목적과 마케팅의 함정

게다가 성장하는 사회는 더욱 깊은 의미에서 풍요로운 사회와는 정반대라고 할 수 있다. 이 사회는 재화를 생산하는 사회이기 이전에 특권을 생산하는 사회다. 그리고 특권과 빈곤의 사이에는 사회학적으로 규정할 수 있는 필연적인 함수가 존재한다. 어떤 사회에서도 빈곤을 수반하지 않는 특권은 존재하지 않는다. 양자는 구조적으로 연결되어 있다. 따라서 성장은 그 사회적 논리

로 보아 역설적이기는 하지만 구조적 빈곤의 재생산에 의해 정의
된다.

　　　　　　　── 장 보드리야르, 《소비의 사회: 그 신화와 구조》

이렇게 지금까지 제1장에서 살펴본 '성장의 한계'에 관한 반
론의 첫 번째, 즉 혁신으로 성장의 한계를 타파할 수 있다는 주장
에 대한 나의 고찰을 설명했다. 이제부터는 반론의 두 번째 주장
에 관해 고찰해보겠다.

2. 마케팅으로 수요의 포화를 늦출 수 있다

물질적 욕구 불만이 해소되었다는 것은 인류 전체에 기쁜 일
이지만, 국소적으로는 곤란한 문제를 일으키기도 한다. 앞서 설명
한 바와 같이, 비즈니스란 항상 '문제 발견'과 '문제 해소'의 조합
으로 이루어지므로 문제가 없어지면 그 문제를 해결하는 것으로
생계를 이어 나가는 사람들의 일자리가 없어지고 만다.

그렇게 되면 하나의 아이디어로 '인위적으로 문제를 만들어낼
수는 없을까?' 하는 생각이 자연스럽게 이어진다. 이미 만족하고
있는 사람들에게 '아직 이게 부족하지 않아?' 하고 부추겨서 갈등
과 결핍의 감각을 불어넣고 새로운 문제를 만들어냄으로써 '게임
종료'를 늦출 수 있다. 이것이 바로 마케팅의 본질이다.

경영사상가 피터 드러커(Peter Drucker)는 기업의 목적은 오직
하나밖에 없으며, 그것은 바로 '고객 창조'라고 지적하면서 고객

창조를 위한 활동은 마케팅과 혁신 이 두 가지가 지탱하고 있다고 단언했다. 이는 앞서 말한 문제 개발과 문제 해소라는 구조로 생각해보면, 실은 똑같은 의미라는 것을 알 수 있다. 즉, 문제 개발이 마케팅이며 문제 해결이 혁신이다.

마케팅이라는 용어 자체는 20세기에 생겨났으며 현재 우리가 사용하고 있는 것과 똑같은 개념으로 정착된 것은 1960~1970년대의 일이다. 오늘날에도 비즈니스스쿨에서 마케팅 강의의 대표적인 교과서로 사용되고 있는 필립 코틀러(Philip Kotler)의 《마케팅 관리론》이 미국에서 출간된 것은 1967년이다.

이 1967년이라는 해와 관련해 인연의 신기함을 느끼지 않을 수 없다. 가만히 내버려둬도 사회가 잇달아 해결해야 하는 문제를 던져준다면 마케팅은 굳이 필요 없다. 마케팅이 체계적인 기술로써 사회에 필요하다는 사실은 사업자가 스스로 문제를 개발하지 않으면 새로운 욕구를 만들어낼 수 없게 되었다는 증거이기도 하다.

이 책의 제1장에서 우리의 세계가 '고원으로의 연착륙'이라는 국면에 접어들고 있다는 사실을 다양한 지표를 이용해 설명했는데, 18세기 이후 200년에 걸쳐 계속 상승세를 보인 경제성장률과 인구성장률이 처음으로 완만한 곡선을 그리기 시작한 때가 바로 1960년대 후반이었다는 사실을 떠올려보자.

이 시기에 비즈니스의 역사적 역할이 피날레의 서장으로 접어든 게 틀림없다고 생각하면, 같은 시기에 '인위적으로 사회의 욕구와 갈망을 만들어내기 위한 기술 체계'인 마케팅이 소위 비즈니스를 연명하기 위한 조치로 산업 사회에서 강하게 요구되고, 그러한 스킬을 가진 인재가 노동시장에서 높게 평가받게 된 것은 당연한 일이다.

사회적 양심과 호경기

구체적으로 어떻게 하면 수요의 포화를 늦출 수 있을까? 여기서 1970년대 세계적인 규모의 광고 회사인 덴쓰(DENTSU)에서 마케팅 전략을 입안하는 데 사용해온 〈전략 10훈〉을 참고해보자. 구체적인 내용은 다음과 같다.

1. 더 사용하게 하라
2. 버리게 하라
3. 낭비하게 하라
4. 계절을 잊게 하라
5. 선물을 하게 하라
6. 세트로 사게 하라
7. 계기를 만들어라
8. 유행에 뒤떨어지게 하라
9. 부담 없이 사게 하라

10. 혼란스럽게 하라

이 항목들을 실천할 수 있다면 수요의 포화를 확실히 뒤로 미룰 수 있을지 모른다. 하지만 아마도 이 리스트를 읽은 사람들은 대부분 내용에 강한 거부감을, 더 솔직히 말하면 불쾌감을 느낄 것이다. 자원, 환경, 쓰레기, 오염 같은 문제가 전 지구적 차원에서 논의되고 있는 현재, 이러한 의도를 가지고 수요를 유도하는 행위는 너무나도 비윤리적으로 생각된다.

변호할 생각은 털끝만큼도 없지만, 이 목록에 관해 두 가지 지점에서 주의를 환기시키고자 한다. 첫째는 이 목록이 작성된 1970년대 환경과 자연에 관한 일반적인 인식은, 오늘날 우리의 인식과는 크게 달랐다는 점이다. 당시는 많은 공장이 폐수나 유해 물질을 하천 또는 바다에 방류하고 하천에서 독한 악취가 나던 시대였다는 사실을 떠올리길 바란다. 비참한 미나마타병(유기 수은에 의해 발생하는 만성 공해병으로, 일본 미나마타만 주변에서 처음 발병한 데서 이름이 붙었다 – 역주)의 원인이 된 신일본질소비료 미나마타 공장에서 유기 수은이 포함된 공장 폐수를 미나마타만으로 방류하는 것을 중지한 게 1969년이다. 현재의 우리가 볼 때는 믿을 수 없을 정도로 어리석은 일이지만 당시 사람들의 사고방식이 현재 우리와는 크게 달랐다는 점에 유의해야 한다.*

물질적 욕구의 한계점

두 번째 주의할 점은 현대로 눈을 돌려도 〈전략 10훈〉에 제시된 전략 의도를 전혀 갖지 않고 신상품 개발과 도입을 기획하는 회사를 찾아내기가 극히 어렵다는 사실이다. 여러분의 회사를 생각해보라. 이 목록에서 언급한 의도가 조금도 없다고 자신 있게 말할 수 있는 사람은 아마 한 사람도 없을 것이다.

의도를 확실하게 드러내 언어로 표현하면 분명히 불쾌하지만 막상 자신에게는 그러한 의도가 없는지 질문을 받으면 자신 있게 부정하지도 못한다. 따라서 평소에는 보고도 못 본 척하는, 스스로 그런 행위에 가담하면서도 그런 의도가 의식으로 떠오르지 못하게 억누르는 것이다. 많은 사람이 이런 식으로 어떻게든 정신의 균형을 유지하면서 날마다 일에 몰두하고 있다. 이러한 행위는 '기만'과 다르지 않다.

안전하고 쾌적하게 살기 위한 물질적 요구는 반드시 포화 상태가 된다. 이 책의 전반부에 소개한 마쓰시타 고노스케의 말처럼, 비즈니스의 사명이 윤택한 물질을 제공해 사회에서 빈곤을 근

---

* 50년 사이에 사람들의 의식은 크게 달라졌다. 앞으로 50년 후인 2070년에 살아갈 사람들 또한 현재를 살고 있는 우리가 '당연하다'고 생각하고 행동하는 일의 대부분을 '얼마나 어리석었는가' 하고 떠올리게 될 것이다. 그 '어리석음'이 무엇일지 계속해서 생각하는 것이 현재를 살고 있는 우리가 후세를 살아갈 사람들을 위해 해야 할 책임이라고 나는 생각한다.

절하는 데 있다면 포화는 그 사명을 달성했다는 의미이므로 축하해야 할 상황이 틀림없다. 하지만 우리 사회는 이 사실을 받아들이지 못하고 있다. 사명으로 내걸었던 목표가 달성되어도 기뻐하지 못하고, 사명이 달성될 듯하니 일부러 필요 없는 '혼란'을 만들어내 끝없이 달성 시기를 늦추고 있는 것이 지금의 사회라는 사실을 앞의 〈전략 10훈〉만 읽어도 잘 알 수 있다.

심란한 이야기지만, 대규모 재해나 전쟁 후에는 GDP가 증가한다. 막대한 파괴가 일어나면 그 파괴를 메우기 위한 대규모 생산이 반드시 발생하기 때문이다. 다시 말해서, 경제 성장에는 애초에 그 전제로써 파괴라는 상황이 필요하다는 뜻이지만, 그렇다고 해서 경제 성장을 위해 전쟁을 일으키거나 재해를 기원하지는 않는다. 왜일까? 그것이 너무도 비윤리적이라는 사실을 누구나 분명히 인식하고 있기 때문이다.

따라서 '파괴'라는 말은 사람들의 귀에 거슬리지 않는 무난한 언어로 치환되어 일종의 속임수처럼 생산을 촉진하고 경제를 활성화하려는 활동이 행해진다. 이렇게 치환된 언어가 바로 '소비'다. 소비는 한마디로 '폐기해서 고철로 만드는' 일로, 파괴와 같은 말이다. 소비라고 불리는 파괴를 촉진하기 위한 지식과 기술 체계가 '마케팅'이라고 한다면, 이 활동이 잠재적으로 얼마나 심각한 문제로 이어질 수 있는 비윤리적이고 위험한 활동인지 이해할 수 있을 것이다.

이때 또한 '균열' 상황이 발생한다. 제1장에서 우리 사회는 근대 이후 계속되어온 '무한한 상승, 성장, 확대를 추구하려는 압박 감'과 유한성에 의해 점점 강해지는 '서서히 고도를 낮춰 연착륙하려고 하는 자연의 인력'이 부딪쳐 마찰을 일으키고 있다고 지적했다. 이와 관련, 자원, 환경, 쓰레기, 오염 같은 문제는 인력의 힘을 구성하는 중요한 요인이 되고 있다. 우리는 대부분 그러한 인력을 실감하면서도 '그만둘 수 없다, 멈출 수 없다'는 관성의 힘에 아무런 저항 없이 따라가 허무감에 시달리면서도 날마다 경제 활동에 임하고 있다.

이러한 기만은 이미 수없이 고발되고 있다. 사회에서 디자인의 역할과 책임에 관해 활발하게 제언한 오스트리아의 디자이너 빅터 파파넥(Victor Papanek)*은 저서 《인간을 위한 디자인》에서 다음과 같이 지적했다.

수많은 직업 가운데 산업디자인보다 더 유해한 직업이 있겠지만 그 수는 아주 적다. 아마 이보다 더 위선적인 직업은 단 한 가지 일 것이다. 바로 광고디자인이다. 많은 사람을 부추겨, 수중에 돈이 없는데도 오로지 타인의 시선을 끌기 위해 필요하지도 않은 물건을 구매하도록 유혹하는 직업은 오늘날 세상에 존재하는 어떤 직업 중에서도 가장 위선적이라고 할 수 있다. 그리고 광고업

---

* 빅터 파파넥(1923~1998): 오스트리아계 미국인 디자이너이자 교육자. 사회에서 '디자인의 책임'에 관한 문제를 수없이 제기했다.

자들이 퍼뜨리는 악랄하고 어리석은 사고를 상품으로 꾸며내는 산업디자인이 그다음으로 위선적인 직업이다.

— 빅터 파파넥, 《인간을 위한 디자인》

무척 신랄한 지적이다. 이를 광고와 마케팅 관계자들에게만 해당하는 비판으로 인식한다면 파파넥의 진의를 잘못 이해하는 것이다. 피터 드러커가 주장한 대로, 기업 활동의 진수가 마케팅에 있는 이상, 파파넥이 지적하는 원죄성에서 벗어날 수 있는 기업가는 없다.

포화하는 수요를 연명시키려 한다면 반드시 도덕적으로 미묘한 영역에 들어서지 않을 수 없다. 이 점은 과거의 경제학자들도 이미 깨닫고 있었다. 케인스의 친구이면서 케임브리지대학교 경제학 교수였던 데니스 로버트슨(Dennis Robertson)**은 영국 정부가 창설한 영국 금융산업위원회(Committee on Finance and Industry)에서 1930년 4월, 당시 세계를 뒤흔들던 대공황의 원인으로 맨 먼저 '수요의 포화(the gluttability of wants)'를 꼽고 그 해결책에 관해 다음과 같이 밝혔다.

** 데니스 로버트슨(1890~1963): 영국의 경제학자. 아서 세실 피구(Arthur Cecil Pigou)의 뒤를 이어 케임브리지대학교 교수가 되었다. 케인스와는 친구였지만 경제 이론에 관해서는 기본적으로 동조하지 않았다.

끊임없이 새로운 욕망을 자극할 수밖에 없다. 실제로 이런 부도
덕한 방법을 꾸준히 실천한 국가가 대공황이라는 병을 연기하는
데 성공했다.

— 히로이 요시노, 《정상(定常)형 사회 새로운
'풍요로움'의 구상(定常型社会 新しい「豊かさ」の構想)》

도덕을 택할 것인가, 대공황의 연기를 택할 것인가. 로버트슨
은 민감한 트레이드오프(trade-off, 한쪽을 추구하면 부득이 다른 쪽을
희생해야 하는 이율배반적인 관계 - 역주)를 제시했다. 하지만 설령 후
자를 택했더라도 결과는 달라지지 않는다. 로버트슨이 대공황을
'해결한다'라고 말하지 않고 '연기한다'라고 표현했다는 점에 주
목해야 한다. 결국, 이 게임은 종료를 늦출 수는 있어도 본질적
으로 해결할 수는 없다. 즉, '결국은 실패할 운명이다(Doomed to
fail)'이다.

자연의 본질을 알아야 한다

한편 우리는 이러한 부도덕에 정색하며 '그래서 어떻다는 거
야?' 하는 태도를 취할 수도 있다. 지금부터 400여 년 전 윌리엄
셰익스피어(William Shakespeare)*가 쓴 희곡 《리어 왕》의 제2막에
서 리어 왕은 딸 리건이 "하녀가 많아서 성가시다. 필요한 만큼만

있으면 충분하다"라는 말을 하자 다음과 같이 반론했다.

오오, 필요가 있느니 없느니 쓸데없는 소리 마라. 아무리 비천한 거지라도 설령 하찮은 물건일지언정 여분은 갖고 있단다. 자연이 필요로 하는 그 이상의 물건을 허용하지 않는다면 인생은 짐승이나 다름없이 비참해질 거다. 너는 귀부인이야. 따뜻하기만 하면 된다고 말한다면 지금 네가 입고 있는 그 화려한 옷도 자연은 필요로 하지 않을 거다. 그런 옷은 따뜻하지도 않으니까.
— 윌리엄 셰익스피어, 《리어 왕》

셰익스피어는 '자연이 필요로 하는 그 이상의 물건'과 '자연은 필요로 하지 않는다'는 두 군데의 대사에서 '자연'이라는 말을 썼다. 원문에는 '네이처(Nature)'라고 되어 있는데, 물론 산천초목을 가리키는 자연이 아니라 '본성' '본연' '본래'라는 개념에 가까운 의미로 쓴 '자연'이다. 다시 말해, 리어 왕은 리건의 주장에 반대하면서도 사치나 호사가 본성, 본연, 본래의 측면에서 보면 '필요 없다'라는 사실을 인정하고 있다. 그것을 인정한 뒤에 필요한 최소한의 물건만 있으면 된다고 궁상맞은 말을 한다면 인생은 따분

---

*   윌리엄 셰익스피어(1564~1616): 영국의 극작가이자 시인. 영국 르네상스 연극을 대표하는 인물. 탁월한 인간 관찰력이 빚어낸 심리 묘사로, 가장 뛰어난 영문학 작가로 불린다. 2002년 BBC가 실시한 〈100명의 가장 위대한 영국인〉 투표에서 제5위에 올랐다. 참고로 1위는 윈스턴 처칠이었다.

하고 재미없어질 거라고 하면서 '과잉' '사치' '호사'를 옹호했다. 이 말에 공감하는 사람도 적지 않을 것이다.

사치스러움이 경제를 움직인다

근대에 이르자 과잉, 사치, 욕심이야말로 경제를 움직인다는 '뻔뻔한 주장'이 더욱 힘을 받았다. 《리어 왕》이 쓰인 지 딱 100년 후, 영국의 풍자 작가이자 사상가인 버나드 맨더빌(Bernard Mandeville)은 1707년에 출간한 《꿀벌의 우화》에서 개인의 욕망이야말로 사회의 후생을 추진한다고 주장했다. 당시의 도덕철학자들은 이 책을 읽고 격노했다. 과연 어떤 이야기일까.

맨더빌의 벌들은 악덕이 만연한 부자 집단에서 크게 번성했다. 벌들은 사치에 빠져 지냈으며 가장 가난한 꿀벌도 부자 꿀벌을 섬기면서 그 여택으로 잘 먹고 잘 살았다. 꿀벌 사회에는 기만, 선망, 질투, 허영, 탐욕 같은 악덕이 만연했지만 어쨌든 생계 걱정을 하는 꿀벌은 없었다. 그런데 어느 날 벌들이 부도덕하고 무질서한 생활을 부끄러워하게 되어 도덕철학자의 충고에 귀를 기울이고 품성과 행동을 올바르게 고쳐 살기로 했다. 그러자 '의도치 않은 결과'가 일어났다. 예전에 부가 존재하던 곳에 빈곤이 확산되고 꿀벌들은 모두 일자리를 잃어갔다. 누구나 빚을 바로 갚게 되자 일거리가 없어진 변호사가 실직했다. 모든 꿀벌이 성실하고 양심적으로 살게 되면서 참회할 일이 없어져 성직자도 실직했다. 하인은 모셔야 할 주인을 잃고 실직했다. 도둑이 사라지니 감옥의 간수도 필요 없어져 실직했다. 이처럼 개인이 모두 도덕을 준수하면 사회 전체의 이익이 손상된다.

— 버나드 맨더빌,《꿀벌의 우화》

이 우화에서 저자가 말하고자 한 교훈은 '개인의 악덕은 곧 사회의 이익'이라는 부제에 확실히 드러나 있다. 맨더빌은 일찌감치 '누군가의 지출은 누군가의 수입이다'라는 거시경제학적 순환에 대한 통찰력을 보여주었다.

게다가 18세기 계몽시대를 거치면서 사치야말로 경제를 구동한다는 사고가 더욱 확산됐다. 독일 역사학파를 대표하는 경제학자 베르너 좀바르트(Werner Sombart)*는 저서《사랑과 사치와 자본주의》에서 자본주의라는 경제 시스템을 만들어내고 견인한 것은 '사치'이며 그 사치를 추진한 것이 '사랑'이라는 극단적인 견해를 펼쳤다.

사치는 다양한 면에서 근대 자본주의의 발생을 촉진했다. 이를

---

* 베르너 좀바르트(1863~1941): 독일의 경제학자이자 사회학자. 독일 역사학파 최후의 경제학자.

테면 사치는 봉건적인 부를 시민적인 부(부채)로 이행하는 데 본질적인 역할을 수행했다.

— 베르너 좀바르트, 《사랑과 사치와 자본주의》

좀바르트의 주장에서 흥미로운 것은 사치를 두 가지로 나눠 고찰했다는 점이다. 이를테면 '웅장하고 아름다운 성당을 황금으로 장식해 신에게 바치는' 행위와 '자신을 위해 실크 셔츠를 주문하는' 행위는 둘 다 사치임에 틀림없지만, 이 두 가지 행위에는 하늘과 땅만큼의 차이가 있다는 것을 바로 느낄 수 있다고 지적했다. 이 하늘과 땅 차이가 어떤 것인지에 관해 좀바르트 자신은 별달리 언급하지 않았지만, 사치에 두 가지 종류가 있다는 지적에는 사실 중대한 시사점이 있다. 이에 관해서는 나중에 다시 고찰해보겠다.

좀바르트에 따르면 근대 경제는 두 가지 사치 중에서 자신을 위해서 실크 셔츠를 주문하는 사치, 즉 후자에 의해 이루어진다. 이를 선동한 것이 '법을 어겨 정부가 된 여성'이다. 좀바르트가 그 대표적인 예로 거론한 사람이 루이 15세의 애첩이었던 퐁파두르 부인과 뒤바리 부인이다. 세계사적으로 보아 '이상치(outlier)'라고 해도 좋을 정도로 사치의 극한을 보여준 두 사람을 예증으로 제시한 데서 다소 극단적인 의견이라는 인상을 지울 수 없다.

좀바르트와는 조금 다른 각도에서 사치에 관해 고찰한 사람이 있다. 거의 동시대에 활약한 미국의 사회학자 소스타인 베블런(Thorstein Veblen)[*]이다. 베블런은 저서 《유한계급론》에서 부유층이 사치를 일삼는 것은 '경제력에서 타자보다 우월하다는 것을 드러내기 위해서'라는 극히 명쾌한 이유를 제시했다. 이 지적에 관해서는 그것을 좋아서 실천하는지 아니면 싫어해서 꺼리는지는 차치하고, 많은 사람이 '짚이는 곳'이 있을 것이다.

베블런은 이렇듯 타자에 대한 우월감을 드러내기 위해 자랑스럽게 내보이는 형태의 소비를 '과시적 소비'라고 명명하고, 특히 근대 이후의 신분제가 모호해진 사회에서 사람들은 사회적인 '우열과 상하' 관계를 가시화하기 위해 이를 강력하게 추구해왔다고 지적했다. 베블런의 주장에서 가장 흥미로운 점은 과시적 소비의 무한성이다.

재화를 기준으로 비교와 차별이 행해지는 한, 사람은 재화로 경쟁하고 재력에 대한 평판을 끝없이 추구하며, 경쟁 상대보다 우위에 서는 데서 더없는 기쁨을 찾아낸다. (중략) 이는 사람들의 욕망이 재물의 축적 면에서 타인을 앞지르는 데 있기 때문이다. 때때로 주장되듯이 재물의 축적을 촉구하는 요인이 생활필수품이나 육체적 안락의 결여에 있다면, 생산 효율이 향상되는 어느 시

---

* 소스타인 베블런(1857~1929): 19세기 후반부터 20세기 초에 걸쳐 활약한 미국의 경제학자이자 사회학자. 마르크스와는 다른 시점에서 당시 대두되던 산업자본주의 사회를 분석하고 비판했다.

점에서 그 사회의 경제적 욕구가 전체적으로 충족될 것이다. 하지만 재물 축적을 두고 경쟁하는 행위가 본질적으로 타인과 비교해 좋은 평판을 얻기 위해서라면 최종 도착 지점은 없다고 해도 좋다.

— 소스타인 베블런,《유한계급론》

베블런이 쓴 이 책 제목은《유한계급론》이지만, 읽어보면 알 수 있듯이 베블런의 고찰은 유한계급에만 국한되어 있지 않고 훨씬 폭넓은 범위의 사람들이 행하는 소비 활동을 대상으로 한다. 베블런은 모든 사람이 당연히 타인보다 우월해지기 위해 경제적인 능력을 손에 넣으려고 노력하고, 그렇게 획득한 경제적 능력을 과시하기 위해 다양한 소비 활동을 한다고 주장했다. 이 무한성은 영원히 성장을 추구하는 '자본의 논리'와 상당히 잘 들어맞는다.

하지만 한편으로, 소비가 타인에 대한 우월감을 드러내기 위한 과시에 지나지 않는다면, 우리는 이러한 과시에 응수하는 행위를 영원히 되풀이하는 어두운 디스토피아를 정말로 원하는 것일까? 하는 의문이 다시금 떠오른다.

과시적 소비와 필요 소비

19세기 선진국에서 이미 기본적인 문제를 해결한 사람들의 경제 활동을 관찰하고 나서 좀바르트는 '연애 게임에 근거한 사치'가, 베블런은 '성공했다는 것을 과시하기 위한 사치'가 경제를 움직인다고 강조했다. 이 두 가지 고찰은 약간 극단적이라 거부감이 들기는 하지만, 이미 지적했듯이 오늘날 정체된 사회에서도 유럽의 명품 브랜드나 고급 스포츠카 마케팅이 꾸준히 성장해 기염을 토하고 있는 것을 생각하면 현대에도 여전히 한결같은 설득력을 지니고 있다는 사실을 인정하지 않을 수 없다.

일부러 지금까지 언급하지 않았지만, 실은 케인스도 같은 의견을 밝힌 바 있다.

인간의 니즈는 끝이 없다고 생각되는 게 사실이다. 하지만 니즈에는 두 가지 종류가 있다. 첫째는 절대적인 니즈로, 주위 사람들의 상황이 어떻든 필요하다고 느끼는 것이다. 둘째는 상대적인 니즈로, 그것을 충족하면 주위 사람들보다 우위에 서고 우월감을 가질 수 있을 때만 필요하다고 느낀다. 상대적인 니즈는 타인보다 우위에 서고 싶다는 욕구를 만족시키는 것이어서 확실히 끝이 없다고 할 수 있다. 전체의 수준이 높아질수록 한층 더위를 추구하게 되기 때문이다. 하지만 절대적인 니즈는 그렇지 않다. 아마도 우리가 생각하는 것보다 훨씬 이른 시기에 절대적인 니즈가 충족되어 경제 이외의 목적에 에너지를 사용하겠다는 선택을 하는 시기가 온다고 생각할 수 있다. 결론을 말해보겠다. 이 결론을 깊이 생각해보면 상상만으로도 놀랄만한 일이라고 여겨질 것이다.

결론적으로 큰 전쟁이 없고 극단적인 인구 증가가 일어나지 않는다면 100년 이내에 경제적인 문제가 해결되든지 적어도 가까운 미래에 해결될 거라고, 사람들이 생각하게 될 것이다. 이는 미래를 내다볼 때 경제적인 문제가 더 이상 인류에게 영원한 문제가 아니라는 사실을 의미한다.

— 존 메이너드 케인스, 〈손자 세대의 경제적 가능성〉,
《설득의 에세이》

케인스의 지적은 다음 두 가지 핵심 사항으로 요약된다.

1. 니즈에는 타인과 상관없이 필요한 절대적 니즈와 타인보다 우월해지기 위해 필요한 상대적 니즈가 있다
2. 절대적 니즈는 가까운 시일 내에 해결되지만 상대적 니즈는 끝이 없다

케인스가 이 강연을 한 것은 세계 대공황이 한창이던 1930년 이므로, 100년 이내에 절대적인 니즈가 만족되는 시대가 온다는 예언이 거의 적중했다고 해도 좋지 않을까. 그렇다면 이 경제적 문제가 해결된 후 전 세계 경제를 견인하는 것은 무엇일까. 케인스는 이 강연에서 분명하게 대답하지 않았지만 앞에서 인용한 지적을 근거로 하면 그 후의 세계에서 경제를 구동하는 것은 타인

보다 우위에 서고 싶어 하는 욕구, 즉 상대적 니즈일 수밖에 없다. 왜냐하면 이 니즈는 오히려 '끝이 없기' 때문이다.

기업의 마케팅 전략이 자극하는 것

분명 이 무한성은 자본주의와 매우 잘 맞는 것처럼 보인다. 앞서 설명한 것처럼, 자본은 원리적으로 무한한 성장을 추구하기 때문이다. 하지만 이 무한성은 '사치'로 이어지기 쉽다. 20세기 전반까지의 시대였다면 이러한 '무한성'에 별다른 문제가 없었을지도 모르지만, 지금까지 고찰했듯이 자연, 환경, 자원 같은 문제가 전세계적인 걱정거리가 된 현재, 이러한 방향에서 경제를 구동하는 것은 윤리적, 물리적으로 허용되지 않는다.

덧붙여 지적하자면, 이러한 방향에서 경제를 견인하면 사회적 대립 구조가 더욱 고착될 수도 있다. 일상적인 필요가 충족된 후의 세계에서 경제를 구동하는 원동력이 '타인보다 우월함을 과시하기 위한 니즈'라고 한다면 경제 활동 자체가 사회에서 우월과 열등의 관계를 결정하는 게임이 되어 '무한한 과열'을 면치 못하게 될 것이다. 하지만 그러한 무한 과열은 언젠가 멜트다운 (meltdown, 원자로의 냉각 장치가 정지되어 내부의 열이 이상 상승함으로써 연료인 우라늄이 용해되고 원자로의 노심부가 녹아버리는 일 – 역주)을 일으킬 수밖에 없다.

사실 현재 세계에는 이러한 멜트다운, 즉 윤리의 토대가 붕괴되는 현상이 여기저기서 나타나고 있다. 알기 쉬운 예로 고급 스포츠카 세계를 들 수 있다. 2019년 9월, 폭스바겐 그룹 산하의 하이퍼카 브랜드인 부가티(Bugatti)는 신형 차 시론(Chiron)을 발표했는데, 그 성능과 가격이 놀랍다. 출력은 1500마력이며 최고 속도는 시속 490킬로미터, 가격은 260만 유로였다. 이런 자동차를 주행할 수 있을 만큼 도로가 포장 정비된 국가에는 거의 속도 제한이 있다. 사실상 이렇게 말 같지도 않은 성능을 발휘할 수 있는 장소는 지구상에 없는 셈이다. 즉, 이런 자동차를 구입하는 사람에게 그 성능은 어디까지나 기호 또는 메시지에 지나지 않는다.

시론의 오너가 소유하고 싶은 '기호'는 명백하다. '너의 패배다, 쓸데없는 저항은 포기해라' 하는 메시지다. 최근에는 슈퍼카보다 더 상위 계층을 노린 카테고리로 하이퍼카라는 영역이 설정되어 있는데, 여기에서도 격차 또는 계급을 더욱 세분화함으로써 사회에 질투, 선망, 욕심을 생성해내고 그 부정적인 감정 에너지를 해소하기 위해 구매를 부추기려는 마케팅 전략이 훤히 보인다.

탕진을 재미로 받아들이는 사회

이러한 경제 양상은 '포틀래치(potlatch)'를 상기시킨다. 포틀래치는 문화인류학자 마르셀 모스(Marcel Mauss)가 1925년에 저술한 《증여론》에서 소개한 일종의 의식으로 미국 인디언의 중요한 풍습이다. 이 의식에서 부족 추장들은 '누가 더 많은 재산을 탕진하는가'를 경쟁해 우열을 가렸다. 즉, 포틀래치란 더 호기롭고 더 대담하게 재산을 뿌려대고 파괴한 사람이 이기는 게임인 셈이다.

포틀래치에는 당연히 추장의 체면이 걸려 있어 탕진 경쟁이 점점 더 과열되다 보니 결국에는 자신의 가축과 노예를 그 자리에서 살해하는 사태까지 벌어졌다. 이에 고심하던 캐나다 정부는 1885년에 법률로 포틀래치를 금지했다.

현대 문명 세계에서는 포틀래치가 어떤 것인지 좀처럼 상상이 가지 않을 것이다. 영화에는 이러한 '비정상 탕진' 이야기는 영화 속에서 종종 인상적인 장면으로 그려지고 있다. 예전에 로버트 레드포드가 주연을 맡았고 최근에는 레오나르도 디카프리오 주연으로 리메이크된 영화 〈위대한 개츠비〉의 앞부분에 나오는 파티 장면은 그야말로 문명 사회의 포틀래치라는 생각이 들게 한다. 마찬가지로 레오나르도 디카프리오가 주연한 영화 〈더 울프 오브 월스트리트〉에도 비슷한 예가 나온다. 뉴욕 월스트리트에서 큰 성공을 거머쥔 실존 인물인 투자은행가 조던 벨포트(Jordan Belfort)의 파격적인 라이프 스타일이 포틀래치와 같다. 이 영화는 너무나도 비윤리적이고 상식적인 궤도를 벗어났다는 이유로 '청소년 관람 불가' 등급으로 개봉되었다.

이런 모습을 우리가 즐길 수 있는 것은 관객이라는 '방관자 입장'으로 바라보기 때문이다. 만약 실제로 이런 사치로 경제를 유지할 수밖에 없는 사회, 파괴적 소비만이 예찬받고 재산을 탕진하는 수위에 따라 사회적 지위의 우열이 결정되는 포틀래치가 정상으로 여겨지는 사회에서 살아가야 한다면 이는 분명 지옥이라고밖에 설명할 수 없을 것이다.

이러한 세계에서 우열을 가리는 게임의 승자가 될 수 있는 것은 원리적으로 피라미드의 초고층에 자리한 극소수의 사람들밖에 없다. 포틀래치가 정상적인 상태처럼 받아들여지는 사회는 그저 디스토피아일 뿐이다.

필요와 사치 사이에 있는 답

여기서 잠시 멈춰 정리해보자. 핵심 내용은 다음 세 가지로 요약할 수 있다.

1. 오늘날 선진국에서는 안전하고 쾌적하게 살아가기 위한 물질적 생활 기반의 정비라는 과제가 거의 해결된 뒤, 인구 증가도 더 이상 기대할 수 없는 고원으로의 연착륙 단계에 접어들었으며 필연적으로 수요 포화 현상이 발생하고 있다.
2. 비즈니스가 문제의 발견과 문제의 해결로 이루어지는 이상, 대부분의 문제가 해결된 수요 포화 사회에서는 경제 성장이 정체되고 이익률이 저하되는 현상이 일어난다. 그 결과, 선

진국에서는 공통적으로 GDP의 저성장률, 극단적인 저금리가 초래된다.

3. 이 현상을 피하고자 불필요한 소비를 야기하면, 그것은 쉽게 사치로 이어진다. 그러한 소비 양상은 자연·환경·자원의 문제가 더욱 중요해지는 오늘날, 윤리적으로 허용되지 않으며 물리적으로도 지속 불가능하다.

이런 식으로 생각해보면 어찌 손써볼 도리가 없는 게 아닐까 싶지만, 이 부분은 매우 중요한 핵심이므로 자세히 확인해보자. 이 논리의 어느 부분에서 돌파구를 찾아야 고원에서 풍요롭고 활기찬 사회를 구상할 수 있을까.

논리를 탈구축(脫構築)할 때 공격해야 할 가장 취약한 포인트는 암묵적으로 전제된 이항대립(二項対立)이다. 이 논리의 경우, 소비 양상에 관한 이항대립의 틀이 여기에 해당한다. 좀바르트, 베블런, 케인스가 지적했듯이, 정말로 소비에는 타자와 상관없이 필요한 것과 타자보다 우월하기 위해 필요한 것, 즉 '필요'와 '사치', 이 두 가지밖에 없는 것일까? 어쩌면 많은 사람이 인간의 욕구를 대나무 쪼개듯이 두 개로 나눠 정리하는 이 사고방식에 뭔가 중요한 것이 결여되어 있다는 느낌을 받을지도 모른다.

이때 좀바르트가 지적한 '사치에는 두 종류가 있다'는 말이 떠오른다. 다시 발췌해 인용해보면 웅장한 성당을 황금으로 장식해 신에게 바치는 행위와 자신을 위해 실크 셔츠를 주문하는 행위는 둘 다 사치가 틀림없지만, 이 두 가지 행위에는 하늘과 땅만큼의 차이가 있음을 바로 느낄 수 있다는 지적이다. 이 두 가지 소비 행동에서 우리가 느끼는 하늘과 땅 차이는 어디서 비롯된 것일까?

이와 관련해 두 가지 논점을 꼽아보겠다. 바로 타자성(他者性)과 시간축이다. 실크 셔츠가 단순히 자기만족과 자기 과시라는 한정된 목적을 위한 소비인 반면에, 웅장한 성당은 자신에게만 한정하지 않고 타자 구제라는 개방된 목적을 위한 건설이다. 그리고 실크 셔츠는 극히 짧은 기간 내에 말 그대로 소비되는 데 반해, 웅장한 성당은 사실상 무한하다고 해도 될 정도로 오랜 세월에 걸쳐 많은 사람에게 높은 차원의 기쁨을 준다.

최고의 체험을 맛볼 수 있는가

프랑스 사상가 조르주 바타유(Georges Bataille)는 이렇게 더할 수 없이 큰 기쁨을 '지고성(至高性)'이라고 불렀다.

나는 떠올렸다. 그때 나는 시에나 대성당이 광장에 멈춰선 나를 웃게 했다고 우겼다. 사람들은 "그럴 리가 있나! 아름다운 것이 웃게 하다니." 하고 말했지만 나는 그들을 제대로 설득하지 못했다. 하지만 나는 대성당 앞 광장에서 아이처럼 행복하게 웃었다.

대성당은 7월의 햇빛 아래서 나를 매혹시켰다.

— 조르주 바타유, 《니체에 관하여(Sur Nietzsche)》

바타유가 자신이 지고(至高)의 체험을 한 증례로 좀바르트와 같이 '대성당'을 꼽은 것은 단순한 우연이 아니다. 여기에 고원사회의 경제를 구동하는 욕구의 모습에 관한 중대한 시사가 담겨 있다.

이 글에서 바타유가 시에나 대성당이라고 명기한 것은 아마도 시에나에 있는 주교좌성당(司敎座聖堂)을 가리킬 것이다. 흰색과 검은색 대리석으로 된 상감(象嵌, 금속·도자기 등의 표면에 무늬를 파고 그 속에 금·은·보석, 자개 등을 채우는 기술 또는 그 작품 – 역주)의 줄무늬가 방문객들에게 선명하고 강렬한 인상을 주는 이 건축물이 세워진 것은 14세기 초다. 이후 700년의 긴 세월에 걸쳐 시에나 대성당은 새로운 이산화탄소를 발생시키는 일도 없고 추가로 자연 자원을 소비하는 일도 없이, 줄곧 그곳을 찾아온 사람들이 깊게 감동하는 지고의 체험을 하게 해줬다. 21세기의 경제 활동에는 이렇게 높은 자원 생산성이 필요하다.

충동은 가치를 만들어준다

앞서 확인했듯, 우리가 사는 세계는 이미 다양한 측면에서 유한성이라는 문제에 직면해 있다. 자연, 환경, 자원에 큰 부담을 주는 사치스러운 소비는 물리적으로도, 윤리적으로도 영원히 지속될 수 없다.

하지만 일상적인 니즈가 이미 충족된 오늘날의 사회에서 사치스러운 소비를 엄중하게 제지한다면 현저한 경제 축소, 즉 '하드랜딩 문제'가 일어날 것이다. 경제적으로는 완만하게 일정한 상태, 또는 미세하게 성장하는 상태로 옮겨가는 연착륙 상태를 유지하면서도 지속 가능한 형태로 고원사회를 얼마나 살아갈 가치가 있는 풍요로운 곳으로 만들 수 있는가를 생각할 때, 이 지고성을 핵심으로 이루어지는 생산과 소비는 앞으로 사회에서 중요한 열쇠를 쥐게 된다.

바로 여기에, 소비에는 타자와 관계없이 필요한 물건과 타자보다 우월함을 느끼기 위해 필요한 물건 두 종류밖에 없다는 말을 들었을 때 느꼈던 위화감의 근원이 있다. 이러한 지고성에 근거한 생산과 소비의 양상이 그 어느 쪽에도 기인하지 않고 다른 욕구에 기인하고 있기 때문이다. 바로 인간성에 기인한 충동이다. 예를 들면, 노래하고 춤추고 싶은 충동, 그림을 그리고 창조하고 싶은 충동, 초원을 질주하거나 나뭇잎 사이로 내비치는 햇살을 온몸으로 받고 싶은 충동이며, 아름다운 바다에 뛰어들고 싶은 충동이다. 또한 곤경에 빠진 약자에게 손을 내밀고 싶은 충동, 좋은 사람과 술 한 잔 마시고 싶은 충동, 사랑하는 아이를 안아주고 싶은 충동이며, 무언가 숭고한 것에 인생을 바치고 싶은 충동이다.

이러한 욕구는 인간성(humanity) 자체에 근거한 것으로 이런 충동이야말로 인간을 인간답게 만들어준다. 하지만 이들 욕구가 '실생활에서 필요한 것인가?' 하고 물으면 '아니오'라고 대답할 수밖에 없다. 이들 욕구가 '사치와 관련이 있는가?' 하고 물어도 그 대답은 또한 '아니오'가 된다. 다시 말해, 이렇듯 인생을 살아갈 가치가 있는 것으로 바꿔주는 중대한 욕구가 좀바르트의 지적에도, 베블런과 케인스의 지적에도 들어 있지 않은 것이다.

수단적 소비와 자기충족적 소비

이렇게 생각하면, 대조적으로 보이는 '필요'와 '사치' 두 가지 소비 양상이 실은 어떤 한 가지 점에서 공통하고 있다는 사실을 알 수 있다. 이들 소비가 항상 수단적(목적하는 바를 이루기 위한 방법이나 도구 따위와 관련 있는 것 - 역주)이며 공리적(어떤 일을 할 때 자신의 공명과 이익을 먼저 생각하거나 추구하는 것 - 역주)이라는 점이다.

'필요'가 수단적이고 공리적이라는 것은 쉽게 이해할 수 있지만, '사치' 또한 그런가 하는 질문에는 선뜻 긍정하기 어려울 수 있다. 하지만 좀바르트, 베블런, 케인스가 말한 대로 사치의 본질적인 목적이 연인에게 강한 인상을 주는 것, 그리고 타인보다 우월함을 드러내는 것이라고 한다면 이 또한 수단적·공리적인 행위라고 하지 않을 수 없다.

그런데 앞서 거론한 인간성에 기인한 충동에 따른 소비에는 그러한 수단적·공리적인 측면이 없다. 이러한 소비 활동은 활동 그 자체가 주는 유열과 관능이 그 시점에 효용으로 회수된다는 점에서 필요나 사치와는 크게 다르다. 이때도 '시간'의 소실이 개입된다는 점에 유의하자.

여기서 우리는 '개념의 결손'에 직면한다. 손바닥 위에 물건을 올려놓고 만지작거리며 생각하려면 반드시 감촉을 표현하는 언어가 필요하지만, 우리 문화는 인간성에 기인한 충동에 의해 이뤄지는 경제 활동의 상태를 긍정적으로 표현할 말을 가지고 있지 않다.

혹시 활동 그 자체가 가져다주는 유열과 관능이 그 시점에 효용으로 회수되는 행위라는 말을 듣고, 여기서 말하는 활동이 찰나적이고 향락적이며 쾌락적인 것이 아닐까 생각하는 사람이 있을지도 모른다. 하지만 앞서 제시한 충동에 기인한 활동의 구체적인 예를 보면, 이들 활동이 그리 부정적인 언어로 표현되어야 할 행위가 아니라는 것을 금방 알 수 있을 것이다.

언뜻 보면 대조적으로 보이는 '필요'와 '사치'가 실은 미래의 이득과 효용을 위해 소비 행동을 수단화한다는 점에서 유사하다면 이를 수단적·공리적이라고 할 수 있다. 영어로 표현하면 '인스트루멘털(instrumental)'이다. 반대로 '지금 이 순간에 느끼는 유열과 관능이라는 이득에 의해 행위의 비용이 회수되는 활동'이라는 사고방식을 미국의 사회학자 탤컷 파슨스(Talcott Parsons)

가 자기충족적이라는 개념으로 사용했는데 이는 '컨서머토리 (consummatory)'로 표현할 수 있다. 이해를 돕기 위해 '수단적'이라는 뜻인 인스트루멘털과 '자기충족적'이라는 뜻인 컨서머토리를 대비해 설명하면 다음과 같다.

인스트루멘털instrumental	컨서머토리consummatory
중장기적	순간적
수단은 비용	수단 자체가 이득
수단과 목적이 별개	수단과 목적이 융합
이득이 외재적	이득이 내재적
합리적	직관적

인간이 인간성에 기인한 충동을 자유롭게 행할 때 삶에 대한 만족감이 가장 커진다고 가정해보자. 이때 충분히 문명화를 이룬 고원사회에서 본질적으로 더욱 풍요롭게 각자의 개성을 발휘하며 살아가려면 개개인의 개성에 근거한 충동을 자유롭게 표출할 수 있어야 한다.

하지만 현대 사회에서 인간을 인간답게 하는 충동적 욕구는 대부분 채워지지 못하고 있으며, 수많은 사람이 그 사실을 자각하지 못하고 있다는 점에서 이는 심각한 문제다. 앞서 언급했듯이, 시장이 '미달의 욕구'가 있는 곳에 생겨난다면 지금까지의 경제와는 다르게 위상이 커진 시장이 잠재적으로는 형성될 수도 있다.

현재 고원으로 다가가고 있는 사회에서 이러한 인간적 충동에 기인한 욕구의 충족이야말로 경제와 인간성, 이코노미와 휴머니티를 양립하게 하는 유일한 길이 아닐까.

제 3 장

우리는 무엇을 해야 하는가?

·

　

하지만 자아(ego)에 관해서 싸잡아 취급하지 말기를 바란다.
외람되지만 내 의견을 말하자면,
이 세계에서 일어나는 추잡한 일의 절반은
자신의 진정한 자아를 사용하지 않는 사람들로 인해 일어난다.

— 제롬 데이비드 샐린저,《프래니와 주이》

자기충족적 사회라는 최종 목표

　앞 장에서 주로 소비 본연의 모습을 토대에 두고 고찰하기를
권하면서, 우리의 경제 활동은 '미래를 위해 현재를 수단화하는'
수단적(instrumental)인 것에서 '지금 이 순간의 기쁨과 만족을 추
구하며 살아가는' 자기충족적(consummatory)인 것으로 전환되어
야 한다고 제안했다. 경제의 이상적인 상태는 필요한 것만 구매하
는 외로운 소비 형태도 아니고, 타자에 대한 우월감을 과시하기
위한 소비의 무한 지옥 같은 사치도 아닌, 진정으로 자신과 타자
의 희열과 관능에 직결되는 인간적 충동에 기인한 활동으로 이뤄

지는 형태라고 강조했다.

이는 나의 독창적인 주장이 아니라 이미 100년도 더 전부터 있었던 사고다. 케임브리지대학교에서 케인스의 지도 교관이었던 철학 교수 조지 무어(George Moore)*는 저서 《윤리학 원리》에서 다음과 같은 사회 비전을 제시했다.

우리가 알고 있는, 혹은 상상할 수 있는 감정 중에서 가장 가치 있다고 생각되는 것은 친구에게서 얻는 기쁨과 아름다운 것을 보았을 때 느끼는 희열과도 비슷한, 그런 종류의 마음 상태다. 가능한 한 많은 사람이 이 상태에 이르기를 목적으로 하는 경우에 한해서, 개인적·사회적 의무 집행이 정당화된다. 인간의 활동에 합리적인 최종 목적을 부여하고 사회의 발전을 측정하는 유일한 지표가 될 수 있는 것은 바로 이러한 의식 상태다.**

— 조지 무어,《윤리학 원리》

조지 무어의 지적은 수단적(instrumental) 사회에서 자기충족적(consummatory) 사회로 전환해야 한다는 나의 주장과 같다. 제2차

---

* 조지 무어(1872~1958): 영국의 철학자. 런던 출생. 케임브리지대학에서 철학 교수를 역임했다. 러셀, 비트겐슈타인, 프레게와 함께 오늘날 영어권 철학계에서 주류를 차지하는 분석철학의 기초를 확립했다. 주요 저서로 윤리학에 있어 자연주의적 오진을 비판한《윤리학 원리》가 있다.
** G. E. Moore, 《Principa Ethica》, Cambridge: Cambridge University Press, 1903.

산업혁명 후기에 문명화가 현저하게 발전하는 사회에서 무어는 모든 개인적, 사회적 행위의 목적은 사람들을 자기충족적인 상태로 나아가게 하는 데 있어야 하며, 사회의 진보와 발전은 그 목적이 얼마나 잘 이루어지고 있는지, 단지 그 한 가지 관점에서만 측정되어야 한다고 밝혔다. 무어의 이러한 지적은 GDP라는 지표가 이미 무의미해졌으나 이를 대체할 새로운 성장 측정 지표를 찾아내지 못하고 있는 현재의 우리에게 중대한 시사점을 안겨준다.

무어는 친구에게서 얻는 기쁨과 아름다운 것을 보았을 때 느끼는 희열로 대표되는 마음 상태에 얼마나 많은 사람이 이르렀는지가 사회의 발전 정도를 측정하는 유일한 지표라고 설명했다. 그리고 모든 개인적, 사회적 활동은 이러한 상태의 실현을 목적으로 할 때만 정당화된다고도 강조했다. 무어의 견해를 다른 말로 바꿔 표현하면 '문명과 기술이 견인하는 경제'에서 '문화와 휴머니티가 견인하는 경제'로의 전환이라고 할 수 있다. 우리의 고원사회를 더욱 선명하게 채색해줄 물건과 서비스를 만들어내고 교환함으로써 경제를 끌어나가는 것이다. 이로써 '인간성과 경제, 휴머니티와 이코노미가 일체화된 사회'가 이루어진다.

이러한 자기충족적인 사회에서는 편리함보다 풍요로움이, 기능보다는 정서가, 효율보다는 낭만이 더욱 가치 있는 요소로 요구된다. 그리고 한 사람 한 사람이 개성을 발휘해 각자의 영역에서 '도움이 되는' 일보다는 '의미 있는' 일을 추구해야 사회의 다양화가 진척되고 고유의 '의미'에 공감하는 고객과의 사이에서 화폐

교환만으로 연결되어 있던 경제적 관계와는 다른, 단단한 심리적 연대감을 형성하게 된다. 예를 들면 다음과 같다.

- 마치 예술가가 충동으로 마음이 움직여 작품에 몰두하듯이 서민들이 각자의 활동에 관련된 물건과 서비스를 창출하는 사회
- 방치할 수 없는 문제를 찾아내 그 해결을 비전으로 내거는 사람과 조직에 공감하는 사람들이 모여 높은 에너지를 쏟는 사회
- 목적의식이 결여된 무한 성장이라는 난센스를 추구하는 조직에는 아무도 모여들지 않으며, 누구나 자신이 몰입할 수 있는 일을 찾아 매진하는 사회
- 자랑하고 과시하기 위해서가 아니라 자신의 생활을 진정 풍요롭고 활기 있게 해주는 물건과 서비스를 구입하고 더불어 자신의 감성과 지성도 키워 나가는 사회
- 미래를 위해 현재를, 혹은 조직을 위해 개인을 희생하라고 압박받거나 인간의 존엄성이 짓밟히지 않는 사회
- 곤경에 처한 사람이 방치되고 이를 본 주위 사람이 죄책감을 느끼면서도 '참견할 여유가 없어서'라며 고개를 떨구고 못 본 체하지 않아도 되는 사회
- 누구나 자신이 살고 싶은 곳에서 살고, 일하고 싶은 동료와 일하며 노동의 기쁨을 느낄 수 있는 사회

- 아이들을 자본주의 사회의 효율적이고 고기능인 부품으로 만들기 위해서가 아니라 고원사회를 더욱 풍요롭고 활기 있는 곳으로 만들기 위한 창조성을 기르는 교육이 이루어지는 사회
- 사람들이 경제 성장을 위해서가 아니라 아름다운 풍경 속에서 인생을 보낼 수 있도록 다양한 공공시설의 개발과 투자가 이루어지는 사회

우리 사회는 200년에 걸쳐 계속된 치열한 문명화 경쟁과 효율화에 대한 압박감에서 해방되어, 더 이상 상승을 목표로 쫓기지 않아도 되는 평온한 고원사회에 도달했다. 이러한 고원사회에서도 여전히 우리가 과거에 경험한 고성장을 지향한다면 틀림없이 비윤리적인 영역으로 들어가게 될 것이다. 이러한 사회에서 우리의 경제 활동은 문명적인 편의성을 향상시키는 노선에서 문화적인 풍요로움을 향상시키는 노선으로 방향을 전환하고, 풍요로운 경제 활동과 사회의 발전을 도모해야 한다.

사회 변화에 따른 전략

자기충족적인 고원사회를 완성하기 위해 구체적으로 어떤 행동을 취해야 할까. 기본은 다음의 세 가지다.

이니셔티브 1: 예술로써의 비즈니스 추구

이니셔티브 2: 투표적인 소비 실천

이니셔티브 3: (1과 2를 실현하기 위한) 보편적 기본소득 도입

사회 변혁을 위한 방안치고는 너무 사소한 시도라고 생각할지 모르지만, 나는 이런 이니셔티브(initiative, 문제 해결이나 목적 달성을 위한 주도적인 전략 - 역주)를 한 사람 한 사람이 실행해 나가면 사회가 확실히 변화할 것이라 믿는다. 현재 우리에게 필요한 것은 시스템을 근본부터 무너뜨리는 충격이 아니라, 번데기 속에서 유충이 조용히 나비로 바뀌듯이 부드럽고 아름다운 변화다. 바로 지금 변화를 일궈내야 할 사람은 어딘가 모르는 곳에 있는 누군가가 아니라 바로 우리 자신이기 때문이다.

사회 시스템 디자이너 데이비드 스트로(David P. Stroh)[*]는 수많은 국제기관 또는 기업들과 함께 사회 변혁 프로젝트를 실행하면서, 무언가 복잡한 문제를 해결하고자 할 때 '자신이 문제를 일으키는 시스템의 일부'라는 사실을 먼저 깨달아야 한다고 강조했다. 어떤 문제든지 개개인이 시스템에 어떻게 관여하고, 또한 의도하진 않았지만 문제가 발생하는데 어떻게 관련되는지 인식하지 못한다면 시스템의 개선을 이뤄낼 수 없다. 시스템 구성원을 가장 자유롭게 조종할 수 있는 것은 시스템 그 자체도, 혹은 시스템에

---

[*] 데이비드 스트로, 《사회 변혁을 위한 시스템 사고(Systems Thinking For Social Change)》.

참가한 타자도 아닌, 바로 자신뿐이기 때문이다.

현재의 세계에는 다양한 문제가 잔존해 있으며 수많은 사람이 '정부가 잘못했다, 기업이 나쁘다, 매스컴에 문제가 있다, 어리석은 사람이 잘못이다'라며 타자를 공격하기에 바쁜데 이러한 공격의 끝에 찾아오는 것은 소통이 잘되는 고원사회와는 정반대로 포용력 없고 완고하며 공격적이고 배타적인 어두컴컴한 골짜기일 수밖에 없다.

작은 리더십의 필요성

만약 지금 이 책을 읽고 있는 여러분이 세상은 나쁜 방향으로 움직이고 있다고 느낀다면, 그 원인을 만든 것은 다른 사람도 정부도 기업도 아닌 자신이라는 사실을 우선 인식해야 한다. 세계는 작은 리더십이 축적되어 크게 변화하는 법이다. 우리 중 어떤 일정한 사람들의 행동이 움직이는 방향으로 아주 조금씩 바뀜으로써 100년 후의 세상은 극적으로 변화할 것이다.

일본은 시민이 주도한 사회혁명을 한 번도 경험하지 않고 현재에 이르렀기 때문에 많은 사람이 '머지않아 훌륭한 리더가 나 나타나 변혁을 주도해줄 거야' 하고 막연히 몽상하고 있을 뿐 자신이 스스로 주체적으로 변화에 관여하려는, 실존주의의 용어로 표현하자면 '앙가주망(engagement, 사회 참여라는 뜻의 프랑스어 – 역주)'하려는 사람은 적은 듯하다. 대부분의 사람이 사회를 변혁하는 일은 행정기관이나 기업 리더의 몫이라고 생각한다. 즉, 매일 사소한 일에 부대끼며 살아가는 자신 같은 소시민이 사회 변혁의 주도자가 된다는 건 생각할 수도 없거니와 애초에 생각할 필요도 없다는 사고관을 갖고 있다.

많은 사람이 세상을 바꾸는 것은 '위대한 리더십'이라고 생각하는데, 사실 사회가 크게 방향을 돌리는 계기가 되는 것은 의외로 '작은 리더십'에서 비롯되는 경우가 많다. 미국에서 흑인 차별 철폐의 중대한 계기가 된 공민권 운동은 1955년 앨라배마 주에서 단 한 사람의 흑인 여성, 로사 파크스(Rosa Parks)가 버스에서 백인에게 자리를 양보하라는 지시를 받자 이를 거부해 투옥된, 정말로 작은 사건이 계기가 되었다. 바로 '버스 보이콧 사건'이다. 당시 로사는 백화점에서 재봉 일을 하던 평범한 시민이었을 뿐 인권운동가가 아니었다. 딱히 혁명을 일으키겠다거나 공민권 운동을 주도하겠다는 원대한 의도가 있었던 게 아니다. 로사는 단지 불합리한 명령에는 따르고 싶지 않았을 뿐이었다. 처음에는 아주 작은 리더십을 발휘한 데 지나지 않았지만 그 작은 리더십이 마침내 미국의 역사를 바꿔 나갈 큰 파도가 되어 미국 전체의 운동으로 확산한 것이다.

우리가 소속되어 있는 사회는 말할 수 없이 복잡한 시스템으로 이루어져 있다. 이러한 복잡한 시스템은 전체를 아우르는 프로그램이 아니라, 시스템을 구성하는 개별 서브 시스템에 의해 움직인다. 개별 서브 시스템의 변화가 다른 서브 시스템에 영향을 미치고, 그러한 변화가 시스템 전체를 변화시킨다. 이때 전체의 변화를 관장하는 것은 행정 기관과 기업의 리더가 아니라 시스템 안에 존재하는 이름 모를 개개인이다.

물리학자이자 과학 저술가인 마크 뷰캐넌(Mark Buchanan)은 그의 저서 《세상은 생각보다 단순하다》에서 제1차 세계대전의 원인이 된 오스트리아 황태자 암살이, 황태자를 태운 자동차 운전기사가 길을 잘못 든 데서 비롯된 사건이었음을 사례로 들며, 역사란 중대한 의사결정보다도 어딘가에서 매일 일어나는 사소한 행위와 발언이 계기가 되어 크게 흐름이 바뀐다는, 카오스 이론에서 언급되는 나비효과(butterfly effect)에 관해 설명했다.

나비효과는 원래 미국의 기상학자 에드워드 로렌츠(Edward Lorenz)가 내세운 우의적인 가설로, 나비의 날갯짓처럼 작은 교란 행위가 멀리 떨어진 지역에서 허리케인 같은 폭풍을 일으키는 요인으로 작용할 가능성이 있다고 한 데서 비롯된 용어다. 이를 그대로 사회 현상에 적용해보면 개개인의 사소한 행동, 이를테면 로사처럼 일개 시민이 차별적 대우에 저항해 명령을 거부한 일이 커다란 역사의 파도를 만들어내고 마침내 세상을 바꿀 수 있다는 뜻이다.

시스템 변화가 실패한 이유

사회를 변화시키려고 생각할 때, 사람들은 두 가지 접근법을 취한다. 첫 번째는 자신의 외부에 있는 시스템을 바꾸려는 시도이고, 두 번째는 시스템의 내부에 있는 자신을 바꾸려는 시도다. 20세기 후반 이후에 많은 사람이 세상을 바꾸겠다고 외치며 첫 번째 접근법에 인생을 걸었다가 실패했다. 몇 가지 예를 소개한다.

- 대학 강당을 점거하고 '대학 해체, 자기부정'을 외치면서 경찰에게 화염병을 던졌다.
- 머리를 기르고 마리화나를 피우며 로큰롤을 즐겨듣고 교외의 록 페스티벌에 모여 아나키즘(anarchism, 무정부주의 – 역주)을 외쳤다.
- 깊은 산속에 수련 도장을 만들고 기묘한 헤드기어를 쓴 채 교조의 메시지를 몰입해 들으며 야채 수프만 먹고 살았다.
- 위조 여권을 만들어 해외로 건너가 외국 공항에서 입수한 기관총을 난사하며 자본주의의 종말을 외쳤다.
- 민간 항공기를 납치해 국교가 없는 공화국으로 망명하고 세계 동시 혁명의 궐기를 호소했다.

20세기 후반에 몇천 명, 아니 몇만 명이 세상을 바꾸겠다고 외치며 이런 활동에 몸을 던졌다. 그 결과는 어떠했을까. 제로다. 왜 이들의 활동은 아무런 성과 없이 비참한 결과밖에 남기지 못했을까? 원인은 타자를 바꾸겠다는 발상에 있다.

이러한 사고, 즉 '이것으로 안 되니까 저것으로 바꾸자'는 대체(alternative) 사고방식은 해당 시스템이 악화된 원인을 찾아 그것을 다른 시스템으로 전환하는 방법으로 접근하는데, 상당히 쉽고 간편한 방법이지만 문제의 근본을 해결하지 못한다. 나는 시스템을 무비판적으로 받아들이는 태도에 반대하지만, 그렇다고 해서 문제의 원인을 모두 시스템 탓으로 돌리고 다른 것으로 대체하면 해결될 것이라는 사고도 인정할 수 없다.

이 점은 이미 전작 《뉴타입의 시대》에서도 주장한 바 있지만, 여기서 다시 짚고 넘어가고자 한다. 이 책의 첫머리서부터 줄곧 지적해왔듯이, 우리가 의존하고 있는 현대의 시스템에는 큰 문제가 있다. 그리고 이 문제는 시스템 자체의 잘잘못을 막론하고 이를 일종의 게임으로 받아들여 최적화함으로써 자신의 이익을 증가시키려는 올드타입에게 확대, 재생산되고 있다. 그렇다면 이 시스템을 전면 부정하고 새로운 시스템으로의 교체를 단행하려는 방식이 미래를 혁신으로 이끌어갈 뉴타입일까? 그렇지 않다. 나는 결코 그렇게 생각하지 않는다. 양자가 완전히 대극 관계인 것처럼 생각될지 몰라도, 시스템이 '주'이고 인간이 '종'이라는 구조가 세계관의 근간이라는 점에서 완전히 똑같다.

현재 우리가 직면한 상황을 시스템 문제만으로 처리할 수는 없다. 많은 사람이 여전히 '어떤 시스템으로 바꾸면 문제가 해결될까?' 하는 관점에서 논의하고 있지만, 어떤 시스템을 이용한다고 해도 그 안에서 살아가는 인간이 바뀌지 않으면 결코 만족할 만한 결과가 나타나지 않는다. 중요한 것은 '시스템을 어떻게 바꿀까' 하는 물음이 아니라 '우리 자신의 사고와 행동 양식을 어떻게 바꿀 것인가' 하는 물음이다.

이니셔티브 1: 예술로써의 비즈니스 추구

본래의 의미로 말하는 역사에서 모든 계급의 인간은 인지를 추구해 서로 싸우고, 또한 노동에 의해 자연히 싸우는데 마르크스는 이 역사를 가리켜 '필요의 왕국'이라고 불렀다. 그리고 그 영역을 초월한 곳에 '자유의 왕국'이 있어 인간은 그곳에서 (서로 무조건 인정하고) 더 이상 싸우는 일 없이 최저한의 노동밖에 행하지 않는다고 했다.

— 알렉상드르 코제브(Alexandre Kojève),
《헤겔 독해입문: '정신현상학'을 읽다》

하고 싶은 일에 매진한다

고원사회를 더욱 풍요롭고 활기차게 하려면 우선 직업으로 삼은 자신의 일을 공리적·수단적(instrumental)인 것에서 자기충족적·자기완결적(consummatory)인 것으로 전환해야 한다. 이렇게 주장하면 당장이라도 회사를 그만두고 향락적인 인생을 누리는 아티스트가 되어 작품을 만들라는 말로 받아들이는 사람도 있을지 모르지만, 그건 오해다. 나는 아티스트와 댄서가 예술적 충동을 느끼고 그에 따라 마음이 움직여 작품을 만드는 것과 같이 경제 활동에 관여하자고 제안하는 것이다.

20세기 후반에 활약한 독일의 현대 화가 요셉 보이스(Joseph Beuys)*는 '사회적 조각'이라는 개념을 제시하면서 모든 사람은 자신의 창조성으로 사회 문제를 해결해 행복을 형성하는 데 기여하는 예술가라고 주장했다. 일반적으로 세상에는 '예술가'라는 독특한 인종과 '예술가가 아닌' 평범한 인종이 있다고 인식되고 있는데, 보이스는 이러한 사고방식이 건전하지 못하다고 지적한 것이다.

그런데 이런 인식은 다소 오해를 불러일으킬 수 있으므로 주의해야 한다. 현대 화가들은 변덕스럽게 캔버스에 물감을 떨어뜨리거나 두 토막으로 나눈 포유류를 포르말린 상자에 넣어두는 식의 괴짜 같은 행동을 하는 게 아니라, 그들 나름의 시점에서 발견한 '도저히 간과할 수 없는 문제'를 그들 나름의 방식으로 제기하

---

* 요셉 보이스(1921~1986): 독일의 현대미술가, 조각가, 교육자, 음악가, 사회활동가. 국제적 전위예술운동인 플럭서스(Fluxus)의 핵심 인물로 활동했으며 수많은 공연예술, 조각, 설치미술, 드로잉 등의 작품을 남겼다. '사회적 조각'이라는 개념을 제안하고 조각과 예술의 개념을 교육과 사회변혁으로까지 확장했다. 자유국제대학을 개설하고 녹색당 결성 등에 관여했다. 그의 사회 활동과 정치 활동에 대해서는 독일 내에서도 찬반양론이 격렬한 편이다.

고, 때에 따라서는 해결하려고 하는 것이다. 비즈니스의 본의를 '사회 문제의 발견과 해결'이라고 정의한다면, 그것은 본질적으로 예술가들이 하는 일과 같다고 볼 수 있다.

최근에 비즈니스와 예술은 다양한 영역에서 가까워지고 있다. 내가 의도한 바가 원래 그런 것 아니냐고 물을 수도 있는데 이런 현상에 나는 사실 개인적으로는 위화감을 많이 느낀다. 왜냐하면 예술과 비즈니스의 접근은 많은 경우, '비즈니스 상황에 예술을 접목(Art in Business Context)할 것인가', 아니면 반대로 '예술 상황에 비즈니스를 접목(Business in Art Context)할 것인가' 하는 논의가 그 논의의 대부분을 차지하며 비즈니스와 예술을 완전히 별개의 분야로 인식하고 있다는 점에서 비슷하기 때문이다.

이러한 구조를 전제로 하여 계속 활동하는 한, 예술은 한때 찬사를 받으며 인기를 누리다 결국은 헌신짝처럼 버려져 사라진 수많은 경영 이론이나 방법론과 마찬가지로 비즈니스 상황에서 유행하던 스킬의 하나로 소비되다 끝날 뿐이다.

근본적으로 잘못되었다는 생각이 들 것이다. 본질적으로 지금 우리에게 요구되는 것은 비즈니스 자체를 예술 프로젝트로 인식하는 사고방식, 즉 '예술로써의 비즈니스(Business as Art)'라는 사고방식이다.

문명화가 널리 확산되고 물질적인 문제가 이미 해결된 고원사회에서 우리는 새로운 가치를 찾아나서야 한다. 그것은 바로 우리 사회를 살아갈 가치가 있는 곳으로 바꿔나가는 일이다. 그리고 그러한 행위의 대표가 예술이며 문화 창조라고 생각하면, 앞으로 다가올 고원사회에서 비즈니스는 마땅히 우리 사회를 더욱 풍요롭게 하기 위해서 개개인이 주도적인 전략으로 시작한 예술 프로젝트처럼 진행되어야 할 것이다.

비즈니스의 본의를 다시 묻다

요셉 보이스가 '사회적 조각'이라는 개념을 주창한 것은 1980년대다. 그로부터 40년의 세월이 지나 우리는 가까스로 누구나 예술가로서 사회 건설에 참여해야 하는 시대를 맞았다. 이는 또한 공유 가치 창조(CSV, Creating shared Value)라는 용어가 대대적으로 부각되는 상황과도 관련되어 있다. 나는 물론 이런 사고방식에 찬성한다. 이는 반대로 말하면 굳이 '공유 가치 창조'라고 미리 말해둬야 할 정도로 우리의 비즈니스가 공유 가치를 창조하는 활동과는 거리가 멀다는 것, 아니 오히려 때로는 '공유 가치 파괴(DSV, Destroying shared Value)'라고 해야 할 정도의 활동이 되었다는 것을 의미한다. 비즈니스의 본의가 사회가 안고 있는 문제를 해결하는 일 또는 사회를 더욱 풍요로운 곳으로 만드는 일이라고 한다면 다시금 '왜 이렇게 되어버렸을까'를 생각해봐야 할 시기가 도래한 것이다.

앞서 여러 차례 확인했듯이, 우리가 사는 세상은 이미 경제 합리성 한계곡선의 안쪽에 있는 물질적 문제를 거의 해결한 고원사회에 도달해 있다. 이러한 고원사회에서 지금까지 우리가 끊임없이 해온 '시장의 수요를 조사하고 그것이 경제 합리성에 맞는지 아닌지 파악해 비용 범위 내에서 할 수 있는 일을 통해 이익을 창출하는' 행위는 이미 끝나버렸다. 앞으로는 예술가가 자신의 충동에 기인해 작품을 창조하는 것과 마찬가지로, 개개인이 자신의 충동을 토대로 비즈니스에 관여해 사회라는 작품을 조각하는 데 집합적으로 참여하는 예술가로서 살아가야 할 것이다.

충동으로 구동하는 소셜 이노베이션

많은 사람이 사회 조각가라는 의식으로 사회 건설과 행복의 실현에 참여해야 고원사회는 본질적인 의미에서 더욱 풍요롭고 생기 있으며 우애와 위안으로 가득 찬 세상이 될 수 있다. 그 활동은 제2장 첫머리에서 소개한 다음 두 가지로 간결하게 정리할 수 있다.

1. 사회적 과제의 해결
   : 경제 합리성 한계곡선의 바깥에 있는 미해결 상태의 문제를 해결한다
2. 문화적 가치의 창출
   : 고원사회를 '살아갈 가치가 있는 사회'로 만드는 물건과 서비스를 창출한다

보편적 문제가 거의 해결된 고원사회에서 우리에게 남겨진 과

제는 이 두 가지밖에 없다. 그리고 이 두 가지 활동을 실천하려면 반드시 자기충족적인 감성을 회복해야 한다. 경제적 합리성**에만** 의지한다면 이 두 가지 활동이 원활히 이뤄지지 않기 때문이다.

이번에는 앞서 소개한 두 가지 이니셔티브(initiative)에 관해 고찰해보겠다. 우선 첫 번째, 사회적 과제의 해결에 관해서다. 자기충족적인 사고방식과 행동 양식이 사회에 뿌리내리면 소셜 이노베이션 또한 추진될 것이다. 사회적 과제를 해결하는 이노베이션은 반드시 '그 문제를 간과할 수 없다. 어떻게든 해결해야 한다'라는 충동에 따라 움직이는 사람들에 의해 실현되기 때문이다.

나는 2013년에 출간된 저서 《세계에서 가장 혁신적인 조직을 만드는 법(世界でもっともイノベ―ティブな組織の作り方)》을 집필할 때, 애플을 공동 창립한 컴퓨터 엔지니어 스티브 워즈니악(Stephen Wozniak)을 비롯해 세계에서 혁신가로 명성 높은 인물 70여 명을 인터뷰했다. 그때 혁신을 일으키겠다고 마음먹고서 혁신을 일으킨 사람은 막상 없다는 사실을 다시 한번 확인했다. 그들은 혁신을 일으키고자 하는 동기가 있어서 일에 매진한 게 아니라, '어떻게든 이 사람들을 도와야겠어!' '이것이 실현된다면 굉장하겠는걸!' 하는 충동에 마음이 움직여 그 일에 몰입한 것이다.

여기서 중요한 사항은, 혁신가들이 '이걸로 돈을 벌 수 있겠어' 하는 경제 합리성 때문만이 아니라, '이대로 방치해둘 수는 없지' '이 일을 하지 않고는 살아갈 수 없어' 하는 강한 충동(이것은 종종 예술가에게서도 공통으로 볼 수 있다)에 의해 혁신을 실현했다는 사실이다. 과거에 일어난 혁신을 조사해보면, 핵심 아이디어가 싹튼 동기에선 경제 합리성을 초월한 충동이 반드시라고 해도 좋을 정도로 관찰된다.

폭우가 쏟아지는 인도 델리의 교외에서 어린 두 자녀와 함께 오토바이를 타고 이동하는 가족을 보고 '누구나 살 수 있는 값싸고 안전한 자동차가 필요하다'고 느낀 라탄 나발 타타(Ratan Naval Tata).*

꽁꽁 얼어붙은 한겨울 밤에 아이들을 데리고 포장마차에 라면을 먹으러 와서 덜덜 떨며 길게 줄 서 있는 사람들을 보고 '집에서 간편하고 맛있는 라면을 먹게 해주고 싶다'는 마음이 든 안도 모모후쿠(安藤百福).**

제록스 팰러앨토 연구소(Palo Alto Research Center)에서 컴퓨터의 미래를 시사하는 시연을 접하고 "이건 혁명이다! 이 위대함을 모르는가!"하고 외친 스티브 잡스(Steve Jobs).

20세기 전반, 종종 크게 유행해 많은 어린이의 목숨을 앗아간 폴리오***를 근절하기 위해 백신 개발에 생애를 바쳤으며 특허를

---

* 라탄 나발 타타(1937~): 인도의 사업가. 인도 최대의 기업인 타타그룹 회장. 2000년대 초반, 인도에 자동차를 보급하기 위해 10만 루피라는 놀라울 정도로 저렴한 자동차 판매를 목표로 '타타 나노'의 개발을 지시했다.
** 안도 모모후쿠(1910~2007): 일본의 사업가. 닛신식품(日淸食品) 창업자로 인스턴트 컵라면을 발명한 인물이다.

내지 않고 백신의 보급을 우선한 조너스 소크(Jonas Salk).^{****}

경제 합리성을 초월한 충동은 예술가의 활동에서 자주 볼 수 있지만, 기업가에게서도 똑같은 심성이 종종 관찰된다. 현재 상황에서 계속해서 논의의 주제로 오르내리는, 소위 예술적 사고와 비즈니스의 결절점이 여기에 있다. 고원사회에서 경제 합리성이 꼭 보장되지는 않는, 잔존해 있는 문제를 해결하기 위해서는 비즈니스 업계에서 일하는 사람들에게도 예술가와 같은 심성이 필요하다.

*** 폴리오(polio, 급성 회백수염): 폴리오 바이러스의 중추신경 감염으로 인해 생기는 사지의 급성 이완성 마비를 전형적인 증상으로 하는 질환이며, 과거에는 소아에게 많이 발병했다고 해서 소아마비라고도 불렀다. 일본에서는 1960년에 대유행하여 전국에서 약 6500명의 환자가 발생했지만, 당시 일본에서는 생백신이 제품으로 승인되지 않았기 때문에 캐나다와 구소련에서 폴리오 생백신을 긴급하게 수입해 1300만 명의 어린아이에게 일제히 투여한 결과, 환자 수가 격감했고, 3년 후에는 환자 수가 100명 이하로 줄어드는 극적인 효과를 보았다. 1980년의 한 사례를 마지막으로, 현재까지 야생형(백신이 원인이 아닌) 폴리오 바이러스로 인한 새로운 환자는 나오지 않고 있다. 한편, 세계보건기구(WHO)는 이미 근절된 천연두에 이어 폴리오의 세계적인 근절을 목표로 각국과 협력하여 대책을 강화하고 있다. 2000년 예정되었던 세계적인 근절 선언은 연기할 수밖에 없었지만, 2000년 WHO 서태평양 지역에서는 지역 단위의 근절 선언이 나왔으며, 마찬가지로 유럽 지역에서도 머지않아 근절 선언이 나올 것으로 보인다. 전체적으로는 환자 수가 분명히 감소하고 있다. 하지만 아프리카와 동남아시아 등에서는 경제적, 정치적 불안으로 인해 여전히 대책이 충분한 효과를 거두지 못하고 있어 걱정스러운 상태다.

**** 조너스 소크(1914~1995): 미국의 의학자. 폴리오 백신 개발자. 폴리오 백신을 개발할 때 안전하고 효과적인 약품을 가능한 한 빨리 개발하는 데만 집중하고 개인적인 이익은 일절 추구하지 않았다. 텔레비전 인터뷰에서 누가 백신의 특허를 보유하고 있느냐는 질문을 받자 "특허는 존재하지 않습니다. 태양에 특허가 존재하지 않는 것처럼요." 하고 대답했다.

충동으로 시스템을 리해킹하라

사회 복지 분야에서 오랫동안 일해온 요코하마시립대학교 가토 아키히토(加藤彰彦) 명예교수는 마지막 강의에서 "복지는 충동이다"라고 말했다. '복지'라는 말에서 '충동'을 연상하는 사람은 좀처럼 없을 것이다. 대체 어떤 의미일까.

복지와 관련된 현장은 그저 아름답지만은 않다. 우리는 누군가가 복지에 관련된 일을 하고 있다는 말을 들으면 대부분 정의감이나 의무감으로 괴롭고 힘든 일을 솔선해서 맡아 하고 있다는 선입견을 갖는 경향이 있다. 하지만 가토 교수는 오랜 세월 관여해오면서 복지의 고된 현장을 너무나도 잘 알기에 "복지는 충동이다"라고 말한 것이다.

가토 교수는 우리가 쉽게 떠올리는 의무감이나 정의감이 아니라 곤궁에 처한 타자에게 손을 내밀고 싶고, 그러한 사람과 함께 살아가고 싶다는 충동이 복지 업무에 매진하게 하는 근원적인 이유라고 강조했다.

질병이나 신체장애 등의 이유로 외출하기 어려운 사람들을 위해, 그 사람의 분신이 되어 가고 싶은 장소로 이동해 마치 그곳에 있는 것처럼 커뮤니케이션을 실현해주는 분신 로봇 '오리히메(Ori Hime)'를 개발하고 분신을 이용한 사회 참여를 전 세계로 확산하고자 하는 로봇 연구가 요시후지 겐타로(吉藤健太朗)의 행보도 역시 그 자신의 충동에 의해 이루어졌다.

요시후지가 이러한 일에 뛰어든 이유는 단순하다. 바로 예전의 자신과 같은 괴로움을 겪는 사람을 늘리고 싶지 않기 때문이다. 요시후지는 초등학교 때부터 중학교 때까지 몇 년간 등교거부를 경험하면서 지옥과도 같은 고독을 맛보았다고 한다. 자신이 겪은 괴로운 고독을 아이들에게는 느끼게 하고 싶지 않다는, 사회에서 고독을 없애고 싶다는 충동이 그가 연구개발에 매진하도록 큰 동기를 부여한 것이다.

케인스가 그의 저서인《고용, 이자 및 화폐에 관한 일반이론》에서, 경제가 수학적 기대치 같은 합리적인 이유에서가 아니라 인간성에 기인한 충동으로 움직이고 있다고 지적한 내용은 이미 소개했다. 케인스가 살던 19세기 후반에서 20세기 전반은 인류사에서 가장 영향력이 큰 혁신이 잇달아 이뤄진 제2차 산업혁명 시기였다. 그러한 시대를 살았던 케인스 역시 혁신을 촉진하는 요인으로 '인간성에 기인한 충동'을 가장 먼저 꼽았던 것이다.

한편 오늘날의 비즈니스 세계를 돌이켜보면 신규 사업을 검토할 때 철저하게 수학적 기대치와 수량화된 이득에 수량화된 확률을 곱한 가중평균이 의사결정의 근거로 요구된다. 게다가 일반적으로 엘리트로 불리는 높은 수준의 교육을 받은 사람일수록 이런 요소에 강하게 사로잡히는 경향이 있다. 이는 사회자원의 활용이라는 관점에서 생각하면 어마어마한 기회비용이다.

오해가 없도록 덧붙이자면, 나는 이를 부정하려는 것은 절대 아니다. 진짜 문제는 원래 '주'가 되어야 할 '인간성에 기인한 충동'이, 원래 '종'이어야 할 '합리성을 검증하는 스킬'에 해킹당해

주종관계가 뒤바뀌었다는 데 있다. 충동이라는 주인이 스킬이라는 하인을 잘 다루어 인류가 진화해왔는데, 오늘날 경제 시스템의 문제는 이 관계가 역전되어 스킬이 주인이 되어 충동을 압살하는 상태가 되었다. 이 주종관계를 다시 뒤엎어서 충동으로 시스템을 리해킹해야 한다.

이 지적을 달리 바꿔 말한 것이 예술로써의 비즈니스(Business as Art)다. 즉. 예술가가 충동에 의해 마음을 움직여 작품을 창조하듯 우리도 자신의 충동에 마음을 움직여 각자의 활동에 전념해야 한다.

문명적 가치에서 문화적 가치로

이번에는 고원사회에서의 활동 가운데 두 번째인 '문화적 가치 창출'에 관해 고찰해보자. 비즈니스 자체를 예술 프로젝트로 인식한다는 것은 비즈니스 가치 창출의 방향성을 '문명적 풍요로움'에서 '문화적 풍요로움'으로 크게 전환하는 것을 의미한다.

이 책의 제1장에서 확인한 것처럼, 지구의 문명화는 이미 종료 단계에 진입했으며 수요, 공간, 인구 세 가지 물리적 유한성에 따른 제약으로 성장의 한계를 맞이했다. 이 유한성을 깨뜨리고 무한 경제 성장을 지향하려면, 결국 쉽사리 물건을 계속해 소비하고 버리는 사치와 탕진을 예찬하는 가치관으로 이어질 수밖에 없는데, 이미 확인했듯이 이러한 가치관은 더 이상 지속할 수 없다. '유한성과 타협점을 찾으면서 우리 사회에서 새로운 가치관을 창출할 수 있을까?' 하는 물음을 던졌을 때 한 가지 대안으로 '문화적 창조에 의해 가능하다'는 발상이 떠오른다.

제2장에서 좀바르트가 사치에는 두 가지 종류가 있다고 한 사실을 언급했다. 다시 짚어보자면, 좀바르트는 웅장한 성당을 황금으로 장식해 신에게 바치는 행위와 자신이 사용할 실크 셔츠를 주문하는 행위 두 가지를 이야기했다. 여기서 내가 주장하는 문화적 가치의 창출이란, 말할 것도 없이 좀바르트가 대성당 건설을 비유로 제시한 측의 사치, 즉 결코 소비되어 없어지지 않아 영속적이며 타자에게 개방된 풍요로움을 창출하는 활동을 의미한다.

이러한 가치 창출의 전환이 성공한 사례로 참조해야 할 인물로는 일본 전국시대의 무장 오다 노부나가(織田信長)를 들 수 있다. 오다 노부나가는 일본 전국시대가 언제까지나 끝나지 않는 본질적인 이유를 알아차린 역사상 최초의 인물이라고 할 수 있다.

전국시대에 무장의 격을 결정하는 가장 중요한 지표는 미곡의 수확량이었다. 이는 곧 보유하고 있는 경작지의 크기를 가리킨다. 이처럼 경작지의 넓이가 중요시된 까닭은, 당시 경제 규모가 경작지 면적과 거의 비례했기 때문이다. 노부나가는 이 점을 세상을 잘 다스리는 데 있어 가장 중요한 문제로 인식했다. 무슨 말일까.

일본은 섬나라로 국토를 확장하는 게 거의 불가능한 데다가 그 국토의 90%가 산악과 구릉지대로 이루어져 있고 경작에 적합한 평지는 단 10%밖에 되지 않는다. 따라서 경작지의 넓이를 둘러싸고 다투다가 누군가가 이득을 얻으면 반드시 누군가는 손해를 보는 제로섬 게임(zero-sum game)이 된다. 이것이 바로 노부나가가 깨달은 전국시대가 언제까지나 끝나지 않을 본질적인 이유다.

노부나가는 자신이 천하를 통일한다고 하더라도 이 문제를 해결할 수 없다는 것을 깨달았다. 자신의 부하가 훈공을 세운 포상으로 그에게 영지를 주려고 하면, 그것은 반드시 다른 부하 또는 자기 영지가 줄어든다는 것을 의미했기 때문이다. 이러한 상황에서는 안정적인 통치를 바랄 수도 없다. 결과적으로 노부나가는 이 문제를 굉장히 깔끔하게 해결했다. 과연 어떻게 한 것일까?

바로 다도(茶道)에 착안했다. 노부나가는 자신이 즐기는 다도에 주목해 다기를 비롯한 차 도구를 산이나 성(城)과 교환함으로써 거대한 가치 공간을 창출하는 데 성공했다. 일종의 화폐를 만들어냈다고 생각하면 이해하기 쉬울 것이다.

노부나가가 다기 명품을 수집하는 모습을 본 무장들은 너도나도 앞다투어 똑같은 명품을 소유하려고 했다. 그러자 다기의 가격은 천문학적인 수준까지 치솟았고 마침내 다기 한 개가 영지나 성과 거래될 정도의 가치를 갖기에 이르렀다. 이렇게 해서 노부나가는 자신이 목적한 대로 토지의 제로섬 게임이라는 유한성에 제한받지 않고 마치 연금술처럼 무한한 가치를 창출해냈다.

소비되지 않는다는 가치

이와 비슷하게 만들어지는 명품의 대다수가 여전히 커다란 경제적 가치를 인정받고 있다는 사실은 무척 흥미롭다. 2016년 9월 15일에 크리스티스(Christie's)*에서 개최된 경매에서 구로타(黒田) 가문에서 보유하고 있던 유적천목(油滴天目, 중국산 천목 찻종의 하나로 검은 유약에 기름방울 같은 작은 얼룩점이 나타나 있다 – 역주) 찻잔이 1170만 달러에 낙찰되었다. 이 가격이 결코 소비의 대가가 아니라는 사실에 주목해야 한다. 여기서 우리는 좀바르트가 지적한 실크 셔츠와 웅장한 대성당을 구분하는 본질적인 차이 한 가지를 찾을 수 있다.

우리는 물건의 가치를 소비의 대가로 생각하는 경향이 있는데, 이는 문명적 편의성 측면에서만 보았을 때 성립하는 인식이며 문화적 의미 측면에서는 반드시 그렇지만은 않다. 800년쯤 전에 만들어진 유적천목 찻잔이 현존하고 있다는 것은 '소비되지 않았다'는, 다시 말해 전혀 사용되지 않았다는 사실을 의미한다. 여기에 환경 부하라는 문제와 가치 창출이라는 과제의 트레이드오프를 해소하는 중대한 열쇠가 있다.

시에나 대성당의 종탑이 건립된 것은 700년 전, 유적천목 찻잔이 구워진 것은 800년 전이지만 이들 문물은 그동안 이산화탄소를 내보내는 일 없이 그 작품을 보는 사람과 손에 넣은 사람에게 끊임없이 인간성에 뿌리내린 강렬한 기쁨을 전해주었다. 반면

---

* 세계적으로 알려진 경매 회사. 1766년 12월 5일, 미술상인 제임스 크리스티(James Christie)가 영국 런던에 설립했다.

21세기 초를 살아가는 우리가 심신을 소모하고 기력이 쇠약해지면서 만들어내는 문물은 대부분 겨우 몇 년 사이에 쓰레기로 폐기되고 있는 현상을 되새겨보면, 우리 인류는 정말로 진보하고 있었는가 하는 의문마저 생긴다.

정리해보자. 이미 수요, 공간, 인구라는 세 가지 유한성을 안고 있는 세계에서 큰 경제적 가치를 창출하려면, 이제는 문화적 가치에 집중하는 방향 외에는 길이 없다는 게 나의 지론이다. 문명화가 이미 종료된 세상에서 과도한 문명화는 더 이상 부를 창출할 수 없다.

반면 문화적 가치 창출은 그렇지 않다. 의미적 가치에는 유한성이 없기 때문에 앞으로도 무한한 가치를 창출할 수 있다. 그리고 그 가치는 자원과 환경 같은 유한성의 문제와는 별개다.

문명화가 종료된 세계에서 사람들이 인생에서 원하는 것은 자기충족적 기쁨이며 문화적 풍요로움이라고 생각하면 앞으로의 가치 창출은 '문명적인 풍요로움'에서 '문화적인 풍요로움'으로 바뀔 수밖에 없다.

노동＋대가＝활동

우리의 활동이 경제적 이득을 얻기 위한 공리적 수단에서 활동 자체로 기쁨을 얻는 자기충족적 활동으로 전환함으로써 우리 사회에서 생산과 소비, 노동과 보수의 관계 또한 크게 달라질 것이다.

우리는 '생산이 있고 나서 소비가 있다' 혹은 '노동이 있고 나서 대우가 있다'고 생각한다. 이는 틀림없이 인스트루멘털(instrumental)식 사고관으로 각각 수단과 목적의 관계가 성립되며 시간상으로는 전과 후로 구분된다. 그런데 고원사회에서는 이 관계가 그 정도로 명백하지 않다. 행위 자체가 대가가 된다는 컨서머토리(consummatory)라는 말의 정의를 볼 때, 생산과 소비 혹은 노동과 대가를 확실히 구분해서 정리할 수 없기 때문이다.

우리는 노동과 놀이를 정반대 행위라고 생각하지만, 이 두 가지는 실행하는 주체의 인식 방법이나 시각에 따라 어느 쪽도 될 수 있다. 의학 박사인 요로 다케시(養老孟司)는 도쿄의 직장인들을 연 1회 참근교대(參勤交代, 에도시대에 각 번주를 정기적으로 에도로 보내 머무르게 하던 제도 - 역주)를 시키라고 주장했다. 1년 중 일정한 기간을 할애해 지방에 가서 밭일을 하게 하라는 것이다. 이렇게 말하면, 자유롭고 민주적인 현대 사회에 웬 시대착오적인 발상이냐고 되물을지도 모르지만, 만약 프랑스인들에게 이 말을 하면 '아! 휴가 말이군. 좋은데?' 하고 반응할 것이다.

'밭일'이라고 말하면 노동이 되지만 같은 행위를 '가드닝'이라고 말하면 놀이가 된다. 이는 낚시도 사냥도 마찬가지다. 과거 사회에서 힘든 노동이었던 일이 현대 사회에서는 우아한 놀이로 바뀌었다. 반면에 그 반대로, 옛날에는 귀족밖에 즐길 수 없는 여가였던 연구, 창작, 집필, 스포츠 같은 활동이 오늘날에는 경제적 가치를 창출하는 노동으로 인정받고 있다.

사냥이 그 전형적인 예이다. 옛날에는 목숨을 잃을 수도 있는 가혹하고 힘든 노동이었지만, 현재는 유복한 사람들이 즐기는 우아한 놀이가 되었다. 런던의 쇼핑 명소 코벤트 가든에 로스트비프가 맛있기로 유명한 레스토랑 룰즈가 있는데, 이곳에서 지비에(gibier, 사냥해서 잡은 천연 야생의 새와 짐승 고기)라는 메뉴를 보면 요리 설명에 '게임(game)'이라는 단어가 쓰여 있다. 옛날에는 혹독한 노동이었던 사냥을 게임, 즉 놀이로 표현한 것이다. 오늘날의 세계에서 노동과 놀이의 경계는 이미 허물어졌으며 주체가 어떻게 인식하느냐에 따라 같은 행위도 달리 정의된다.

놀이와 노동의 일체화

놀이와 노동이 일체화되는 자기충족적인 경제는 우리 사회의 일부에서 이미 뚜렷이 나타나고 있다. 이에 대해《뉴타입의 시대》에서도 밝혔지만, 오늘날 사회의 최전선에서 활약하는 사람일수록 놀이와 일의 경계가 애매모호하다. 이는 놀이가 수익을 가져다준다는 의미이기도 하지만 그 이상으로 일 자체가 보수가 되어 효용으로 회수된다는 뜻이기도 하다. 노동과 대가가 일체화되면 노동 자체의 개념이 달라진다. 이는 분명 인류사에서 혁명적인 전환이 될 것이다.

지금까지 노동에 관한 우리의 인식은 '괴롭고 힘든 노동을 하면 그 대가로 보수를 받는다'는 수단적인 의미였다. 하지만 앞으로 다가올 고원사회에서는 이러한 노동관이 해체되고 폐기되어 놀이와 노동이 혼연일체가 된 자기충족적 의미가 될 것이다.

현 시점에서 이미 이러한 현상이 중요한 사회 과제가 되었음을 느낄 수 있다. 1964년 〈뉴욕타임스〉는 고명한 SF 작가 아이작 아시모프(Isaac Asimov)*에게 50년 후, 즉 2014년의 세계박람회가 어떤 모습일지 예측하는 기사를 써달라고 의뢰했다. 역시나 역사에 이름을 남긴 SF 작가답게 아시모프는 현재의 우리가 튜링 머신(Turing machine, 영국의 수학자 앨런 튜링이 고안한 가상의 자동기계 – 역주), 룸바(Roomba, 아이로봇(iRobot)이 제조 판매하는 로봇 청소기 – 역주), 자율주행 자동차 같은 개념은 물론이고, 효모균과 해조류로 만든 칠면조와 스테이크 등 현재의 기술 수준으로도 실현하기 어려운 기상천외한 발상까지 내놓았다. 미래를 내다보는 그의 상상력이 감탄스러울 따름이다.

아시모프가 상상한 것들은 전반적으로 과학과 기술의 진보로 편리하고 쾌적한 세계가 실현될 것이라는 긍정적인 의도로 일관하고 있지만, 다만 한 가지 오늘날 우리에게 중대한 시사점을 제공하는 걱정의 목소리도 담고 있다. 그것은 바로 '지루함의 만연'이다.** 그는 기술 발달로 거의 모든 직업의 거의 모든 직무가 자동화되면 수많은 사람의 일자리는 단순히 기계를 감시하기만 하

---

* 아이작 아시모프(1920~1992): 미국의 작가이자 생화학자(보스턴대학교 교수). 평생 500권 이상의 저서를 남겼다. 과학, 언어, 역사, 성서 등 다양한 분야를 아우르는 저서를 남겼는데 그중에서도 특히 SF, 일반인을 위한 과학 해설서, 추리소설로 잘 알려져 있다.

** http://movies2.nytimes.com/books/97/03/23/lifetimes/asi-v-fair.html.

면 되는 단조로운 작업만 남고, 일부 엘리트들만 창조적인 일에
종사할 수 있을 것이라고 예측했다.

아시모프는 이 기사를 다음과 같은 문장으로 매듭지었다.

내가 2014년에 관해 생각할 수 있는 가장 암울한 예측은, 여가
(leisure)가 강요되는 사회에서 '일(work)'이라는 말이 가장 빛나는
단어가 될 거라는 사실이다.

— 아이작 아시모프, 〈뉴욕타임스〉 1964년 8월 16일 기사

여가에 대한 우리의 인식은 노동에 대한 인식과 상대적인 위
치 관계로 규정된다. 여가라는 단어에는 실체가 없다. 단순히 '노
동하지 않는 시간'이라는 형태로밖에 표현할 수 없는 활동이기
때문이다. 개념적인 내용 없이 텅 비어 있다. 그러므로 당연히 '노
동이 바람직하지 않은 것'이라면 '노동하지 않는 시간'은 '바람직
한 시간'이라고 할 수 있다.

노동 없는 사회에는 여가도 없다

우리는 왠지 '여가'라는 말에서 일종의 로망과 호사스러운 이
미지를 느낀다. 이러한 막연한 감정은 노동이 괴롭고 힘든 것이라
는 인식의 반대 개념으로 여가를 가정한 데서 비롯된다. 여가라는
개념의 뉘앙스가 노동이라는 개념의 반대 상태로 규정된다는 것
은 노동의 개념이 긍정적으로 전환되면 여가라는 개념은 부정적

으로 전환되어야 한다는 뜻으로 생각할 수 있다. 아시모프는 이러한 사고를 바탕으로 '강요된 여가'의 디스토피아 속에서 '노동이 빛나게 되는' 사회를 염려한 것이다.

아시모프가 말한 '강요된 여가'란 현재의 우리가 말하는 '실업'이다. 앞서 제1장에서 고찰했듯이, 수요가 포화된 고원사회에서 생산성을 높이는 혁신을 추진하면 필연적으로 실업이 발생할 수밖에 없다.

노동 없이 여가만 있는 세상이라는 말을 들으면, 일찍이 많은 사람이 꿈꾼 유토피아를 생각할지도 모른다. 하지만 이 상황을 모든 사람이 실업 상태인 세상이라고 달리 표현하면 이때는 더 이상 심각해질 수 없을 정도로 침체된 디스토피아로 여겨진다. 그러한 사회에서 사람들이 만족감을 느끼면서 살아가기는 어려울 것이다. 앞서 언급한 대로 여가는 노동의 반전 상태로 규정되는 개념에 지나지 않으므로 노동 없는 사회에는 여가도 없다고 말할 수 있다.

다시 말해, 여가만 있는 사회 같은 건 있을 수 없다. 우리의 활동을 노동과 여가라는 두 가지 틀로 정리하겠다는 사고방식은, 노동이란 괴롭고 힘든 일이며 노동은 오직 노동을 하지 않아도 좋은 시간, 즉 여가를 손에 넣기 위한 수단일 뿐이라는 인스트루멘털적 세계관을 전제로 하지 않고서는 성립되지 않는 가치관이다.

반면에 고원사회에서의 노동관은 노동 자체가 대가로 주체에게 회수된다는 점에서 예전의 개념과는 전혀 다르다고 할 수 있다. 이러한 세계에서는 노동과 대가, 혹은 생산과 소비가 일체화되어 서로 녹아드는 '미래를 위해 힘든 현재를 노력하며 산다'는 인스트루멘털적 사고방식에서 '이 순간의 충족을 위해 현재를 살아간다'는 컨서머토리적 사고방식으로 전환하게 될 것이다.

컨서머토리와 존(zone)

내일을 위해 오늘의 힘든 노동을 견딘다는 인스트루멘털적 사고와 행동 양식에서 오늘의 충실을 위해 몰입할 수 있는 일에 매진한다는 컨서머토리적 사고와 행동 양식으로 전환되면 개인의 창조성이 더욱 크게 발휘되어 성과를 맺을 수 있을 것이다. 긍정적인 심리학의 창시자 중 한 사람인, 헝가리 출신의 미국 심리학자 미하이 칙센트미하이(Mihaly Csikszentmihalyi)의 논고를 통해 이에 대해 생각해보자.

사람이 자기가 가진 창조성을 최대한으로 발휘하고 인생에 만족감을 느낄 때는 어떤 상황일까? 이것이 바로 칙센트미하이가 연구에서 추구한 논점이다. 칙센트미하이는 고국의 헝가리 사람들이 제2차 세계대전 후 황폐함 속에서 삶의 만족감을 상실하고 사회 전체가 실망과 불행의 나락으로 가라앉는 모습을 보고 이러한 물음을 갖게 되었다고 미국 비영리 재단에서 운영하는 강연회 테드(TED, Technology Entertainment Design)에서 밝힌 바 있다.

칙센트미하이는 이 물음에 답하기 위해 매우 단순한 연구 방법을 채택했다. 일을 통해 큰 성과를 내고 세계적인 명성을 얻은 예술가, 음악가, 작가, 연구자, 외과 의사, 경영자, 운동선수, 체스 선수 등 많은 사람을 꾸준히 인터뷰했다.

수많은 인터뷰를 진행하면서 그는 '어떤 사실'을 깨달았다. 서로 다른 분야에 종사하는 최고의 전문가들이 최고조로 일에 몰두할 때 그 상태를 표현하는 말로 자주 '플로(flow)'라는 용어를 사용한다는 것이었다. 칙센트미하이는 전문가들이 사용한 이 단어를 그대로 인용해 나중에 '플로 이론'으로 널리 알려지게 된 가설을 정리했다.

칙센트미하이는 플로 상태, 즉 '플로존(flow zone)'에 들어가면 다음 아홉 가지 현상이 발생한다고 보고했다.

1. 과정의 모든 단계에 명확한 과제가 있다
2. 행동에 대해 그 자리에서 피드백이 이뤄진다
3. 도전과 능력이 서로 어우러진다
4. 행위와 의식이 융합한다
5. 정신을 흐트러뜨리는 상념이 의식에서 쫓겨나간다
6. 실패에 대한 불안이 의식에서 사라진다
7. 자의식이 사라진다
8. 시간 감각이 없어진다
9. 활동과 목적이 일체화된다

여기까지 읽으면 이미 알아차렸을 것이다. 컨서머토리 상태란 칙센트미하이가 말하는 '플로 상태'와 거의 같다. 인류 중에서도 최고의 창의력을 발휘한 인물이 가장 일에 열중해 있을 때 컨서머토리의 상태라면, 미래를 위해 현재를 희생한다는 인스트루멘털적 사고방식과 행동 양식에서 컨서머토리의 사고와 행동 양식으로 전환했을 때 사회가 무기력하고 타락하게 되지는 않을까 하는 걱정은 기우에 불과하다. 실제로는 오히려 그 반대다.

칙센트미하이는 다음과 같이 서술했다.

창의적인 사람들은 다양한 면에서 서로 다르지만, 한 가지 점에서는 일치한다. 바로 자신이 하는 일에 깊은 애정을 품고 있다는 사실이다. 그들에게 의욕을 불어넣어 움직이게 하는 요소는 명예나 돈에 대한 욕심이 아니라, 즐거움을 얻을 수 있는 일의 기회 그 자체다.

미국의 발명가 제이콥 레비노(Jacob Rabinow)는 이렇게 설명했다. "사람들이 발명을 하는 것은 발명이 즐겁기 때문입니다. 나는 '어떻게 하면 돈을 벌 수 있을까' 하는 생각으로 일을 시작하지는 않습니다. 물론 험한 세상을 살아가려면 돈은 중요하지요. 하지만 내게 즐거운 일과 돈을 버는 일 중에서 한 가지를 고르라고 한다면 즐거운 일을 택하겠습니다."

이집트의 소설가 나기브 마푸즈(Naguib Mahfouz)는 더욱 품격 있는 어조로 같은 견해를 밝혔다. "일에서 얻는 것보다 일 자체를 더 사랑합니다. 결과에 상관없이 일에 전념하지요."

우리가 실시한 모든 인터뷰에서 이렇게 공통된 감정을 발견했다.

— 미하이 칙센트미하이, 《창의성의 즐거움》

레비노도 마푸즈도 일해서 얻을 수 있는 무언가보다도 일 자체가 보수라는 점에서 같은 이야기를 했는데 칙센트미하이는 이 사고야말로 인터뷰한 모든 창의적인 사람들에게 공통하는 **유일한 점**이었다고 밝혔다. 칙센트미하이의 창의성 연구를 접하며 느낀 것은, 아무래도 우리 인간에게는 최고도의 창의력을 발휘하는 상태를 '신체적인 쾌락'으로 느끼는 생리적 프로그램이 설치되어 있는 것 같다는 생각이 든다.

행복 감수성이 마모되고 있다

칙센트미하이는 이러한 가설을 진화의 테두리 안에서 설명했다. 지금 당신이 창조주가 되어 지구에 새로운 생명을 탄생시킨다고 가정하자. 화산이 폭발한다거나 쓰나미가 밀려온다거나, 상상할 수 있는 여러 가지 문제 상황을 상정하고 그에 대처하기 위한 신체와 정신 능력을 부여하려고 하지만, 모든 문제를 사전에 상정할 수는 없다(창조주라면 가능할지도 모르지만 여기서는 불가능한 일이라고 해두자). 이때 이미 유용성이 확인된 방식뿐만 아니라, 새롭고 다양한 방식으로 시행착오를 겪는다는 행위 자체에 '쾌감'을 느끼는 프로그램을 설치함으로써 참신한 아이디어와 행동을 생각해낼 가능성을 높여야 한다.

이는 달리 말하면 사람이 창의성을 발휘하거나 몰입하는 행위에서 일종의 신체적 쾌락을 느끼는 까닭은 그러한 특성을 가진 개체 쪽이 생존과 번식에 우위를 차지하기 때문이라는 가설에 바탕을 둔 설명이라고 할 수 있다.

만약 우리가 '지금, 여기'에 몰입해 희열을 느끼지 못한다면, 즉 컨서머토리적 상황이 아니라면, 그것은 우리가 자신의 창의성과 생산성을 완전히 발휘할 수 없다는 의미다. 다시 말해, 이는 우리가 느끼는 행복 감수성이 자신의 창의성과 생산성을 높이기 위한 열쇠라는 사실을 시사하지만, 칙센트미하이는 이러한 감수성을 많은 사람이 마모시키고 있다고 개탄했다.

사람들이 대부분 자신의 감정에 관해 아주 조금밖에 이해하지 못하고 있다는 사실은 놀랍기만 하다. 자신이 지금까지 행복을 느낀 적이 있는지 없는지, 만약 있었다면 그 일이 언제 어디서였는지조차 말하지 못하는 사람이 있다. 그들의 인생은 특징 없는 경험의 흐름, 무관심이라는 안개 속에서 거의 인식되지 않는 사건의 연속으로 사라져간다.

이 만성적인 무관심 상태와는 대조적으로, 창의적인 사람들은 자신의 감정과 매우 밀접하게 관계하고 있다. 그들은 항상 자신이 행하는 일의 이유를 이해하며 아픔과 따분함, 기쁨, 흥미 그리고 그 밖의 감정에 상당히 민감하다. 무료함을 느끼면 재빨리 짐을 챙겨 그 자리를 떠나고 흥미를 느끼면 재빨리 달려들어 관여하기 시작한다.

— 미하이 칙센트미하이, 《창의성의 즐거움》

사람들은 대개 창의성을 인지에 관한 능력이라고 생각한다. 그래서 '○○사고'라는 식으로 표현해 '인지와 사고의 기술'로 정리하고 분석하려고 한다. 하지만 칙센트미하이의 지적을 곱씹어 보면 창의성이 감정에 관련된 능력이라는 사실을 잘 알 수 있다.

창의적인 사람들은 풍부한 행복 감수성을 갖고 있으며 흥미와 기쁨을 느끼는 일에 적극적으로 관여하려고 하는 한편, 따분하다고 느끼면 재빨리 짐을 챙겨 그 자리를 떠난다. 이러한 행동은 흔히 '제멋대로'라고 비난받는 경향이 있지만 칙센트미하이는 이러한 사고방식과 행동 양식이야말로 창의적인 사람들에게 공통되는 유일한 특징이라고 강조했다.

그런데 많은 사람이 '무료하다, 시시하다' 투덜거리면서 새로운 일을 찾지도 않고, 그렇다고 지금 하는 일에서 의미를 찾아내려 애쓰지도 않은 채로 더없이 소중한 인생의 하루하루를 무의식 중에 흘려보내고 있다. 바로 여기에 고원사회를 실현하는 데 있어 해결해야 할 최대 과제가 있다고 할 수 있다.

90% 이상이 소중한 인생을 낭비
이미 보편적으로 물질적 과제의 해소라는 과제를 완수했는데,

여기에 계속 기웃거려봐야 충족감을 얻지 못하는 게 당연하다. 그러나 이렇게 종료된 게임을 두고 무료하고 시시하다고 하면서도 여전히 사로잡혀 있는 사람이 매우 많다는 사실을 각종 통계 자료에서 찾아볼 수 있다.

이 역시도 전작 《뉴타입의 시대》에서 소개한 주제로, 미국의 여론조사 기관 갤럽(Gallup) 사에서 실시한 사원 의식 조사에 따르면 자신이 하는 일에 긍정적인 마음가짐으로 임하고 있다고 대답한 사람은 전 세계적으로 평균 15% 정도로 나타났다. 이렇게 낮은 수치라는 것만 해도 놀라운데, 한층 더 충격적인 결과는 일본의 통계다. 같은 항목에서 무려 6%라는 결과를 보였다.[*] 정말이지 이 결과를 보면 확실히 무언가가 잘못되어가고 있다는 것을 인정하지 않을 수 없다. 칙센트미하이가 인터뷰한 창의적인 사람들이라면 진작 짐을 싸서 떠났을 만한 일에 90%가 넘는 사람들이 소중한 인생을 낭비하고 있는 것이다. 실로 개탄하지 않을 수 없는 상황이다. 이것이야말로 중대한 사회적 과제라고 할 수 있다.

고원사회에서의 노동을 예전의 인스트루멘털적인 사고에서 컨서머토리적인 사고로 전환하는 방안을 생각했을 때 중요한 핵심은 '행복 감수성'이다. 우리는 너무도 오랫동안 힘들고 괴로운 일을 참고 견디면 앞날에 좋은 일이 있을 거라고 학교와 직장에

---

[*] 〈일본경제신문〉, 2017년 5월 26일 기사.

서 세뇌되어온 탓에 '지금 이 순간의 행복'에 관한 감수성이 현저하게 마모됐다.

예리한 감수성은 '시시한 이 상황에서 당장 벗어나고 싶다'는 충동을 일으키지만 이러한 충동 끝에 일으킨 행동은 대개 혹독하게 제재를 받게 되기 때문이다. 그 결과 우리는 행복 감수성이라는 안테나를 통하는 회로가 차단되어 규범에 순종하는 로봇으로 전락해 이득이 최대화되는 길을 따라가게 되지만, 이 같은 감수성을 회복하지 못하면 컨서머토리 상태의 회복은 바랄 수 없게 된다.

여러 가지를 시도하라

지금까지 누구나 자신이 느끼는 희로애락의 감정에 솔직히 마주하고 진정으로 몰두할 수 있는 일을 직업으로 삼아 정진하면서 일 자체에서 얻는 즐거움과 기쁨을 대가로 회수하는 고원사회의 비전을 제안했다.

이러한 제안에 대해 '그런 사회는 분명 멋지지만 자신을 돌이켜보면 애초에 내가 어떤 일에 몰입할 수 있는지 잘 모르겠다' 하고 당혹스러워하는 반응도 있을 것이다. 맞는 말이다. 아무리 행복 감수성을 회복한다고 해도 이제껏 해본 적 없는 일에 자신이 몰입할 수 있을지 없을지를 미리 알 수는 없다. 그렇다면 자신이 열중할 수 있는 일을 찾으려면 어떻게 해야 할까. 답은 한 가지밖에 없다.

일단 뭐든지 해보는 것이다. 이 방법밖에 없다. 내 친구이기도 한 예방의학자 이시카와 요시키(石川善樹)는 하버드대학교에서 유학할 당시, 자신이 흥미를 느끼는 일들의 범위가 너무 넓어서 어디서부터 어떤 우선순위로 시작해야 좋을지 몰라 고민했다고 한다. 결국 지도교수에게 상담을 청했고 다음과 같은 조언을 얻었다. "흥미가 있는 일은 모두 해보게. 그리고 흥미 없는 일도 모두 해보게나." 정말로 강렬한 조언이다. 한마디로, 일단 뭐든지 해보라는 뜻이다.

우리는 미래를 위해 현재를 수단화한다는 사고방식에 젖어 있기 때문에 다른 길로 가볼 생각도 하지 못한 채 최단 거리를 찾아 목표를 향해 직진하는 것이 '올바른 인생의 모습'이라고 생각하는 경향이 짙다. 하지만 이런 식으로 인생을 미리 설계해 놓고서 쓸데없다고 생각되는 행동을 모두 거부하며 하루하루 살아간다면, 혹시라도 우연히 만날 수 있었을지도 모르는 '자신이 푹 빠져 몰입할 수 있는 활동'에 접할 기회 또한 놓치게 된다. 이러한 노동관이 지배하는 오늘날 우리의 삶은 실로 고달프고 마치 경주하는 것처럼 황량하고 각박해졌다. 이러한 사고를 앞으로 다가올 고원 사회에까지 계속 가져가는 것만큼은 어떻게든지 피해야 한다.

특히 일본에서 문제가 되는 것은, 성공 모델의 이미지에 다양성이 없고 성공이라는 개념의 폭이 극단적으로 좁아져 모두 일직선으로 늘어서 서열을 다투는 듯한 각박한 상황이 되었다는 사실이다. 여기서 말하는 '폭이 좁은 성공 모델의 이미지'는, 이를테면 일류 대학교를 졸업하고 유명 대기업에 취직해서 열심히 일하며 연봉을 올려 도심의 고급 아파트에 살면서 고급 외제 차를 타고 다니는 호화로운 생활을 가리킨다. 이러한 이미지를 실제로 이루고자 하는 강박에 사로잡히면, 이러한 삶을 실현하는 데 직접적으로 도움을 주지 않는다고 여겨지는 활동을 전부 '쓸모없는 일'로 단정하게 되어, 결과적으로 본질적인 의미에서 더욱 풍요롭고 자신다운 인생을 찾을 기회를 놓칠 가능성이 커진다.

인생에는 낭비와 헛수고도 필요하다

대서양 무착륙 단독 비행에 처음으로 성공한 찰스 린드버그(Charles Lindbergh)의 아내이자 자신도 역시 비행가로 활동하며 멋진 기행 수필을 남긴 앤 모로 린드버그(Anne Morrow Lindbergh)는 다음과 같은 말을 남겼다.

인생을 낭비하지 않고서는 인생을 발견할 수 없다.

그녀의 수필에는 부드러운 빛을 발하는 보석 같은 문장이 곳곳에 있는데, 그중에서도 특히 이 글귀는 주옥 같다고 하지 않을 수 없다. 우리는 '낭비'나 '헛수고'라는 말에 매우 부정적인 이미지를 갖고 있다. 하지만 린드버그는 낭비야말로 자신다운 인생을 발견하는 데 꼭 필요한 요소라고 강조했다. 인생은 이성적으로 또는 효율적으로 행동하는 것만으로는 발견할 수 없는 것이기 때문이다.

자신이 어떤 일에 몰입할 수 있는지 미리 알아내기 어려운 까닭은 '몰입'이 '마음 상태'를 뜻하는 것으로, 이지적으로는 예측할 수 없기 때문이다. 자신이 몰입할 수 있는 일을 찾지 못한 채 인생을 끝내는 사람이 많다. 칙센트미하이가 지적했듯이, 자신이 몰입할 수 있는 일을 찾기가 그다지도 어려운 까닭은 아무리 머리로 생각해봐도 알 수 없기 때문이다. 우선 이것저것 다양하게 시도해본 다음에 신체 감각으로 파악해 알아내는 수밖에 없다. 우리가 '지성'이라는 말을 들으면 대개 떠올리는 이미지와는 크게 다른 '신체적인 지성'이 요구되는 것이다.

자신이 무엇에 열중할 수 있을지는 결국 경험해보지 않고서는 알 수 없다. 그것이 설령 무엇에 도움이 될지 모르는 일이라도 많은 시간과 노력의 낭비와 헛수고를 겪은 뒤에야 마침내 '인생'을 발견할 수 있다는 린드버그의 지론은 커리어론에 관한 많은 연구에서도 증명되고 있다.

커리어 형성의 계기가 되는 것

성공한 사람은 과연 어떠한 전략을 짜고 어떻게 실행하는 걸까? 스탠퍼드대학교의 교육학·심리학 교수 존 크럼볼츠(John D. Krumboltz)는 이 논점에 관해 최초로 본격적인 연구를 했다. 그는 미국의 사업가와 직장인 수백 명을 대상으로 설문조사를 실시하여 성공한 사람들의 커리어 형성에 계기가 되었던 일의 약 80%

가 '우연'에서 시작되었다는 사실을 밝혀냈다. 그렇다고 해서 그들이 커리어를 쌓기 위한 계획을 세우지 않았던 것은 아니다. 다만 당초의 계획이 틀어지면서 다양한 우연들이 겹쳐 결과적으로는 세상에서 성공한 사람으로 인정받게 되었다.

크럼볼츠는 이 조사 결과를 토대로, 커리어는 우발적으로 생성되는 만큼 중장기적 목표를 설정해서 매진하는 방식은 오히려 위험하며 '좋은 우연'을 끌어당기기 위한 계획과 습관에 노력을 집중해야 한다고 주장했다. 그리고 이 논고를 '계획된 우발성 이론(Planned Happenstance Theory)'이라는 논리로 정리했다.

크럼볼츠에 따르면 커리어는 용의주도하게 계획할 수 있는 것이 아니라 예기치 못한 우발적인 일에 의해 결정된다. 그렇다면 커리어 형성으로 이어질 만한 좋은 우연을 불러일으키려면 어떠한 요건을 갖춰야 할까? 우선 우발성 이론의 제창자인 크럼볼츠가 주장한 핵심 내용을 살펴보자.

- **호기심** 자신의 전문 분야뿐만 아니라 다양한 분야로 시야를 넓혀 관심을 가지면 커리어를 만들 기회가 늘어난다.
- **끈기** 처음에는 마음처럼 잘되지 않더라도 끈기 있게 지속하면 우연한 일이나 만남이 생겨 새로운 길이 열릴 가능성이 커진다.
- **유연성** 상황은 항상 변화한다. 한번 결정한 일이라도 상

황에 따라 유연하게 대처해야 기회를 붙잡을 수 있다.

- **낙관성** 원치 않은 역경도 성장할 기회가 될지 모른다고 긍정적으로 받아들여 커리어 영역을 확장한다.
- **위험 감수** 새로운 일에 도전하는 과정에서 실패와 좌절이 닥치는 것은 당연하다. 적극적으로 위험을 감수해야 기회를 잡을 수 있다.

크럼볼츠의 주장을 앞서 소개한 린드버그의 지적과 아울러 생각해보면, 우리가 진정으로 자신의 인생을 찾아내기 위해서는 언뜻 시간 허비, 시간 낭비로 보이는 일에도 적극적으로 참여하는 자세를 갖는 것이 중요하다는 사실을 알 수 있다.

크럼볼츠가 밝혀낸 연구 결과를 현재 일본의 취업 상황에 비춰보면, 중요한 과제가 부상한다. 〈도표15〉를 살펴보자. 이 그래프는 주요 선진국들의 근속연수별 노동인구 구성비를 정리한 자료다. 한눈에 알 수 있듯이, 일본에서는 '1년 미만'의 구성비가 평균치와 비교해서 극히 낮다. 쉽게 말하면, 한번 입사한 회사에서 오래 일하는 경향이 있다는 의미다. 일의전심(一意專心), 즉 한 우물만 파라는 식의 진부한 가치관에 사로잡힌 사람들에게는 이 상황이 바람직하게 생각될지도 모르지만 여러 가지 일을 시도해보고 자신의 인생을 찾는다는 관점에서는 커다란 저해 요인이 된다.

특히 앞으로 100세 시대가 오면 사람들은 인생에서 몇 번이나

도표15: 주요 선진국의 근속연수별 노동인구 구성비

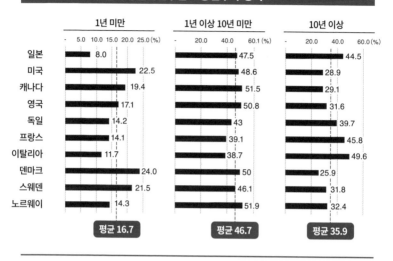

	1년 미만	1년 이상 10년 미만	10년 이상
일본	8.0	47.5	44.5
미국	22.5	48.6	28.9
캐나다	19.4	51.5	29.1
영국	17.1	50.8	31.6
독일	14.2	43	39.7
프랑스	14.1	39.1	45.8
이탈리아	11.7	38.7	49.6
덴마크	24.0	50	25.9
스웨덴	21.5	46.1	31.8
노르웨이	14.3	51.9	32.4
평균	16.7	46.7	35.9

출처: 국제노동비교 2018 데이터북

직업을 전환하지 않을 수 없게 될 것이다. 그러므로 자신이 어떠한 일이나 활동에 열중할 수 있는지, 반대로 어떤 활동에 일에 쉽사리 흥미를 잃는지, 여러 가지를 시도해보고 나서 얼마나 확실히 파악하느냐에 따라 그 사람의 인생은 크게 달라질 것이다.

인스트루멘털적 사고가 비극을 초래한다

사회에서 사람들의 행동 양식과 사고방식이 수단적(instrumetal) 관점에서 자기충족적(consummatory) 관점으로 전환되면 사회가 정체되지 않을까 하고 걱정하는 사람도 있을지 모른다. 확실히 사람의 생산성이 높아지는 것은 미래를 위해 현재를 희생하고 노력하기 때문이며, 미래를 고려하지 않은 채 '지금, 여기'에서 느끼는 유열과 충동에만 몸을 맡기면 무기력하고 방종한 사회가 될 것이라는 추론은 그 나름대로 설득력이 있어 보인다.

하지만 나는 그러한 걱정에 확실히 '아니오'라고 대답할 것이다. 미래를 위해 현재를 희생한다는 사고방식에 근거해 큰 가치 창조를 이룬 조직과 개인은 존재하지 않기 때문이다. 이러한 지적은 적절하지 않다. 오히려 반대로 미래를 위해서 현재를 희생한다는 사고 자체가, 인류를 침해해온 무수한 비극적 파괴의 원인이 되었다고 해야 한다.

20세기는 과거의 어느 때보다 사람에 의한 사람의 살육이 횡행한 시대였다. 이러한 살육의 배후에는 항상 미래를 위해 현재를 수단화한다는 '인스트루멘털' 이데올로기를 내건 사람들이 존재했다.

나치즘, 스탈리니즘, 폴포트, 일본적군(1971년부터 2001년까지 존재한 일본의 신 좌익계 국제 극좌 테러 조직 – 역주), 옴진리교(1988년부터 약 7년간 존재한 일본의 신흥 종교 단체 – 역주) 같은 집단은 모두 현재의 세계를 부정하고 이상 세계를 건설하겠다는 목표를 내걸고 하나같이 그 목적을 달성하려면 다소의 희생은 어쩔 수 없다고 주장했다. 러시아 혁명의 지도자였던 레닌은 폭력 혁명을 긍정하기 위해 "달걀을 깨지 않고는 오믈렛을 만들 수 없다"라는 말을 남겼다. 이런 사례들은 분명 미래를 위해 현재를 희생한다는 점에서 극히 수단적인 사고방식이다.

미나마타병 등 일본의 고도 경제 성장기에 사회 문제가 된 공해도 마찬가지다. 심각한 증상을 일으키는 미나마타병의 원인이 신일본질소비료주식회사(현 CHISSO Corp.-역주)의 비료 공장이 방류한 폐수라는 사실이 1956년쯤에 밝혀졌으며 1959년 당시 후생성(현 후생노동성-역주) 장관은 미나마타병의 원인이 신일본질소비료 미나마타 공장이 배출한 유기수은 화합물이라고 국회에서 보고했다. 이 시점에서 즉각 공장 조업을 중지했다면 환자 수를 몇분의 일로 억제할 수 있었다고 하는데, 실제로 이 조치는 취해지지 않았다.

왜 이런 결과가 나온 것일까? 후생성 장관이 의견을 진술한 다음 날 내각 회의에서, 당시 통산산업성(현 경제산업성-역주) 장관 이케다 하야토(池田勇人)가 미나마타병의 원인이 신일본질소비료가 배출한 폐수라고 단언하기는 성급하다고 이례적인 반론을 제기했다. 그래서 공장 조업 중지 조치가 강력한 정책적 의사에 의해 보류되었다.

그 후 신일본질소비료 미나마타 공장은 거의 10년 후인 1969년에 쓸모가 없어져서 조업을 중지하기까지 유기수은이 포함된 폐수를 미나마타만에 계속 방류했다. 여기서 또 다시 '더 좋은 미래를 위해 현재를 희생한다'는 사고방식이 얼마나 심각한 결과를 초래하는지 깨닫게 된다.

일본인이라면 대부분 알고 있듯, 이케다 정권의 캐치프레이즈는 '소득 배증 계획'이었다. 이 정책은 농촌에서 공업 지대로의 인구 이동을 전제로 지원되었는데, 이는 화학비료를 이용한 농업 생산성 향상을 빼놓고는 생각할 수 없는 계획이었다. 즉, 이케다가 신일본질소비료 공장의 조업 중지에 시기상조라며 반대한 까닭은 소득 배증 계획을 실현하려면 희생은 어쩔 수 없다고 생각했기 때문이다. 그 결과, 한 번밖에 없는 생의 존엄을 미래를 위해 희생하겠다는 수단적인 사고가 돌이킬 수 없는 비극적 파괴의 원인이 된 것이다.

충동을 저해하는 요소

"어린이들이 나에게 오는 것을 막지 말고 그대로 두어라. 하나님의 나라는 이런 어린이와 같은 사람들의 것이다. 나는 분명히 말한다. 누구든지 어린이같이 순진한 마음으로 하나님의 나라를 받아들이지 않으면 결코 거기 들어가지 못할 것이다" 하고 말씀하셨다. 그리고 아이들을 안으시고 머리 위에 손을 얹어 축복하셨다.

— 〈마가복음〉 10장 13절

인간성에 기인한 충동이 고원에서 경제 활동이 될 수 있는지 생각할 때, 가장 큰 저해 요인으로 작용할 수 있는 것이 바로 암묵적으로 우리 자신을 옭아매고 있는 규범이다. 충동으로 자신을 움직이려면 심리를 억압하는 규범을 의식한 뒤에 일단은 그것에서 해방되는 한편 사회적인 규범의 범주와 어떻게 타협할 것인지 생각해야 하는데, 그게 과연 가능할까?

전후 일본을 대표하는 사상가 요시모토 다카아키(吉本隆明)는 일본 민속학의 아버지라 불리는 야나기다 구니오(柳田國男)의 저서《도노 모노가타리 습유(遠野物語拾遺)》에 실린 다음과 같은 두 가지 이야기를 자신의 대표작《공동환상론(共同幻想論)》에 소개했다(《도노 모노가타리(遠野物語)》는 현재의 이와테현 도노 지역에 전해져 내려오는 일화와 풍속 등을 기록한 설화집이다).

1. 마을의 마두관음상(馬頭観音像, 말 머리를 머리 위에 얹고 있는 관음으로, 부처의 가르침을 듣고도 수행하지 않는 중생을 교화하기 위해 눈을 부릅뜨고 분노하는 모습을 하고 있다 – 역주)을 아이들이 꺼내 굴리고 넘어뜨리면서 놀고 있었다. 의례를 담당하는 승려가 그 모습을 보고 아이들을 꾸짖고 나더니 그날 밤 바로 병에 걸렸다. 무녀에게 물어보니 관음보살이 모처럼 아이들과 즐겁게 놀고 있는데 쓸데없이 참견하니 마음에 거슬렸다고 하기에, 사죄하고 겨우 병이 나았다.

2. 도노(遠野)에 있는 한 불당에서 아이들이 낡은 불상에 말처럼 올라타 놀고 있는 것을 보고 이웃 사람이 불경스럽다며 야단쳤다. 이 남자는 그날 밤부터 열이 나며 앓았다. 그러자 베갯머리 신이 나타나서 모처럼 아이들과 재미있게 놀고 있는데 섣불리 야

단을 치는 것이 못마땅했다고 하니, 무녀를 통해 앞으로는 조심하겠다고 약속하자 병이 말끔히 나았다.

이 두 가지 이야기를 읽으면 아마도 마음속에 뭐라 말로 표현하기 힘든, 독특한 감흥이 솟아날 것이다. 다카아키는 이들 설화를 그의 독자적인 '대환상(對幻想, 다카아키가 만든 조어로 공동 환상, 자기 환상과 더불어 인간의 환상 영역을 구성하는 한 카테고리 – 역주)' 이론을 분석하는 데 이용했다. 여기서 앞서 말한 충동과 규범의 관계에 관해 고찰해보자.

다카아키가 소개한 이야기는 두 가지이지만, 《도노 모노가타리 습유집》에는 옛날부터 전해 내려오는 이 같은 이야기가 무려 다섯 편이나 실려 있다. 이야기의 골자는 모두 똑같으며, 앞의 이야기에 나오는 관음보살과 불상처럼 아이들이 외경하는 대상물을 가져다 놓고 있으면 그 행위를 꾸짖고 야단치는 어른이 나타난다. 사회의 일반적인 규범에 비추어보면 그 어른의 행동은 물론 옳은 일이지만 희한하게도 아이를 꾸짖은 어른에게는 그 후 고열이 나거나 병에 걸리는 등 불행한 일이 닥친다. 어른은 그것이 무엇 때문에 받는 벌인지 알지 못한다. 다만 고열에 시달리며 비몽사몽하는 중에 베갯머리 신이나 무녀 같은 경계적이고 초월적인 매체를 통해 '외경하는 대상'으로부터 '아이들과 놀고 있는데 방해했다'는 이유로 되레 질책당한다. 이에 사죄함으로써 어른의 불행은 해제되는 구도로 이루어져 있다.

옛날이야기와 중요한 충고의 공통점

이는 과연 무슨 의미일까. 이 글을 읽고 단순히 황당무계한 옛날이야기일 뿐, 딱히 깊은 의미 같은 건 없다고 생각하는 사람도 있을지 모른다. 하지만 이는 완전히 잘못된 생각이다.

지금 내가 이렇게 여러분에게 이 이야기를 해주었듯, 이들 설화는 아주 먼 옛날부터 셀 수 없을 만큼 많은 사람의 입에서 입으로 전해져온 것으로, 이른바 '민화의 자연도태'를 피해 지금까지 남아 있는 것들이다. 여기에는 우리 문화의 기반을 이루는 어떤 가치관과 금기가 들어 있다. 알기 쉽게 말해서, 일종의 중대한 충고가 내포되어 있다.

이야기가 약간 옆으로 새지만, 제2차 세계대전 때 일본에서 첩보 활동을 지휘하던 소련 공산당의 스파이, 리하르트 조르게 (Richard Sorge)[*]는 일본으로 부임이 결정되자마자 맨 먼저 일본의 신화를 수집해 읽고 일본인의 정신 구조를 이해하려 했다. 영국 공사인 해리 스미스 파크스(Harry Smith Parkes)^{**}도 비슷한 일을 했다. 첩보 활동이나 외교 교섭같이 절차상의 규칙에만 따른다고 해도

---

* 리하르트 조르게(1895~1944): 소비에트연방의 스파이. 1933~1941년에 조르게 첩보단을 조직해 일본에서 첩보 활동을 하고 독일과 일본의 대 소련전 가능성을 조사하는 등 조르게 사건의 주모자로서 일본을 뒤흔들었다.

** 해리 스미스 파크스(1828~1885): 영국의 외교관. 막부 말기부터 메이지 시대 초기에 걸쳐 18년간 주일 영국 공사를 지냈다. 파크스는 부하인 공사관원들에게 공사관의 공무는 가능하면 오전 중에 끝내고 오후에는 일본 연구를 위해 시간을 보내라고 권장했다. 이른바 동양 연구의 선구자라고 할 수 있다.

제대로 진행되지 않는 까다로운 업무를 수행하기 위해 그들은 상대의 정신 구조를 깊은 곳까지 이해하기 위한 실마리를 찾으려 상대 국가의 문화가 끊임없이 쌓아온 신화에 의지한 것이다.

위선적 규범이야말로 방해물이다

다시 본론으로 돌아가보자. 이러한 이야기는 우리에게 무엇을 말하려는 걸까? 여러 가지 해석이 있을 수 있고 어느 것이 정답이라고도 할 수 없지만, 나는 '무구한 충동이 위선에 위협받을 위험성'을 호소하는 것으로 생각된다. 아이들이 불상이나 관음상을 꺼내어 노는 것은 무구한 충동의 발현이다. 이는 자기충족적(consummatory)인 것으로, 거기에는 아무런 공리적, 수단적 목적이 없다. 그리고 신들은 그렇게 무구하고 청정한 충동의 놀이 상대가 되는 것을 기쁘게 여긴다. 그렇게 신의 아이들은 모두 춤추는 것이다.

반면에 그런 아이들의 행동을 지나치게 나무라고 꾸짖는 어른들은 오로지 불상은 소중하며, 관음보살은 공손히 머리를 조아려야 하는 대상이라는 인간계의 규범과 관념을 근거로 아이들을 야단친다. 언뜻 보면 이 같은 어른들의 행동은 신과 부처에 대한 경애 때문이라고 생각할 수 있지만, 정말로 그럴까? 어른들이 아이들에게 신과 부처는 공경하고 경배해야 하는 존재라는 규범을 강요할 때 그 배후에 어떤 이익이나 타인의 평가를 기대하고 있는, 즉 앞서 말한 표현으로 수단적(instrumental)인 의도가 포함되어 있다면, 그러한 위선적 규범이야말로 도리에 어긋한 것이라고 할 수 있다.

무의식의 땅속 깊이 뿌리내리는 수단적인 의도를 깨닫지 못한 채, 의식의 땅 위로 가지와 잎을 뻗는 규범과 관념을 정당화해서 내세우는 자기충족적인 충동에 마음이 움직여 신이나 부처와 장난치고 노는 청정하고 무구한 아이들을 꾸짖는다면, 머지않아 올바르지 못하고 수단적인 규범이 무구하고 자기충족적인 충동을 몰아내게 되지는 않을까. 나는 이것이 이 설화가 후세의 우리에게 전하고자 하는 충고라고 생각한다.

앞서 소개한 두 가지 설화에서 관음보살과 불상이 각각 '마음에 거슬린다' '못마땅하다'라는 표현을 사용한 것이 무척 재미있다. 신들은 '틀렸다'라든지 '잘못했다'고 타이르지 않는다. 마치 폭력단처럼 "마음에 안 든다고!" 하고 트집을 잡는 것이다. 어떤 의미에서 이는 매우 이치에 맞지 않는다. 이 불합리한 말에는 중요한 의미가 함축되어 있다는 생각이 든다.

코칭에서는 대개 훈계하는 것과 화가 나서 야단치는 것은 다르다고 한다. 냉정하게 훈계하는 것은 좋지만 감정적이 되어 화를 내는 것은 바람직하지 않다는 뜻이다. 그렇다면 이 경우는 어떤가. 신들은 틀림없이 화를 내고 있는 것이다. 무구하고 청정한 아이들이 놀이를 제지당해 뾰로통 화가 난 것과 마찬가지로 신과 부처도 뾰로통 화가 난 것이다. 이 얼마나 사랑스러운 신들인가.

창조라는 유희

자기충족적인 충동과 수단적인 규범의 알력에 관해서 니체도 재미있는 말을 남겼다. 니체는 우리의 정신이 '낙타' '사자' '아이'의 순서로 발전한다고 주장했다.

나는 그대들에게 정신의 세 가지 변화에 관해 말하고자 한다. 어떻게 정신이 낙타가 되고 낙타는 사자가 되며, 사자는 아이가 되는지를 말해보겠다.

— 프리드리히 니체, 《차라투스트라는 이렇게 말했다》

앞서 말한 틀에서 설명하자면 낙타는 수단적인 규범에 무비판적으로 따르는 인물을 가리킨다. 낙타는 규범에 따라 무거운 짐을 짊어지고 그에 기뻐한다. 이 낙타가 마침내 자유를 얻기 위해 싸우기 시작하면서 사자로 변모한다. 사자는 낙타였던 시절에 자신을 지배하던 거대한 용과 맞서 싸운다. 이 용의 이름이 '너는 해야한다'이다.

정신이 더 이상 주인이라고 인정하지 않고 신이라 부르려 하지 않는 거대한 용의 정체는 무엇인가. '너는 해야 한다' 이것이 그 거대한 용의 이름이다.

— 프리드리히 니체, 《차라투스트라는 이렇게 말했다》

규범을 그대로 받아들이는 것은 아무런 노력도 필요로 하지 않지만, 사회가 강요하는 무의미한 규칙에 저항하려면 강인한 정신이 필요하다. 니체는 그 강인함을 '사자'라는 메타포로 표현했다. 일찍이 신성시했던 '너는 해야 한다'라는 용의 명령에 사자는 '나는 할 것이다' 하고 울부짖는다. 하지만 이 사자도 할 수 없는 일이 있다. 그것은 창조와 놀이다.

하지만 생각해보라, 내 형제들이여. 사자도 하지 못했지만 아이만이 할 수 있는 일이 있다. 그것은 무엇일까. 왜 강탈하는 사자가 아이가 되어야만 하는가. 어린아이는 순진무구요 망각이다. 새로운 시작, 놀이, 스스로의 힘으로 도는 바퀴, 최초의 운동이며 '그렇다'는 신성한 긍정이다.

— 프리드리히 니체, 《차라투스트라는 이렇게 말했다》

아이는 관념의 포로가 되지 않는다. 옳고 그름이나 선악을 따지지 않고 세상에서 그때 그 순간의 자기충족적인 충동이 모든 것을 긍정한다.

우리 사회에는 인간성에 기초한 자기충족적 행동을 금기시하는 수많은 규범이 작용하고 있다. 하지만 다시금 생각해보면 수호신을 모신 숲에서 나뭇잎 사이로 비치는 햇빛을 받으며 아이들이 신사에서 꺼내온 불상을 가지고 노는 광경 이상으로 아름답고 성스러운 모습이 이 세상에 존재할 수 있을까? 그것은 틀림없이 지상에 출현한 신들의 나라를 느끼게 하는 정경이다. 하지만 관념의 포로가 되어버린 사람은 그 광경에서 아름다움을 느끼지 못한다. 그들에게 그 광경은 단순히 규칙을 위반한 행위로밖에는 보이지 않는다. 게다가 그 규칙은 자신들의 이익을 위해 만들어놓은 것이라는 사실조차 자각하지 못한다.

인간적인 충동에 기인한 자기충족적인 경제 상태를 지향한다면 다양한 사회적 규범과의 알력을 조정할 필요가 있다. 알력을 고찰할 때는 규범이 정말 의의가 있는지, 배후에 수단적 의도를 감추고 있는 불합리한 규칙인지 아닌지를 확인해야 한다.

이니셔티브 2: 투표적인 소비 실천

마지막으로 경제는 정상(定常) 상태의 경제를 목표로 하게 되며 소규모 사회주의, 소규모 자본주의, 직접적인 물물교환 등이 혼합된 경제가 될 것이다. 소비자(consumer) 사회가 아니라 보존자(conserver) 사회가 생겨나고, 있는 힘을 다해 자원의 낭비를 회피하며 가능한 한 지역 내에서 자기만족을 추구할 것이다. 이익을 목적 자체로 생각하는 일은 없어지며 타인이나 천연자원도 착취와 돈벌이 대상이 아니라, 조화를 염두에 두고 대하게 될 것이다.

— 모리스 버먼(Morris Berman),

《세계의 재주술화(The Reenchantment of the World)》

가치 사슬 모의 한계

현재 시대까지 노동의 개념이었던 '괴롭고 고된 노역'이 고원 사회에서 '활동 그 자체가 가져다주는 유열과 관능이 즉시 대가로 회수되는 활동'으로 변화한다면, 소비와 구매의 개념과 가치 또한 크게 바뀔 것이다. 결론을 먼저 밝혀 그 변화를 설명하자면 '노동과 생산'이 '구매와 소비'와 일체화되는 시스템으로 변화할 것이다.

지금까지 우리는 생산한 후에, 생산과는 전혀 다른 별개의 활동으로 구매가 발생하고 소비가 이루어지는 구도로 경제 활동을 인식해왔다. 〈도표16〉의 왼쪽에 그 인식 구도가 잘 나타나 있다. 노동과 생산이 일어난 후에 구매와 소비가 단계적으로 연속해 발생하는 밸류 체인(Value chain), 이른바 가치 사슬 모형식 사고방식이다. 이렇듯 생산과 소비가 단절되어 있는 구조야말로 현재의 황량하고 각박한 사회를 만든 가장 큰 요인이다.

노동에서 얻을 수 있는 가장 순도 높은 대가는 무엇일까. 자신의 노동으로 만들어낸 물건이나 서비스를 구입해 만족해하는 사람을 보는 일일 것이다. 노동으로 얻는 대가 중에서 금전적인 보수를 가장 우선으로 생각하는 사람이 많은데, 이런 불건전한 상황이 초래된 것은 자신이 생산해낸 가치를 확인하고 기뻐하는 사람을 직접적으로 볼 수 없는 사회 구조가 되었기 때문이다.

기쁨을 느낄 수 없는 활동에 사람을 몰아넣을 수는 없으므로 하는 수 없이 금전적 보수를 건네고 '이걸로 납득해라' 하는 식으

도표16: 가치 창조 시스템의 변혁

기존의 가치 시스템 = 가치 사슬	앞으로의 가치 시스템 = 가치 순환

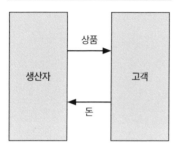

- 생산자와 고객이 단절되어 있다
- 고객이 돈을 지불한 시점에서 관계가 끝난다
- 고객이 지불한 돈이 다음 생산의 자원으로 사용된다

- 생산자와 고객이 연결되어 있다
- 고객은 돈 이상으로 '응원'이라는 정신적 에너지를 생산자에게 제공한다
- 생산자는 돈과 더불어 정신적 에너지를 다음 생산의 자원으로 활용한다

로 일단 진정시키는데, 이러한 접근 방식은 1990년대 이전까지는 나름대로 효과가 있었다. 이는 물질적인 결핍감이 사회에 만연되어 경제적인 대가가 즉시 생활 수준을 향상시키고, 나아가 더욱 큰 행복감을 느낄 수 있을 거라고 믿었기 때문에 가능했다. 하지만 우리가 이미 물질적 부족이라는 사회 문제를 해소한 현 상황에서 이런 접근 방식은 기능부전을 일으키고 있다.

노동의 기쁨을 회복시킨다

자금을 가리켜 '파이낸스(Finance)'라고 하는데, 여기서 사용하는 파이(Fi)는 '파이널(Final)'의 파이(Fi)와 마찬가지로 라틴어로 '끝'이라는 의미다. 돈을 지불함으로써 타자와의 관계를 없던 것으로 되돌리며 끝내는 것이다.

가치를 창출하는 노동 과정을 세세하게 나눠 분담하면 개별 작업의 숙련도가 높아져 생산성이 높아진다. 이 '분업'이라는 개념은 영국의 경제학자 애덤 스미스(Adam Smith)*가 쓴《국부론》에서 처음 소개되었다. 스미스는 이 책의 첫머리에서 핀 공장의 사고 실험을 이용해 분업이 얼마나 생산성을 향상시키는지 설명했다. 그리고 실제로 스미스의 예측대로, 이 생산 방식이 보급됨으로써 생산성이 비약적으로 상승했고, 나아가 산업혁명으로 이어졌다. 하지만 스미스는 동시에 이 생산 방식이 보급됨으로써 노동에서 얻을 수 있는 기쁨이 현저히 훼손될 것이라는 사실도 잘 알고 있었다.

스미스는《국부론》에서 분업으로 인해 자기 능력 이하의 업무를 끝없이 하게 된 노동자는 '우둔해지고 무지해지며 정신이 마비되고 만다. 그들은 이성적인 능력과 감정적인 능력을 모두 잃고 마침내는 육체적인 활력조차도 잃고 만다'라고 썼다. '감정적인 능력을 잃는다'는 스미스의 지적은 앞서 소개한 칙센트미하이의 '사람들 대부분이 자신의 감정에 무감각해진다'는 말을 떠오르게

---

* 애덤 스미스(1723~1790): 영국의 철학자이자 윤리학자, 경제학자이다. 스코틀랜드 출생. 주요 저서로 윤리학서《도덕감정론》과 경제학서《국부론》이 있다.

한다.

이러한 상태는 또한 기업 조직의 경쟁력을 훼손시키는 요인이 되기도 한다. 오늘날 많은 기업에서 동기 부여가 가장 중요한 경영 자원으로 꼽히지만, 물질적인 부족이 해소되어 보수를 인상해도 더 이상 생활 수준이나 행복감이 높아지지 않는다는 사실이 누가 봐도 확실해진 이상, 이 현상은 당연한 일이다.

우리가 맞이할 고원사회에서는 물질적인 부족보다 정신적인 고립, 혹은 정신적인 기아가 큰 과제가 되었다. 이러한 사회에서는 생산자와 소비자가 직접 소통할 수 있는 기회를 확대하고 양자를 '얼굴이 보이는 관계'로 만들어 노동의 기쁨을 회복해 나가는 것이 중요한 과제가 될 것이다. 사회의 많은 곳에서 이러한 관계성을 회복할 수 있다면, 그것은 동시에 소비자의 기쁨을 증대시킬 것이다.

생산자와 소비자의 얼굴이 보이는 관계 구축

무슨 말일까? 앞서 언급했듯이, 생산자와 소비자가 서로 얼굴이 보이는 관계가 되면, 생산자는 자신이 만들어낸 물건과 서비스로 인해 기뻐하는 소비자를 보고 기쁨을 느낀다. 그뿐만이 아니다. 이때 기뻐하는 생산자를 보는 것은 소비자의 기쁨이기도 하다. 게다가 이런 생산자와 소비자의 관계를 바라보는 제삼자인 타자도 기쁨을 느낀다. 기쁨이 메아리처럼 반사되어 번져 나가는 것이다.

현재의 단절된 사회에서 이러한 관계성이 가장 뚜렷하게 성립되는 것이 식당과 단골의 관계다. 셰프에게 자신의 노동으로 얻을 수 있는 최대의 기쁨은 지불받는 대금이 아니라 고객이 감탄하는 "맛있어!" 하는 소리이며, 꽃처럼 피어나는 웃음일 것이다. 그리고 또한 고객에게는 "맛있어!" 하고 감동을 전했을 때 셰프의 얼굴에 드러나는 기쁨이 또한 자신에게 소비의 기쁨으로 다가온다. 물론 고객이 대금을 지불하면서 최종적으로 거래가 끝나게 되지만 그곳에서 지불한 대금은 '등가교환에 의해 관계를 끝낸다'기보다는 오히려 감사의 표시나 더 나아가 '증여'의 뉘앙스를 포함한다.

철학과 사상의 세계에서는 주로 '증여'와 '교환'을 한 쌍이 되는 개념으로 정리, 고찰한다. 이는 상당히 자극적이고 흥미로운 언어 게임이지만, 앞서 살펴본 고찰에서도 알 수 있듯이 사회에서의 교환 행위를 생각해보면 양자 사이에는 연속적인 구간이 있어 경계가 그렇게 뚜렷이 나뉘지는 않는다.

원래 '등가교환'이라는 말부터가 모순된 개념이다. 거래에 반드시 얼마의 비용이 들기 때문에 '등가'라면 교환할 동기가 없다. 교환은 교환하는 물건에 '가치의 차이'가 없으면 발생하지 않는다. 그리고 주체자가 획득하는 가치는 물건에 따라서 얻을 수 있는 효용에 따라 합리화된다. 또는 교환이라는 행위 자체에서 얻을 수 있는 기쁨이 효용으로써 합리화되기도 한다. 그 결과, 소비자에게서 얻을 수 있는 경제적 보수와 정신적 보수가 다음의 생산을 위한 자원이 되어 생산자는 다시 활동에 박차를 가하게 된다.

가치 사슬(Value chain)에서 가치 순환(Value cycle)으로

이러한 시스템을 앞서 설명한 '가치 순환'이라고 표현할 수 있다. 이는 쉽게 말해 고객인 소비자가 받는 효용이 생산자에게는 그대로 다음 생산을 위한 자원이 되는 무한 순환 구조다.

이 과정을 도식화한 것이 〈도표16〉에서 오른쪽에 소개한 도표다. 가치 사슬은 '구매·소비'가 이루어진 후에 아무것도 없는 데드 엔드(dead end)인 데 비해 이 도표는 '구매·소비'가 다시 새로운 '노동·생산'에 에너지를 주는 오픈 엔드(open end) 시스템이라는 사실을 보여준다. 가치 사슬을 대체한다는 의미에서 이것을 '가치 순환'이라고 이름 붙일 수 있다.

가치 순환에서 소비자는 지금까지와 달리, 단지 '소비하는 사람'일 수만은 없다. 이런 관점에서 소비자는 소위 노동자와 생산자에게 노동과 생산을 위한 경제적, 정신적 에너지를 제공하는 자원(resource)이 된다.

이와 같은 생산자와 소비자의 관계를 이미 19세기에 구상한 사람이, 바로 앞에서도 언급한 카를 마르크스였다. 마르크스는 초기의 초안 노트에 다음과 같이 기록했다.

나의 생산물을 네가 향유 혹은 사용하는 동안에 나는 직접 다음과 같은 기쁨을 갖게 될 것이다. 즉, 나의 노동으로 어떤 인간적인 욕구를 만족시키는 동시에 인간적인 본질을 대상화했다고.

— 카를 마르크스·프리드리히 엥겔스,

《마르크스 엥겔스 전집(Marx Engels Gesamtausgabe)》

이러한 사회에서는 소비, 혹은 구매는 우리가 현재 생각하는 것처럼 부정적인 것이 아니라, 말하자면 증여나 응원에 가깝다. 생산자와 소비자의 관계는 예술가와 후원자의 관계에 비유할 수 있을 정도다. 즉, 사회에 어떤 가치를 창출하려고 활동하는 사람들이 있고, 다른 한쪽에서는 그 사람들의 활동을 지원하기 위해 그들이 만들어낸 가치에 대해 가능한 한 '큰' 대가를, 거의 증여라는 개념에서 함께 제공하려고 하는 관계성이다.

책임 있는 소비와 증여의 관계

이때 떠오르는 개념이 '책임 있는 소비'이다. 무슨 이야기일까. 우리가 살아가는 자본주의 세계에서는 자신이 노동해서 획득한 돈을 어떻게 사용하든 자유라는 의식이 표면적으로는 형성되어 있다. '자신이 번 돈은 자신이 자유롭게 사용해도 좋다'는 데 아마도 대부분의 사람이 '그건 그렇지' 하고 생각할 것이다.

그렇다면 이 '자유'는 어떻게 인정받는 것일까. 이것은 보통 방법으로는 좀처럼 처리하기 힘든 문제로, 지금까지 많은 철학자가 이 물음에 답을 제시했지만, 솔직히 말해서 그 어느 대답도 명쾌하지 않았다. 예를 들어, 18세기 영국의 계몽사상가 존 로크

(John Locke)의 답변을 간단히 설명하면 이렇다. 누구나 자신의 신체는 자신의 소유물이라고 할 수 있고 노동은 그 신체로 행한다. 따라서 노동의 결과로 창출된 가치는 그 사람의 것이며, 그 가치와 교환해서 얻은 돈도 그 사람의 것이다. 그러므로 그 돈은 자유롭게 사용해도 상관없다. 상당히 생략하기는 했지만 요약하면 이런 논리다. 마르크스의 주장도 똑같다. 바로 '노동가치설'이라는 사고방식인데, 한 번 읽으면 '뭔가 이상한데?' 하고 생각하는 사람이 대부분일 것이다. 이 논리의 어느 부분에 문제가 있을까. 위화감의 출발점은 처음에 제시된 명제, 즉 '자신의 신체는 자신의 소유물이다'라는 문장이다. 존 로크는 '자신이 만들어낸 물건은 자신의 것이다'라는 명제를 증명하려고 한 것인데, 그 기점인 '자신의 신체는 자신의 것'이라는 명제는 그 무엇으로도 뒷받침되지 못한, 어중간한 명제라는 점이다.

자신이 만든 물건은 자신의 것이라고 한다면, '자신의 신체'는 자신이 만든 것인가? 물론 그렇지 않다. 자신의 신체는 생물학적으로는 부모에게 증여받은 것이다. 유전자 측면에서는 과거로 거슬러 올라가 단세포 생물로부터 끝없이 계속되는 무한의 인연에 의해 증여받은 것으로, 요컨대 '우주에게 받았다'고 말할 수밖에 없다. 이렇듯 증여받은 신체를 '자신의 것'이라고 바꿔치기해 논리를 짜 맞추려 하다 보니 이상하게 되어버린 것이다.

우리의 존재는 '사자(死者)'와 '자연'에서 증여받은 것이다. 증여받은 것은 증여로 돌려줘야 한다. 우리 또한 언젠가 사자(死者)

또는 자연으로 돌아가 미래를 살아갈 우리의 자손에게 증여할 의무를 지고 있다. 즉, 내가 말하는 '책임 소비'란 증여된 우리의 존재를 미래의 자손에게 증여로 돌려주자는 뜻이다. 하지만 우리가 증여받았다는 사실을 잊고 있는 사람이 많다.

소비와 구매는 증여와 응원에 가까운 활동으로

20세기 전반에 활약한 스페인의 철학자 호세 오르테가 이 가세트(José Ortega y Gasset)*는 이 선조에게 증여받은 감각을 잃어버린 사람을 '자만에 빠진 철부지(Spoiled Children) = 대중'이라 명명했다.

오르테가에 의하면 '대중'에는 두 가지 심리적 특성이 있다. '생활의 편의에 대한 무제한의 욕구'와 '생활 편의를 가능하게 한 과거의 노력, 타자의 노력에 대한 망은(忘恩)'**이다. 즉, 대중은 '피증여'의 감각, 뜻하지 않게 증여받은 데 대해 아무런 거리낌이나 저항감도 느끼지 못하게 된 사람들을 가리킨다.

한편, 오늘날의 일본으로 시선을 돌려보면, 다양하게 향유하고 있는 사회와 타자의 공헌을 '당연한 권리'처럼 아무렇지도 않

---

* 호세 오르테가 이 가세트(1883~1955): 스페인의 철학자. 주요 저서로《돈키호테 성찰》《대중의 반역》등이 있다. 오르테가는 '단지 욕구만을 갖고 있으며 자신에게는 권리만 있을 뿐, 의무가 있다고는 생각하지 않는' 사람들을 '대중'으로 정의하고, 이 '대중'이 파시즘 세력을 지탱하고 있다고 생각했다.

** 호세 오르테가 이 가세트,《대중의 반역》.

게 받아들이면서 막상 부족하거나 불만을 느끼면 바로 격분해서 언성을 높이는 어른들이 흔히 보인다. 이런 사람들은 과거, 현재, 미래를 함께 살아가는 사람들과의 관계 안에서만 자신의 삶이 존재할 수 있다는 사실을 잊고 있다. 무한한 성장을 추구하는 고도 압력 사회가 만들어낸 괴물이라고 할 수밖에 없다.

앞으로 다가올 고원사회에서는 노동과 창조가 일체화되어갈 것이다. 또한 그러한 사회에서는 지금까지의 소비와 구매가 더욱 증여와 응원에 가까운 활동으로 변모할 것이다. 이 사회에서는 피증여의 감각을 유지하고 길러가는 것이 매우 중요하다.

이러한 지적을 두고 '증여가 중요하다는 건 알겠는데, 그렇다면 구체적으로 어떻게 하면 좋지?' 하고 생각하는 사람도 있을 것이다. 어렵게 생각할 필요는 없다. 중요한 것은 딱 한 가지, 가능한 한 '응원하고 싶은 상대에게 돈을 지불하는 것'이다. 이것만 명심하면 된다. 지금 우리 사회에는 훌륭한 문화와 공예가 많이 남아 있다. 이런 멋진 유산은 그냥 내버려뒀는데도 저절로 남아 있는 것이 아니다. 오히려 정반대라고 할 수 있다. 이러한 문화유산을 반드시 후세에 남겨야 한다고 생각한 선인들의 지속적인 지원과 노력이 있었기에 비로소 오늘날의 우리에게 풍요로운 유산이 남아 있는 것이다.

이것은 예전에 구리나 주석 재질로 만든 수제 차통 노포로 유명한 개화당(開化堂)의 6대 대표인 야기 다카히로(八木隆裕)에게 들은 이야기다. 모든 일이 기계화되어가는 경제 성장기에 '손으로 만드는 작업은 시대에 뒤떨어진다'는 가치관이 지배적이었을 때, 엄청난 노력과 시간을 들여 만들어야 하는 전통 차통 제작에도 강한 역풍이 불어와 경영난에 빠졌다고 한다. 그런데 이때 교토에 있는 차 전문점들이 "아무 걱정 하지 말고 오직 좋은 물건을 만들어주게나. 우리가 살 테니까" 하며 계속 구매해준 덕에 개화당이 존속할 수 있었다고 한다. 이 이야기는 '응원 경제가 사회의 문화적 풍요를 이룬다'는 사실을 이해하기 쉽게 보여주는 사례다.

책임 있는 소비로 시장 원리를 해킹하라

우리는 일상생활에서 별다른 생각 없이 물건과 서비스를 구입한다. 그리고 이 구입은 일종의 투표로 기능해 구입하는 사람이 의식하지 않고 어떤 물건과 서비스를 다음 세대에 물려줄 것인지 결정하게 된다. 단지 '싸니까' 또는 '편리하니까'라는 이유로 계속 돈을 지불한다면 머지않아 우리 사회는 싸고 편리하기만 한 것들로 채워질 것이다. 그런 사회를 원하지 않는다면 우선 자신의 경제 활동부터 다시 생각해봐야 한다.

이런 이유로 '책임 있는 소비'를 하겠다는 사고가 중요하다. 책임 의식이 중요한 까닭은 바로 우리의 소비 활동에 의해 어떠한 조직과 사업이 차세대에 남겨질지 결정되기 때문이다. 우리가 자신이 행하는 소비 활동에 아무런 사회적 책임을 느끼지 못하고 비용 대비 효과의 최대화만 추구한다면 사회의 다양성이 사라지고 가장 효율적으로 '도움이 되는 물건'을 제공하는 사업자만 사회에 남게 될 것이다.

이런 방향의 대표 주자인 대기업이 사회를 좌지우지하는 데 비판적인 사람도 많지만, 그들이 권력자와 결탁되어 지배적 지위를 획득한 것은 아니다. 그들이 그러한 큰 권력을 쥐게 된 것은, 우리가 그들에게 많은 물건과 서비스를 구입하고 있기 때문이다. 뒤집어 말하면, 시장 원리를 해킹하면 우리가 남기고 싶은 물건과 서비스를 확실하게 차세대에 물려줄 수 있다는 뜻이다.

작고 가깝고 아름답게

여기서 관건은 더욱 '작고 가깝고 아름답게'라는 방향성이다. 제2장에서 살펴보았듯이, 근대 사회의 경제는 기본적으로, 보편적인 물질적 문제를 해소함으로써 발전했기 때문에 그 과정에서 수많은 대기업이 생겨났다. 보편적인 문제라는 것은 고객이 전 세계에 두루 존재한다는 의미이므로 규모의 이익을 살려 가능한 한 긴 가치 사슬을 구축하고 같은 물건을 대량 생산하는 방식이 경쟁에 매우 유리했다.

그 결과, 오늘날 우리 사회에는 '크고 멀리 효율적으로'라는 강박적 가치관이 널리 퍼졌다. 이러한 압박감은 당연하게도 미미한 성장이 정상적인 상태로 인식되는 '고원사회'에서 정신질환의 원인이 되며, 무엇보다도 활동에서 얻을 수 있는 자기충족적 기쁨을 배제하는 원인이 된다.

이때 가장 중요한 열쇠는 더욱 '작고 가깝고 아름답게'라는 역

방향으로 방향성을 회복하는 일이다. 서로 얼굴이 보이는 관계를 통한 기쁨의 교환이 가치 사슬에서 가치 순환으로 전환을 추구하는 게 목적이라고 한다면, 우리 경제 또한 과거 200년 동안 굳은 의지를 다지며 쫓아온 더욱 '크고 멀리 효율적으로'라는 가치관에서 탈피해 더욱 '작고 가깝고 아름다운' 방향으로 목표 기준을 바꿔야 한다.

그리고 2020년, 이 새로운 방향으로 전환할 수 있는 커다란 계기가 찾아왔다. 바로 코로나19 팬데믹이다. 이미 보도되었듯이, 일본에서는 감염 확대를 계기로 대도시에서 소도시와 지방으로 이주하는 데 관심을 보이는 사람이 늘고 있다. 계기는 재택근무다. 재택근무가 일반적인 근무 형태로 인식되면 직장과 거주지를 가까이 두는 데 의미가 없어진다. 사원 의식 조사를 실시하는 세계 최대 기업 갤럽의 발표에 따르면, 직장인들의 회사에 대한 애착과 공헌 의지는 일주일에 60~80% 재택근무로 일할 경우 가장 높아진다고 한다.[*] 일주일에 1~2회 정도 출퇴근할 때 가장 생산성이 높고, 그 이상 출퇴근을 시도하면 오히려 생산성이 떨어진다는 뜻이다.

'작고 가깝고 아름답게' 가치 순환으로의 전환

최근 '뉴노멀(New Normal, 시대 변화에 따라 새롭게 떠오르는 기준

---

[*] https://www.gallup.com/cliftonstrengths/ja/.

또는 표준 – 역주)'이라는 표현이 떠올라 많이 사용되고 있다. 이 '노멀' 속에서 원하든 원치 않든 가장 큰 사회 변화를 일으키는 것이 '재택근무의 보편화'일 것이다. 회사로 출퇴근하는 일수가 주 1~2회로도 충분하다면 굳이 물가가 높고 환경이 열악한 대도시에 거주지를 마련할 필요가 없다. 근대 사회가 성립된 이래, 우리 사회에는 항상 '회사가 있는 장소'와 '사는 장소'를 가까이 두려는 강한 압력이 작용해 왔지만, 그 압력이 단번에 감소하는 시대가 도래한 것이다.

그리고 말할 필요도 없이 더욱 '작고 가까우며 아름답게'라는 라이프 스타일은 대도시에는 어울리지 않으며, 상대적으로 작은 커뮤니티에서 실현하기가 더욱 수월하다. 이는 일본에서 오랜 기간 해결하지 못한 과제였던, 도쿄 한 곳에 여러 기능이 집중되던 현상을 개선할 좋은 기회다. 게다가 앞으로 재택근무로 인한 지방 이주 현상이 촉진된다면, 이는 지금까지의 지방 이주와는 달리 경제적 평준화 효과를 얻게 된다는 점도 간과해서는 안 된다.

이제까지는 지방으로의 이주는 '개인의 수입원'도 포함한 조건을 전제로 이루어졌다. 즉, 도시에서 수입을 얻고 도시에서 소비하는 생활에서 지방에서 수입을 얻고 지방에서 소비하는 생활로 전환되었던 것이다. 하지만 앞으로는 우리 생활 속에 재택 근무가 전 세계적인 추세로 자리잡아 거주 지역의 확산이 이뤄진다면 수입원의 이전이 필수적으로 동반되지 않아도 된다. 쉽게 말해 도쿄, 오사카, 후쿠오카, 삿포로 같은 대도시 경제권에 본거지를 두고서 가상 공간상에서 일과 활동을 하여 얻은 수입을 거주지 지역의 더욱 '작고 가깝고 아름다운' 경제에 투입되는 순환이 일어나는 것이다. 지금까지 대도시권에서 지방으로의 자금 순환은 국가 정책에 의해 이루어졌지만 이제는 우리 각자의 의사와 선택에 따라 이뤄지는 것이다.

세계적으로 저명한 산업 디자이너인 재스퍼 모리슨(Jasper Morrison)은 "서민 동네의, 그것도 되도록 작은 상점에서 해외에 있는 친구에게 줄 선물을 사고 있다"고 했다. 이러한 행동이 그 지역에 가장 중요한 공헌이 되기 때문에 그렇게 한다고 했다. 대개 특정 지역의 자랑거리를 언급할 때 지역의 특산품이나 건축물, 유명 장소 등 물리적인 것을 꼽는 경우가 많은데, 모리슨의 말을 곱씹어보면 그러한 물리적인 물건이 아니라 그 지역에서 순환되는 경제 시스템이야말로 해당 지역의 삶을 풍요롭게 유지하는 데 중요하다는 것을 알 수 있다. 모리슨의 이 말에도 '책임 소비'라는 규범이 분명히 뒷받침되어 있다.

이니셔티브 3: 보편적 기본소득 도입

이제 기본소득제를 고찰해보자. 최근에는 이런저런 곳에서 많이 논의되고 있어 잘 알려진 용어이지만, 다시 한번 간단히 설명하겠다.

기본소득(UBI)이란 문화적으로 건강한 생활을 유지하는 데 필요한 최소한의 금액을 모든 국민에게 무조건적으로 지급하는 제도를 말한다. 일본의 생활 보장 제도를 비롯한 종래 사회보장제도는 대부분 일정한 조건에 해당하는 사람들에게 한정적이고 선택적으로 시행된 데 반해, UBI는 무조건 모든 국민에게 지급된다는 특징이 있다.

지금까지 고원사회에서는 경제를 인간성에 기인한 충동으로 구동되는 자기충족적인(consummatory) 사회로 전환해야 한다고 주장했는데, 이 같은 전환을 이뤄내기 위해서는 반드시 UBI를 도입해야 한다. 아티스트나 댄서 같은 사람들이 예술적 충동에 자극받아 작품과 공연 활동을 창조하듯이 모든 사람이 활동 자체에서 희열과 만족감을 느낄 수 있는 자기충족적인 사회를 목표로 할 때 경제적인 안정성에 관한 걱정과 불안이 큰 저해 요인이 될 수 있기 때문이다.

이미 다양한 곳에서 UBI의 도입이 논의되고 있는데, 대부분 도입의 목적을 빈곤 해소와 격차 시정으로 설정하고 있다. 나 또한 당연히 해결되어야 마땅한 빈곤과 격차 문제가 UBI 도입으로 인해 해결되거나 아니면 적어도 시정될 것이라고 긍정적으로 보는데, UBI 도입에 따른 효과는 그 정도에 그치지 않고 훨씬 더 큰 부차적 영역까지 미칠 것으로 예상된다. UBI를 도입하면 어떤 메커니즘으로 라이프 스타일이 다양해지고 사회적 이노베이션이 촉진되는지 고찰해보자.

지적 생산의 '질'과 '양'의 관계성

제2장에서 확인한 대로, 고원사회가 안고 있는 과제는 대부분 경제 합리성 한계곡선의 바깥에 존재하며, 반드시 해결되어 큰 경제적 이득을 얻을 수 있다고 보장되어 있지도 않다. 이러한 과제에 사회 전체가 과감히 도전하기 위해서는 결과가 어떻든지 간에 살아가는데 곤란한 일은 없을 거라는 안전망이 필요하다. 사회적 이노베이션을 성공시키기 위해서 가장 중요한 포인트는 사회 전체적으로 도전의 '양'을 높은 수준으로 유지하는 데 있기 때문이다. 이는 졸저《세계에서 가장 혁신적인 조직을 만드는 법(世界で最もイノベーティブな組織の作り方)》에서도 언급한 사항인데, 아이디어의 '질(quality)'을 좌우하는 가장 중요한 요소는 아이디어의 '양(quantity)'이다.

캘리포니아대학교 데이비스 캠퍼스의 심리학 교수 딘 사이먼튼(Dean Simonton)은 작곡가나 과학자의 지적 생산 활동을 상세히 조사해 지적 생산의 '질'이 그 '양'에 의해 만들어진다는 사실을 밝혀냈다. 일반적으로 '양과 질'은 트레이드오프 관계로 여겨진다. 많은 사람이 질을 추구하면 양이 희생되고, 양을 추구하면 질을 소홀히 하게 된다고 생각하는 것이다. 그러므로 '질은 양에서 나온다'는 사이먼튼의 주장은 선뜻 이해되지 않는다.

하지만 걸작이 탄생하는 메커니즘을 다시 곰곰이 생각해보면 그의 주장이 타당하다는 사실을 잘 알 수 있다. 애초에 창조성이란 우발적으로 이뤄진다는 특징이 있기 때문이다.

혁신의 발생 기전을 보면, 다양한 시행착오가 수없이 행해지는 동안에 여러 '아이디어'와 '방법'이 자연도태되고 결과적으로 뛰어난 아이디어와 방법만 살아남아 성과를 일궈낸다. 확률이 일정하다면 모집단(population, 통계적인 관찰의 대상이 되는 집단 전체 - 역주)을 늘려서 성과를 부풀릴 수밖에 없다.

그 증거로 사이먼튼은 과학자든 작곡가든, 특정 인물이 이뤄낸 최고의 성과는 그 사람이 가장 아웃풋을 많이 내는 시기에 창출됐다고 명백히 밝혔다. 동시에, 그 과학자나 작곡가의 인생에서 가장 형편없는 논문이나 작품도 그 시기에 나온다고 강조했다. 즉, 실패가 두려워 신중하게 하느라 '시도하는 양'이 줄어들면 결과적으로 '질' 또한 떨어진다.* 우리는 성공의 반대쪽에 실패를 대치시켜놓고 성공을 추구하면서 실패는 가능한 한 피하려고 한다. 하지만 지금까지 고찰한 바를 살펴보면 이익이 되는 좋은 일만 골라서 할 수는 없다는 것을 알 수 있다.

사회적 혁신을 성공시키는 최저 조건

고원사회에서 사회적 혁신(social innovation)을 강력하게 추진

---

* 실은 이러한 지적은 예전부터 많이 있어왔다. 노벨화학상 수상자인 라이너스 폴링(Linus Carl Pauling)은 학생들로부터 "어떻게 하면 좋은 연구 아이디어가 떠오릅니까?" 하는 질문을 자주 받았는데, 그는 항상 "일단 아이디어를 많이 생각하라. 그리고 쓸모없는 아이디어를 버려라"라고 대답했다. 인텔의 IT 전략 기술 담당 임원을 역임한 메리 머피 호이(Mary Murphy-Hoye)도 "성공한 횟수의 열 배의 실패를 하지 않았다면, 충분히 리스크를 지지 않았다고 생각해야 한다"라고 말했다.

해 나가려면 무엇보다 일단 '시도하는 일의 절대량'을 늘려 나갈 수밖에 없다. 즉, 가능한 한 많은 사람이 각자 충동으로 마음을 움직여 다양한 사회 문제에 도전해야 한다. 이때 한 가지 과제가 부상한다. 각종 문제를 해결하기 위한 방안을 시도한 결과, 길거리로 나앉고 생활이 파탄날 수 있다는 불안을 없애지 못하는 상황에서는 시도하는 일의 절대량을 늘리기 어렵다는 사실이다. 각종 통계 자료가 나타내듯이, 일본인은 전반적으로 리스크 회피 성향이 다른 국가보다 상대적으로 강하다는 것을 감안하면, 실패에 대한 불안을 해결하지 못하는 한 도전의 절대량을 비약적으로 증가시키기는 어려울 것으로 보인다.

자신의 생활이 파탄 날지도 모른다는 절박한 걱정을 안고 있는 사람이 사회 혁신을 위한 멋진 아이디어를 잇달아 낼 수 있으리라고는 생각할 수 없다. 돈에 관한 고민은 뇌의 처리 능력을 심각하게 잠식하므로 한번 경제적인 걱정에 빠지게 되면 좀처럼 그 상황에서 벗어날 수 없다. 이른바 '빈곤의 악순환'에 말려드는 것이다.

19세기 팍스 브리태니커(Pax Britannica, 영국이 전 세계를 지배해 평화와 번영을 이루던 황금기 – 역주)의 최전성기인 빅토리아 왕조 시대에 영국을 대표하는 사상가이자 미술 비평가인 존 러스킨(John Ruskin)은 사회에서의 예술 창출과 경제 문제에 관해, 깊이 고찰하고 다음과 같은 문제를 지적했다.

지금은 어떤 화가라도 타고난 독창적 재능이 뛰어날수록 젊은 시절에 분명 악전고투할 확률이 높기 때문에 그 사상이 풍부하고 산뜻해야 할 때, 마음이 온화하고 희망으로 열정적이어야 할 때, 즉 가장 중요한 시기에 마음이 온갖 걱정거리와 가정에서의 고민으로 가득 차게 된다. 그의 열정은 실망할 때마다 차갑게 식어가고, 부당한 대우에 조바심을 내며, 자신의 장점뿐만 아니라 단점에도 완고히 집착하게 되어, 그의 확신이 무너질 때 그의 의지도 함께 꺾이고 만다.

— 존 러스킨, 《예술경제론(The Political Economy of Art)》

러스킨은 풍부한 재능을 지닌 젊은이가 경제적 불안으로 인해 어쩔 수 없이 예술가로서의 커리어를 단념하고 수단적(instrumental)인 직업으로 이끌려가는 것을 마음 아파했다. 고원사회에서 가치 창출 활동을 '문명'에서 '문화'로 전환해야 한다는 것을 생각할 때, 러스킨의 지적은 다시금 깊이 고찰해볼 만한 가치가 있다.

고원사회에서 격차 확대에 대한 조치

덧붙여 지적하자면, 고원사회에서 '가치 창출의 불확정성'이 높아지는 상황도 UBI의 도입을 추구하는 요인이 된다. 20세기 중반처럼 세상에 수없이 많은 불편과 불만, 불안, 불쾌한 일들이 존재하는 상황에서는 그런 요소들을 해결하기 위한 물건과 서비스를 만들어내면 거기서 큰 경제 가치가 생성되었다. 눈앞에 명백한 문제가 있었으므로 자신들이 만들어낸 물건과 서비스가 얼마나 많은 사람에게 받아들여질지 사전에 어느 정도 예상할 수 있으며, 그 점에서 가치 창출의 확정성이 매우 높았다. 하지만 앞으로 다가올 고원사회에서는 물건과 서비스의 가치 크기를 예견하기가 어려울 것이다. 많은 활동이 '도움이 되는 물건과 서비스를 창출하는' 데서 '의미가 있는 물건과 서비스를 창출하는' 것으로 전환되기 때문에 창출하는 가치의 격차가 크게 벌어질 수밖에 없다.

간단한 사고 실험을 한번 해보겠다. 누구나 하고 싶어 하지 않는 가장 귀찮은 업무부터 순서대로 혁신을 통해 기계화, 자동화되어간다고 생각해보자. 가장 귀찮은 업무가 기계화되어 실직한 노동자는 두 번째로 번거로운 업무에 종사하게 되고, 사회 전체의 담당 분야는 전체적으로 한 단계 올라간다. 이런 일이 200년 사이에 몇 번 반복되면 마침내, 기계화할 수 있는 귀찮은 업무가 모두 기계로 대체된다. 이 상황에 이르면 인간에게 남겨진 일자리는 원리적으로 기계화가 불가능한 일밖에 없다. 다시 말해 '창조'와 '놀이'만 남는다. 여기에 커다란 함정이 있다. 우리가 말하는 생산 노동과 달리, 창조나 놀이는 생산성의 차이가 커서 오히려 소득 격차가 벌어지기 때문이다.

이 점은 전작 《뉴타입의 시대》에서 상세히 설명했지만 '도움이 된다'는 가치와 비교했을 때 '의미가 있다'는 가치는 각각 차이가 무척 크다. 결국 막대한 경제 가치를 생성하는 물건과 경제 가치를 전혀 창출하지 못하는 물건, 이렇게 양극으로 나뉘어버린다.

예술 작품을 생각해보면 이해하기 쉽다. 똑같이 한 장의 캔버스에 그려진 예술 작품이라도 그 가치는 수천 엔부터 수백억 엔이라는 극히 넓은 범위에 분산되어 있다. 하지만 작품 자체에 드는 비용과 노동력은 크게 차이나지 않는다. 따라서 이 극단적인 가치의 차이는 그대로 극단적인 소득 격차를 초래하게 되고, 말할 것도 없이 이 큰 격차는 우리 사회를 단절시키는 중대한 요인이 된다. 여기에 고원사회가 안고 있는 본질적인 모순이 있다.

이미 물질적 불만의 해소가 진행된 고원사회에서 우리는 도움이 되는 것보다도 의미가 있는 것을 추구해서 활동에 종사하게 되는데, 이 '의미'는 창출되는 가치 면에서 매우 큰 격차를 낳고 마는 것이다. 이 격차를 그대로 소득의 격차로 연결 지어버리면 우리가 상상하고 기대하는, 본질적인 의미에서 모두가 풍요롭고 활기 있는 삶을 사는 고원사회를 실현하는 일이 잘 될지 아닐지 불안해질 수밖에 없다.

창출해내는 가치의 차이가 극단적으로 커지는 고원사회에서는, 사회에서의 가치 이전과 공유가 중요한 과제가 된다. 그 결과의 격차는 대부분 운이라고밖에 할 수 없는 것에 의해 생겨난다. 큰 의미가 있는 가치를 창출하는 데 성공하면 물론 '운이 좋았다'고 할 수 있지만, 그것은 다시 말해 그 사람이 '우주로부터 증여받았다'라는 의미로 볼 수 있으므로 받은 증여를 다시 사회에 증여해 돌려주는 것이 예의일 것이다.

사회적 투자 국가의 방향은 없다

인재 육성 과제에 UBI를 적용해보자. 말할 것도 없이, 어떤 국가의 발전과 성숙은 그 나라 국민의 교육에 크게 좌우된다. 그렇다면 어떻게 교육해야 인적 자본의 가능성을 최대화할 수 있을까?

영국 토니 블레어(Tony Blair) 정권의 수뇌였던 사회학자 앤서니 기든스(Anthony Giddens)는 마거릿 대처(Margaret Thatcher) 정권 이후의 신자유주의적 사회에 대항하기 위해 '사회적 투자 국가'를 제안했다.

> 지침으로 삼아야 하는 것은, 생계비를 직접 지급할 게 아니라 가능한 한 인적 자본에 투자하는 일이다. 우리는 복지 국가 대신에 긍정적인 복지 사회라는 배경 속에서 기능하는 사회적 투자 국가(Social Investment State)를 구상해야 한다.
>
> — 앤서니 기든스, 《제3의 길》

여기에는 생계비를 직접 지급하는 복지 국가와 인적 자본에 투자하는 사회적 투자국가라는 대립 구조로 논제가 정리되어 있는데, 이는 매우 비합리적인 논의 방법이라고 생각한다. 생계비를 직접 지급받은 개인은 그 생계비의 용도가 한정되어 있지 않은 이상, 자신의 인적 자본이 지닌 가치를 높이는 데 투자할 가능성을 충분히 생각할 수 있기 때문이다. 다시 말해, 여기서 대비 구조로 제시된 두 가지 국가 형태는 실제로는 대비 구조가 성립되지 않는다.

하지만 용도가 확정되지 않은 돈을 지급받은 사람들이 정말로 의미 있는 용도로 그 돈을 사용할 것인지 염려하는 사람도 있을지 모른다. 이 의구심에 대한 답은 최종적으로 '인간관'에 따라 결정될 테지만, 지금까지 실시한 많은 사회 실험 결과는 이러한 걱정이 기우라는 사실을 보여준다.

예를 들어, 10년이 넘도록 노숙자로 생활해온 사람들에게 용도를 특정하지 않고 '공짜 돈'을 건네주었더니 대부분 지급받은 돈을 절약하면서 신중하게 투자하여 노숙자 처지에서 벗어나는 데 성공했다는 보고 자료도 있다. 이 책은 UBI에 관한 계몽서가 아니므로 이 이상 자세히 설명하지는 않겠지만, 이 내용을 읽고 관심이 생겼다면 네덜란드의 사상가이자 저널리스트인 뤼트허르 브레흐만(Rutger Bregman)의 《리얼리스트를 위한 유토피아 플랜》을 읽어보길 바란다.

자기충족적인 직업으로 전환한다

오늘날 UBI 제도 도입을 둘러싸고 전 세계에서 찬반으로 나뉘어 활발한 논의가 계속되고 있다. 도입을 반대하는 측에서 주장하는 반론의 중점은 이 제도의 구조가 일종의 도덕적 해이(moral hazard)를 초래한다는 데 있다. 나름대로 이해가 가는 견해이지만, 이 같은 지적의 이면에는 '내가 힘들게 돈 벌어 낸 세금이 아무 일도 하지 않은 사람들에게 사회보장이라는 명목으로 분배되는 건 싫다'는 속 좁은 심리가 숨어 있는 것 또한 사실이다. 여기서 말하는 도덕적 해이란, 이러한 심리에서 비롯된 스트레스가 반대 방향으로 분출되어 '그렇다면 나도 힘든 일 따위 그만두겠어' 하는 행동으로 귀결되고, 결과적으로 사회 전체의 노동 생산력이 정체될 수도 있다는 지적으로 설명할 수 있다.

하지만 이미 여기까지 읽어왔듯이, 나는 사회에서 노동관의 전환이 이뤄져야 한다고 주장하고 있으며, 그 전환을 촉진하는 요소로써 UBI의 도입을 제안하는 것이다. 힘들게 일해서 얻은 대가를 높은 세금으로 징수해 가는 것은 누구라도 싫을 것이다. 하물며 그 세금이 '힘든 일은 질색이야' 하면서 일하지 않는 사람에게까지 분배되는 건 참을 수 없다고 생각하는 사람이 있다는 사실도 잘 안다. 이것은 분명 '힘든 일'을 수단으로, '보수'를 목적으로 생각하는 수단적(instrumental) 노동관에서 비롯된 사고방식이다.

하지만 고원사회에서의 노동은 이렇게 수단적인 가치가 아니라, 노동 자체가 기쁨과 보람으로 회수되고 노동과 보수가 일체화된 자기충족적(consummatory)인 가치로 전환된다. 이러한 사회에서 일한 결과로 얻는 대가의 가치와 만족도는 크게 달라질 것이다. 거꾸로 말하면 UBI를 도입함으로써, '일이 힘들긴 하지만 급여를 받기 위해서는 어쩔 수 없다'는 수단적인 직업관을 가진 사람들을 현재 하는 일에서 손 떼게 해서 본인이 가장 즐거움과 보람을 느낄 수 있는 자기충족적인 직업으로 전환하는 것 또한 노리고 있다.

자본주의를 해킹한다는 의미

인간은 오랜 진화 과정에서 '감정'이라는 기능을 획득했다. 혹시라도 감정이 개체의 생존과 번식에 유리하게 작용하지 않는다면 우리의 뇌가 그러한 기능을 획득할 리 없다. 자연은 그런 사치를 허용하지 않는다.

우리 인간이 감정이라는 기능을 획득한 까닭은, 감정이 생존과 번식에 필수적이기 때문이다. 이를 반대로 표현하면, 감정을 억제하고 수단적인 삶을 지향하는 일은 생물 개체로서의 생존 능력과 전투 능력을 훼손하는 것이다. 급여가 높다는 이유만으로 삶의 보람도 즐거움도 느낄 수 없는 직업에 종사하며 사는 것은 본질적으로 생명으로서 에너지를 상실하는 일이나 다름없다.

한 가지 더 짚어보자면, 이러한 수단적인 노동관을 가진 사람들 때문에 불건전한 직업이 노동 시장에서 배제되지 않고 계속 남게 된다는 문제가 있다. 만약 우리가 자신이 느끼는 본래의 감정과 행복 감수성에 따라 자신의 직업을 선택할 수 있다면, 우리의 행복에 공헌하지 않는 일자리나 활동은 사회에서 사라질 것이다. 이는 우리 사회에 시장 원리가 작동하기 때문이다. 여기에 내가 '자본주의를 해킹한다'고 말하는 의미가 있다.

UBI의 사고방식이 과거의 사회주의와 가깝다는 점에서 이를 '자본주의의 부정'이라고 보는 시각도 있지만 내가 UBI를 도입하자고 주장하는 본래의 목적은 오히려 이와 정반대다. 나는 노동시장에서 시장 원리를 더욱 철저하게 작동시키기 위해 UBI 도입이 필요하다고 생각한다.

'더욱 잘산다는 것은 무엇인가?' 하는 물음

UBI의 도입에 관해서는 현재 다양한 기관에서 논의하고 있는데, 솔직히 말하면 심한 거부감을 느낄 때가 많다. 왜냐하면 UBI 도입의 옳고 그름이 대부분 '경제 성장'과 '생산성 향상' 등 근대화가 완료되기 이전의 낡은 가치 척도에 의해 평가되고 있기 때문이다. 이 책 앞머리에서 지적한 대로, 우리는 이미 근대화를 추진하던 '등산 사회'에서 근대화를 끝마친 '고원사회'로 옮겨가고 있기 때문에 이러한 등산 사회의 낡은 척도를 들고나와 고원사회의 체제를 논의해봐야 아무 소용이 없다.

여기서 짚어야 할 점은, 경제 성장과 생산성에 대한 성과가 아니라 '인간이 살아갈 가치가 있는 좋은 사회란 어떠한 사회인가?' 하는 물음이어야 한다.

신약성서 〈마태복음〉 20장에는 '천국은 어떤 곳인가?'라는 물음에 대한 비유가 나온다. 포도 농장 주인이 아침에 광장에 나가 노동자들에게 하루에 1데나리온(denarius, 고대 로마의 은화 - 역주)을 주겠다고 약속하고 일꾼으로 고용한다. 이윽고 날이 저물 무렵, 주인은 다시 광장에 나갔다가 그곳에서 하루 내내 아무것도 하지 않고 있는 사람들을 발견했다. "여기서 무엇을 하고 있는 거요?"

주인이 묻자 이 사람들은 "일자리를 얻지 못해서요"라고 대답했다. 주인은 "당신들도 포도 농장에 가서 일하시오" 하고 권했다. 그렇게 하루가 끝나자 주인은 "아침부터 일한 사람에게도, 저녁부터 일한 사람에게도 동등하게 1데나리온의 임금을 지급하라"고 지시하고는 우선 저녁부터 일한 사람들에게 1데나리온을 지급했다. 아침부터 일한 사람들이 이 모습을 보고 "온종일 뙤약볕 아래서 일한 우리의 보수가 왜 똑같습니까?" 하고 따져 물었다. 아무리 생각해도 정당한 불평으로 생각되지만 이 물음에 주인은 이렇게 대답했다.

"나는 나중에 온 사람들에게도 당신들과 똑같이 지급하고 싶소."
— 〈마태복음〉 20장 13절

논리적이지 않다. 일자리를 얻은 사람은 임금을 받고, 일자리가 없는 사람은 임금을 받지 못한다. 또한 일을 많이 한 사람은 임금을 많이 받고 조금밖에 일하지 않은 사람은 조금밖에 받지 못하는 것이 합리적일지도 모른다. 그래도 나는, 똑같은 금액을 지급하고 싶다고 말하는 것이다. 이것도 일종의 자기충족적인 충동이라고 할 수 있다.

되풀이해서 말하지만, 이것은 합리성의 문제가 아니다. 그렇게 해야 '노동생산성이 올라가거나 내려간다'라거나 '실업률이 올라간다거나 내려간다'든가 하는 그런 문제가 아니다. 예수는 이 이야기를 통해 "일거리를 받은 사람도 일거리를 받지 못한 사람도 똑같이 임금을 받아 오늘 하루를 안심하고 지낼 수 있으면 좋겠네. 나는 그런 사회가 좋은 사회라고 생각해" 하고 말하려는 것이다.

하지만 여기에 아무래도 절망적인 어려움이 있는 것 같다. 나 자신은 '그렇지. 맞는 말이네. 역시 예수! 좋은 말씀을 하셨어'라고 생각하면서 이 글을 읽었지만, 분명 이 이야기에 이해도, 공감도 할 수 없는 사람들도 있다. 그 증거로 성서의 해석을 전문으로 하는 신학자들 가운데 많은 사람이 실제로 이 이야기의 해석을 둘러싸고 왜 굳이 그렇게 복잡하게 해석해야 하나 하고 고개를 갸웃거릴 정도로 아슬아슬한 해설을 내놓고 있다.

실명을 언급하지 않겠지만, 한 고명한 신학자는 이 이야기에 대해 '설령 인간이 이해할 수 없어도 신의 의사에는 절대복종해야만 한다는 것을 가르쳐주고 있다'라고 주장했다. 이에 대해 나는 '이봐, 인간이 이해할 수 없는 게 아니라 자신이 이해하지 못하는 것뿐이겠지. 나는 충분히 알겠는걸' 하는 생각이 든다. 또 다른 신학자는 '취업자와 실업자에 대한 비유다. 이건 차별이 바람직하지 않으며, 신 앞에서는 모두 평등하다는 뜻이다'라고 설명했는데 어느 쪽이든 모두 어이가 없을 따름이다.

적힌 그대로 읽으면 예수의 의도가 그런 데 있을 리 없다는 게 명백하지 않은가. 그는 단지 '일자리를 얻은 사람도, 일자리를 얻지 못한 사람도 누구나 안심하고 살 수 있는 사회가 좋다'고 말하고 있는 것뿐이며, 이는 분명 UBI를 가리키고 있다.

오늘날 여기저기서 코로나 이후의 세계에 관한 논의가 격렬하게 오가고 있지만, 이들 대부분이 현재 사회의 가치 지표를 이용해 학술적으로 전개되고 있는 데 매우 거부감을 느낀다.

이를테면 실업률이나 GDP 성장률은 현재 사회 시스템을 전제로 하면 물론 전자는 낮은 편이, 후자는 높은 편이 좋다고 생각하기 쉽다. 그런데 이런 가치 기준을 적용하면서 'UBI를 도입하면 이들 지표가 어떻게 변화할 것인가'를 예측하고 논의해봤자 아무 소용도 없다. 지금 우리에게 정말로 필요한 것은 각종 정책안에 관한 학술적인 평가가 아니라, 예수가 '신의 국가'를 상상하기 위한 실마리로 이야기한 포도 농원 같은 비전을 각자 구상하고 공유해 나가는 일이 아닐까.

내가 전하고 싶은 메시지는 거의 다 말했다. 이대로 책을 끝낼 수도 있지만, 고원사회를 실현하는 데 있어 꼭 전하고 싶은 몇 가지 제안을 아주 짧게 설명하고 마칠까 한다.

- 사회 구상 회의의 설립
- 사회적 균형성과표 도입
- 조세율 재검토
- 교육 시스템의 재설계

사회 구상 회의의 설립

가장 먼저 제안하고 싶은 것은 '작은 미국'을 대신할 새로운 사회 비전을 구상하는 사회적 시스템 및 프로세스의 구축이다.

제1장에서 지적한 것처럼, 일본은 20세기 중반 이후 줄곧 '작은 미국'을 목표로 해왔다. 이 사고방식은 우리에게 단단히 스며

들어, 여전히 미국과 비교할 때만 성립하는 '일본 붕괴론'을 많은 매체에서 시끄러울 정도로 떠들어대고 있다. 하지만 나는, 미국을 비교 대상으로 삼아 일본 사회 시스템의 모델을 생각하는 것 자체에 파멸적인 요소가 도사리고 있다고 생각한다. 왜냐하면 미국과 일본은 전제되는 기본 조건부터가 너무나 다르기 때문이다.

이를테면 미국은 일본보다 25배나 넓은 국토를 보유하고 있고(미국 = 983만km², 일본 = 38만km²), 2.6배나 되는 인구를 보유하고 있으며 (미국 = 3억 2716만 명, 일본 = 1억 2588만 명)[*] 천연자원도 훨씬 풍부하다(에너지 자급률: 미국 = 92.6%, 일본 = 9.6%).[**] 또한 미국 국민은 대부분 이민자 아니면 초기 이민자의 자손이며(이민자 비율: 미국 = 14.5%, 일본 = 1.6%),[***] 국제 공용어인 영어를 사실상 공용어로써 사용하고 있으며,[****] 더욱 결정적인 요소로 인구가 이미 감소하기 시작한 일본과 달리 미국은 여전히 인구가 증가하는 추세여서 매우 특수하고, 모든 면에서 좋은 조건을 갖추고 있는 국가다.

물적, 인적 자원에서 이렇게 큰 차이가 있는 국가를 목표로 해야 할 벤치마크로 인식하고 무리에 무리를 거듭하면 어떤 결과가

---

[*]   외무성 홈페이지(https://www.mofa.go.jp/mofaj/kids/ranking/jinko_o.html).

[**] 자원에너지청 홈페이지(https://www.enecho.meti.go.jp/about/special/johoteikyo/3es_graph01.html).

[***] 파이낸셜스타 홈페이지(https://finance-gfp.com/#st-toc-h-1).

[****] 미국 연방정부의 공용어 규정은 없다. 34개 주가 영어를 공용어로 규정하고 있는데 지나지 않는다. 여기서는 '실질적으로 영어가 공용어로 되어 있다'는 의미에서 이렇게 표현했음을 밝혀둔다.

닥치겠는가. 지금부터 100년 전, 문명 개화기를 살았던 소설가이자 영문학자 나쓰메 소세키는 소설《그 후》에서 일등 국가를 지향하며 분수에 맞지 않는 노력을 계속하는 일본의 미래에 관해 주인공인 나가이 다이스케(長井代助)의 목소리를 빌려 다음과 같이 말했다.

소와 경쟁하는 개구리처럼 이제 곧 배가 터지고 말 거야.
— 나쓰메 소세키,《그 후》

온갖 물질적 부족의 고통을 맛보면서 잿더미로 변한 국토를 부흥시키는 데 힘을 쏟던 사람들에게 물질적 번영을 누리고 있는 1950년대의 미국이 동경하는 나라가 된 상황을 이해 못 하는 바는 아니다. 아시아의 방공(防共) 요새***** 역할을 담당했던 일본은 또한 자본주의가 가져다주는 물질적 번영을 아시아 국가들을 향해 실연(demonstration)하는 데 걸맞은 본보기가 될 것으로 기대를 받았고, 이런 역할을 기쁘게 받아들였다.

하지만 제1장에서 확인한 대로, 우리 사회는 이미 물질적 생활 기반을 정비했기 때문에 더 이상 '작은 미국'을 지향할 필요가 없어졌다. 반세기에 걸쳐 우리를 괴롭혀온 '작은 미국을 추구한다'는 목표를 지우는 순간, 우리 눈앞에는 다양한 선택지가 생길 것이다.

***** 공산주의의 침입과 확산을 막는 일.

큰 북유럽형 사회민주주의 국가를 지향하라

그렇다면 우리가 추구해야 할 모습으로 어떠한 국가와 사회 모델을 그려야 할까? 이에 관해 섣부르게 논하고 싶지는 않지만, 지금까지 이야기한 이니셔티브(initiative)와 아우르고 '작은 미국'의 유추(analogy)를 답습해 커다란 방향성만 제시하자면, 바로 '큰 북유럽형 사회민주주의 국가'라고 할 수 있다. 다시 말해 헛되이 경제 성장만 추구하기보다는 격차를 해소하고 자연, 예술, 문화에 누구나 접근할 수 있는 사회, 본질적인 의미에서 모두가 더욱 풍요롭고 활기 있는 삶을 살아갈 수 있는 사회다. 물론 이는 어디까지나 내 개인의 의견이며 최종적으로는 사회 구성원들의 협의를 통해 결정되어야 할 것이다.

내가 이렇게까지 '사회 구상'을 중요하게 여기는 이유는 구상의 빈곤이 그대로 행위의 빈곤으로 이어지기 때문이다. 이러한 우려를 단적으로 보여주는 한 가지 사례가 1970년에 개최된 오사카 만국박람회다. 이 박람회에서 시연으로 제안된 기술 몇 가지가 사회에서 실제로 상용화되었다는 사실은 잘 알려져 있다. 대표적으로 알려진 제품은 무선전화, 비데, 무빙 워크 웨이, 모노레일 등이다. 개최 주제가 '인류의 진보와 조화'라는 장대한 문구였던 것을 생각하면 솔직히 말해 '이 주제로 이걸?' 하는 인상을 지울 수 없다. 비데는 확실히 편리하고 쾌적하지만, 이것을 가지고 '인류의 진보'라고 하기는 꽤 미묘한 느낌이 든다.

일상에서 상용화되지 못한 제품들을 열거해보면 그 빈곤한 구

상력에 우스꽝스러움을 넘어서 일종의 전율이 느껴진다. 당시 오사카 만국박람회의 명물로 굉장한 화제를 불러 모았던 '인간 세탁기'가 대표적이다. 사람이 머리만 밖으로 내놓은 상태로 직경 2미터 정도의 캡슐에 들어가면 초음파에서 발생한 거품이 몸을 닦아주고, 앞뒤 노즐에서 온수 샤워가 나오며, 마지막에는 온풍을 쐬어주는 건조 단계까지 모든 과정이 자동으로 진행되는 장치다.

지금 돌이켜보면 고약한 농담이라고밖에 말할 수 없는데, 만국박람회에서 소개할 전시품을 기획 검토할 때, 산요전기(三洋電機)의 창업자인 이우에 도시오(井植歲男) 회장이 "자신을 씻어주는 세탁기를 만들면 분명히 히트칠 것"이라며 제안한 말이 발단이 되어 실현된 모양이다. 놀라운 것은 이 인간 세탁기가 단순히 만국박람회에서 선보인 데서 끝나지 않고 실제로 판매되었다는 사실이다. 그 가격은 무려 800만 엔(약 8000만 원 – 역주)! 당시의 대졸 초봉이 3만 7000엔(약 37만 원) 정도였으니 현재 가격으로 환산하면 무려 4000만~5000만 엔(약 4억~5억 원) 정도가 된다. 이 제품의 관계자들은 대체 무슨 생각을 했던 것일까.

가난한 풍요밖에 구상하지 못했다

다시 한번 생각해볼 것이 바로 발상의 빈곤이다. 일본인에게 입욕 행위는 신체를 청결하게 유지한다는 일상생활에서의 필요성을 넘어서 과도한 기쁨을 위해 발달한 문화다. 고도 경제 성장기의 사람들에게도 마찬가지로 목욕은 하루가 끝났다는 안도감, 그리고 사소하면서도 절실한 기쁨을 맛볼 수 있는 매우 소중한 시간이었을 것이다. 그런 여유로운 기쁨의 시간을 하필이면 기계로 전자동화해서 효율성만 높이려 하다니 이 얼마나 풍요로운 발상과는 동떨어진, 그야말로 빈약하기 짝이 없는 발상인가.

이 책에서는 이미 제1장에서 1970년 전후로 일본은 문명화 종료 단계로 들어섰다고 설명했다. 마침 그 시기에 개최된 행사가 오사카 만국박람회였다. 그렇기에 더더욱 그때까지의 연장 선상과는 다른, 새로운 진보를 보여주고자 하는 취지였거늘, 실제로 진보라며 전시된 제품들을 보면 그 빈곤한 구상력에 크게 실망하지 않을 수 없다. 그때까지 오로지 '문명화 = 도움이 되는 일'이라는 사고로 가치를 창출해온 사람들이 미래에 대해 '더욱 도움이 되고 더욱 편리한 물건이 있는 생활'이라는 '빈곤한 풍요'밖에 구상하지 못했던 것이다. 이처럼 사회란 의식적으로 구상하지 않으면 그때까지의 관성과 타성에 따라 연장선상을 계속 달리게 된다.

오사카 만국박람회가 열렸을 당시, 사람들에게 강하게 작용하던 관성은 '문명화'였다. 이는 '더 편리하게' '더 효율적으로' '더 짧은 시간 내에'라는 방향으로의 진보를 추진하는 힘으로 작용했다. 그렇기에 오사카 박람회에서 보여준 미래 사회는 목욕이 자동화되고, 태풍은 수소폭탄으로 사라지며, 수도꼭지에서 주스가 샘솟고 벽에서 신문이 나오는 등 모두에게 '쾌적하고 편리'한 물건으로 구상되었던 것이다.

하지만 우리는 이미 이 같은 '편리성'에 별로 풍요로움을 느끼지 못하게 되었다. 오히려 정반대 방향인 '정서와 로망을 수반하는 불편함'에서 오히려 풍요로움을 느끼게 되었다. 이러한 현재를 근거로 다시금 오사카 만국박람회에서 나온 제안을 되돌아볼수록 미래 구상의 어려움과 중요성을 통감한다.

사회적 균형성과표 도입

우리가 지향해야 할 사회가 어떻게 그려지는지와 관계없이, 그것은 분명 극히 다양한 서브 시스템으로 구성되는 복잡한 시스템이 될 것이다. 이렇게 복잡한 시스템을 단일 지표로 측정, 평가하는 것은 마치 돈키호테처럼 무모한 행동이라고 하지 않을 수 없다.

사회와 마찬가지로 복잡한 서브 시스템으로 구성돼 있는 인체의 건강 상태를 확인하는 종합건강검진에서는 수십 가지 지표로 각 항목의 수치를 확인하고 지표 사이에 우열을 두지 않는데, 인체처럼 복잡한 시스템으로 구성돼 있는 사회의 건전성을 측정할 때는 어째서 GDP만 두드러지게 중요한 지표로 다뤄지는지 매우 의아할 뿐이다.

이 책에서 여러 차례 지적했듯이, 문명화가 미성숙한 상황이라면 GDP가 우선되는 지표로 받아들여지는 데 어느 정도 수긍할 수 있을지도 모르지만, 이미 문명화가 종료 단계에 들어서 있는 세계에서 GDP만 특별히 중시하여 이를 바탕으로 사회 운영의 우열을 판단한다면 오히려 폐해를 초래하게 될 뿐이다. 우리 사회에는 경제 성장과 트레이드오프 관계에 있는 다양한 요소가 있어 단독 항목에 특별히 중점을 두고 평가하면 도리어 균형이 깨질 수 있기 때문이다.

그렇다면 어떻게 해야 할까? 나는 '사회적 균형성과표(Social Balanced Scorecard)'라는 개념을 제안하고자 한다.[*] 균형성과표(Balanced Scorecard)[**]는 기업의 실적을 매출과 이익 같은 단기적

---

[*] 이 이름을 붙일 때, 현재 보급되고 있는 '대시보드'라는 명칭을 군이 사용하지 않은 것은 필자가 명명의 영예를 독점하고 싶어서가 아니라 그저 단순히 복수의 지표가 열거되어 있는 대시보드의 이미지보다 각각의 지표가 트레이드오프 관계에 있고 그들을 어떻게 균형 있게 관리할까, 어떤 지표에 중점을 둘까 하는 '주체적인 의사 결정(Will to Manage)'의 의미를 담고 싶었기 때문이라는 사실을 밝혀둔다.

인 개념과 지표만으로 평가하지 않고 다양한 측면에서 균형 있게 평가하는 평가 체계이다. 구체적으로 독창적인 균형성과표에서는 '재무' '고객' '실적' '인재'의 네 가지 항목으로 기업을 평가한다.

이때 중요한 점은 이 네 가지 지표가 트레이드오프 관계라는 사실이다. 단기적으로 이익을 높인다는 목표를 설정했다고 가정해보자. 제조 원가를 삭감하고 인건비를 낮추면 짧은 기간 내에 달성할 수 있지만, 장기적으로는 고객 이탈과 직원의 사기 저하 문제를 초래해 오히려 실적이 저조해질지도 모른다. 여기서는 '중기와 단기'라는 시간축과 '내부와 외부'라는 공간축이 평가 지표의 쌍을 이룬다.

우민화 정책의 한계

사회 운영에 이용되는 지표에 관해서도 한 가지 지표가 두드러지게 중시되는 게 아니라, 우리가 지향하는 고원사회를 염두에 두고 다원적인 시점에 입각한 균형성과표 같은 사고방식이 필요하다.

그러면 그 '성과(score)'란 어떤 지표로 구성되어야 하는가? 이는 '어떠한 사회를 만들고 싶은가?' 하는 논의 후에 고찰되어야 할 주제이지만, 고원사회가 누구나 활기차게 자신다움을 발휘할

** 독창적인 균형성과표는 1992년에 당시 하버드 비즈니스스쿨 교수였던 로버트 캐플런(Robert Kaplan)과 경영 컨설턴트였던 데이비드 노튼(David Norton)이 제안했다.

수 있는 직업에 종사하면서 건강하고 문화적으로 만족한 인생을 살 수 있는 사회라고 전제한다면 그 사회 지표에는 다음과 같은 유량(flow)과 저량(stock)'질과 양''단기와 중장기'에 관한 항목이 포함되어 있어야 한다.

- GDP(때에 따라서는 측정법을 수정한 것)
- 주관적 행복감과 생활 만족도
- 빈곤율 및 경제적 격차 수준
- 실업률
- 일에서 느끼는 보람의 수준
- 노동 시간
- 장애인의 사회 참여 및 소득 수준
- 학습 기회, 성장 기회 접근성
- 예술과 문화 접근성
- 자연 환경 접근성
- 의료 접근성
- 커뮤니티 접근성
- 사회 관계 자본 상태
- 다양성의 수준
- 총배출 탄소량 등 환경 부하 수준
- 자연 환경의 보존 정도

당연히 이들 요소를 모두 동시에 만족시킬 수는 없다. 경제 성장을 우선하면 미국같이 비참한 격차 사회를 초래할 것이고, 격차를 시정하는 데 무게를 두면 경제 성장은 어느 정도 희생하지 않을 수 없다. 하지만 그렇다고 해서 어떤 요소를 딱 잘라낼 수도 없다.

이 점이 바로 기업 경영과 사회 운영의 큰 차이다. 기업을 경영하는 데 있어서는 완급 조절이 중요하므로 처한 상황에 따라 소수의 핵심 성과지표(KPI)*만 집중적으로 향상시키는 데 목표를 두는 것이 일반적이지만, 정치에 요구되는 것은 '자원 분배의 예술'이다. 다시 말해 무언가를 버리지 않고 전체의 균형을 유지하면서 상황에 맞춰 어느 정도 중요도의 변화를 꾀해야 한다.**

본래 양당제에서는 이들 지표 가운데 정책적으로 어느 지표를 우선하고 어느 지표를 나중 순서로 미룰 것인지 하는 논점에 관해 격렬하게 의견을 다투는 두 개의 정당이 선거에서 각각의 사회 구상을 국민에게 호소하면 국민은 그들의 제안을 찬찬히 살펴보고 투표한다. 그런데 일본은 정부의 우민화 정책이 매우 잘 기

---

* 'Key Performance Indicator'의 약어. 조직의 목표를 달성하는 데 가장 중요시되는 지표.

** 덧붙이자면, 이 두 가지는 요구되는 자질이 크게 달라서, 둘 중 어느 한 가지로 성공한 사람은 다른 한쪽으로는 잘 되지 않는 경우가 많다. 전형적인 사례가 영국의 정치가 윈스턴 처칠이다. 전시하에 영국의 모든 자원을 나치 독일과의 전쟁에 투입해야 하는 상황에서는 리더십을 훌륭하게 발휘했지만, 종전 후에 평화가 찾아온 뒤엔 아무리 잘 봐줘도 이류라고밖에 할 수 없는 성과로 일관했다.

능했기 때문에 이러한 메커니즘이 전혀 제 기능을 하지 못하고 거의 일당독재 체제인 채 이미 75년이 지났다. 하지만 이제 이런 방식은 한계가 이르렀다는 증거가 여기저기서 나타나고 있다.

조세율 재검토

조세율의 재검토란 한마디로 세금을 올리라는 뜻이다. 나는 최근 들어 많은 곳에 이 제안을 하고 있는데, 이렇게 제안하면 많은 사람이 눈을 동그랗게 뜨면서 '이 인간이 정신 나간 거 아냐?' 하는 듯한 표정을 짓는다. 아마도 '지금도 생활하기가 빡빡한데 대체 무슨 소리를 하는 거야?'라고 생각하겠지만, 모든 일에는 반드시 표면과 이면이 있기 마련이다. 조금 진정하고 증세(增稅)로 인해 빼앗기는 것만이 아니라 얻는 것에 관해서도 확실히 알아보자.

앞서 말한 UBI(보편적 기본소득) 제도를 도입하고, 더불어 기부 등으로 대표되는 증여 시스템을 구축할 경우, 증세는 피할 수 없는 일이다. 현재의 일본은 세수(稅收)로 세출(歲出)을 감당할 수 없는 상태로, 기초 재정수지가 항상 마이너스를 기록한다. 수입과 지출을 맞추기 위해 차입금이 매년 늘어나고 있기 때문에 현재 이상의 복지 수준을 실현하려면 증세를 피할 수 없다.

원래 일본의 조세율은 '너무 낮게' 책정되어 있었다. 막연히

도표17: 국민부담률(국민소득 대비)의 국가별 비교 (OECD 34개국)

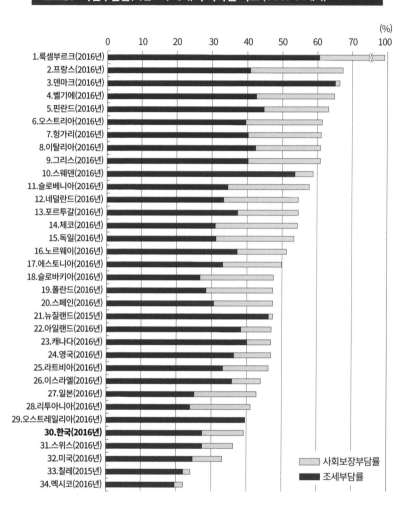

※ OECD 가맹국 36개국 가운데 34개국의 수치. 나머지 2개국(아이슬란드·터키)의 경우는
   국민소득 수치를 확보하지 못해 국민부담률을 산출할 수 없어 게재하지 않음.

출처: 일본 내각부 〈국민경제계산〉 등, 국가별 National Accounts(OECD) Revenus Statistics(OECD)

'일본의 세금이 높다'고 생각하는 사람이 많은데, 일본의 국민부담률은 다른 국가들과 비교해도 결코 높은 수준이 아니다. 오히려 OECD 36개 가맹국 가운데서 여덟 번째로 국민부담률이 낮다.

〈도표17〉을 살펴보면, 일본의 세율이 그다지 높지 않다는 것을 알 수 있다. 최근 몇 년 동안 일본의 국민부담률은 40%대 초에서 중반을 오가고 있는데,* 선진 8개국이라고 불리는 국가 중에서 일본보다 국민부담률이 적은 국가는 미국밖에 없다. 유럽의 여러 국가를 살펴보면, 프랑스 68%나 핀란드 63%를 비롯해 일본보다 국민부담률이 훨씬 높은 국가가 무척 많다는 사실을 알 수 있다.

일본의 국민부담률이 너무 높다고 생각하는 사람이 보기에는, 일본보다 20%나 국민부담률이 높은 국가에서는 분명 국민들이 세금 부담에 허덕이며 길가의 풀을 뜯어 먹고살 정도로 비참하고 가난한 생활을 강요당하고 있을 거라고 생각할지도 모른다. 그런데 실상은 전혀 그렇지 않다.

행복도 순위가 높은 국가의 국민부담률

다음 〈도표18〉을 살펴보자. 가로축에 국민부담률, 세로축에 세계 가치관 조사에서 발표한 국가별 행복도 순위가 표시되어 있다.

---

* 재무성의 발표에 따르면, 일본의 2020년도 예산을 토대로 할 때 국민부담률 44.6%, 조세부담률 26.5%, 개인소득과세 8.0%, 법인소득과세 5.4%, 소비과세 9.4%, 자산과세 등 3.6%, 사회보장부담률 18.1%이다.

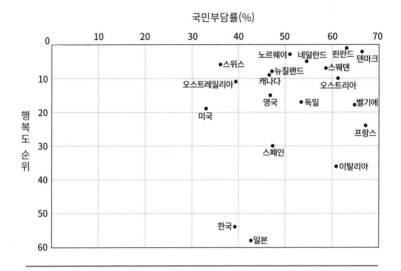

도표18: 세계 행복도 순위와 세금의 국민부담률

한눈에 봐도 행복도 순위의 상하와 국민부담률의 고저에는 거의 관계가 없다는 사실,** 특히 행복도 순위가 높은 국가는 한결같이 국민부담률이 높다는 사실(행복도 순위 상위 5개국의 평균 부담률은 58.9%로 OECD 가맹국의 평균 부담률 50.8%보다 8.1% 포인트 높다)을 알 수 있다.

그렇다면 국민부담률을 높이면 어떤 긍정적인 효과를 기대할

** OECD 전 가맹국의 데이터를 이용해 행복도 순위와 국민부담률의 상관관계를 살펴 보면 R2의 수치는 0.074로, 상관관계가 없다고 해도 좋다.

수 있을까. 물론 앞서 말한 보편적 기본소득과 같은 높은 복지의 실현이라는 핵심 목적도 있지만, 국민부담률을 높이면 고원사회의 가치 기준을 설정하는 데 세 가지 부가적인 효과를 기대할 수 있다.

첫째는 고부담률의 세제(稅制)를 기부에 따른 세금 공제 체제와 조합함으로써 '증여 문화'를 형성할 수 있지 않을까 하는 점이다. 이는 특히 부유층을 대상으로 한다는 점에서 주목할 만하다. 가령 프랑스에서는 연수입이 2000만 엔을 넘으면(엄밀하게는 15만 7806유로, 약 2억 원) 45%의 소득세율이 적용된다.*

이 45%의 세금은 고스란히 국고로 들어갈 수도 있지만 어딘가에 기부한다면 소득 금액에서 기부 금액을 공제한 잔액에 세율이 적용되므로 절세할 수 있다. 이렇게 하면, 자신이 번 돈의 절반을 정부에 징수당한 뒤에 공감도 납득도 하지 못하는 용도로 사라지는 것을 보느니 개인적으로 응원하는 단체나 개인에게 증여하고자 하는 사람이 증가할 것이다.

이미 언급했듯이, 우리 사회에 잔존하는 문제의 대다수가 그 문제를 해결한다고 해서 큰 경제적 이익을 얻을 수 있는 것도 아니다. 그렇다 보니 소위 시장 원리에만 의지하다가는 문제가 영원히 해결되지 않은 채 사회에 방치되기 쉽다. 만약 기부에 의한

---

* 일본무역진흥기구(JETRO) 홈페이지(https://www.jetro.go.jp/world/europe/fr/invest_04.html).

증여 문화가 조성된다면 경제 합리성의 한계를 넘어 이런 문제를 해결하기 위한 인력이나 조직을 늘리는 데 큰 도움이 될 것이다.

엉터리 일자리를 줄이기 위한 정책

국민부담률을 높임으로써 얻을 수 있는 둘째 효과는 '돈을 위해서 악착같이 일해도 소용없다'는 가치관을 확산시킬 수 있다는 점이다.

예를 들어 일본에서 2000만 엔 이상의 소득에 70%의 소득세를, 5000만 엔 이상의 소득에 90%의 소득세를 징수한다면 어떤 일이 일어날까. 아마도 세 가지 변화가 일어날 것이다.

첫 번째 변화는 악착같이 일해 수입을 늘리는 게 바보 같은 짓이라고 생각하는 사람이 분명히 늘어날 것이다. 필사적으로 일해 많은 급여를 받게 되었다고 해도 대부분이 세금으로 국가에 징수된다면 많은 사람이 돈을 위해서가 아니라 활동 자체가 즐거움이 되는 일을 선택할 것이다. 이것은 노동을 생활하기 위한 수단적인(instrumental) 활동에서 노동 자체가 즐거움이 되는 자기충족적인(consummatory) 활동으로의 전환을 꾀하는 고원사회에서 매우 중요한 핵심 요소이다. 혹은 일하는 시간을 조금 줄여서라도 음악을 즐긴다거나 스포츠로 땀을 흘린다거나 가족과 대화를 나누는, 본질적으로 여유로운 활동을 하는 데 더 많은 시간을 사용하게 될 것이다. 이렇듯 일과 삶의 관계가 변화한 모습은 고원사회에서 추구하는 바이다.

두 번째 변화는 기업 측에도 굉장히 높은 보수를 지급할 동기가 없어진다는 것이다. 높은 보수를 제공해도 대부분 세금으로 나간다면 좋은 인재를 채용하기 위한 열쇠가 경제적인 보수에서 비경제적인 보수, 즉 일에서 얻는 보람이나 함께 일하는 동료와의 상성, 자유 재량권의 크기 등의 요소로 전환될 것이다. 이런 전환은 사회에서 엉터리 일자리, 즉 보수 자체는 매력적이지만 일의 내실은 공허하고 스스로 의의나 의미를 느끼지 못하는 일을 줄이는 계기가 될 것이다.

정치 참여도를 높인다

마지막으로 세 번째, 국민부담률을 높임으로써 국민의 정치 참여도(commitment)를 높일 수 있다. 국민부담률이 인상되는 것을 극도로 싫어하는 사람에게 그 이유를 물으면 주로 '정치가와 관료들이 좋을 대로 사용해서 국가 예산이 부족해진 건데 왜 우리가 그 뒷감당을 해야 하느냐'는 의견이 많이 나온다. 하지만 딱히 그렇게만 생각할 수는 없다.

만약 지금 이 책을 읽고 있는 자신이 그렇게 느끼고 있다면 한번 생각해보라. 그렇다면 왜 더욱 정치에 적극적으로 참여하지 않았는가? 일본은 의회제 민주주의를 채택하고 있기 때문에 납득할 수 있는 세금 사용 방법을 제안하는 정당과 정치가를 지원하거나 혹은 반대로 납득할 수 없는 세금 사용법에 대해서 반론할 권리가 헌법에 보장되어 있다. 우리는 이러한 권리를 이용해 우리에게 바람직한 방법으로 세금을 사용하게끔 압력을 넣고 있는가. 이러한 의식을 가진 사람이 있다는 사실을 부정하지는 않겠지만 전반적인 추세를 보면 '적다'고 판단하지 않을 수 없다.

2019년 7월에 시행된 제25회 참의원 의원 통상선거 때 투표율은 48.8%였다.[*] 다른 국가의 상황을 모르는 사람이 이 수치만 본다면 '대개 그렇지 뭐' 하고 생각할지도 모르겠지만, 다음 자료를 살펴보자. 어떤 벌칙 규정이나 의무 투표 제도도 설정하지 않은 국가들의 투표율이다. 이 수치를 보면 어떤 생각이 드는가.[**]

벨기에	…	88.4%
스웨덴	…	87.2%
덴마크	…	84.6%
아이슬란드	…	81.2%
노르웨이	…	78.2%
독일	…	76.2%
핀란드	…	68.3%

이들 수치와 비교해보면 일본의 투표율이 얼마나 낮은 수준인지, 다시 말해 정치에 대한 국민의 참여도가 얼마나 낮은지 잘 알

---

[*]   일본 총무성 홈페이지.
[**] 글로벌노트 데이터베이스 〈세계의 의회선거투표율 국가별 순위와 추이〉.

수 있다.* 투표율이 높은 국가가 모두 국민부담률이 높은 국가라는 사실은 어떤 의미에서 자연스러운 현상이다.

자신이 벌어들이는 수입의 절반 이상을 정부에 맡겨야 한다면 모인 돈의 용도에 깊은 관심을 두는 것이 당연하다. 이러한 높은 관심은 사람들의 정치에 관한 이해력과 분석력을 향상시킨다. 정당이나 정치가가 제안한 정책이 좋은지 나쁜지, 올바른지 그른지 스스로 판단하기 위해서는 사회가 안고 있는 과제를 이해하고 어떠한 해결법이 바람직한지 생각하기 위한 공부가 필요해지기 때문이다. 이것은 고원사회에서 경제 합리성 곡선의 바깥에 있는 사회적 과제를 해결해 나가는 데 매우 중요한 점이다.

세상을 해롭게 하는 무비판적이고 무관심한 선인

일본에는 '무관심'이라는 병이 만연해 있다. 이는 민주주의에 매우 위험한 징조다. 세상을 좋지 않은 방향으로 이끄는 것은, 보기에 이거다 싶은 '알기 쉬운 악인'이 아니라 '무비판적이고 무관심한 선인'이기 때문이다. 일찍이 1960년대 미국에서 공민권 운동을 이끈 마틴 루터 킹(Martin Luther King) 목사는 사회 변혁을 저해하는 요인으로 선인의 무관심을 지적하며 다음과 같이 한탄했다.

---

* 선진국 가운데 일본과 비슷한 투표율을 보인 국가는 미국뿐이지만(대개 50% 전후), 미국에서는 투표할 때 유권자 등록을 해야 하는 등 일본과는 선거 시스템이 다르기 때문에 단순히 수치만으로 비교하기는 어렵다.

이 변혁의 시대에 가장 비극적인 것은 악인들의 신랄한 말과 폭력
이 아니라, 선인들이 보여준 무서울 정도의 침묵과 무관심이었다.
— 마틴 루러 킹

고원사회에서 경제를 구동하는 힘은 '공감'과 '위로'다. 그러
한 사회에서 무관심은 최대의 적이 될 수밖에 없다. 이를 없애기
위해서라도 모두가 부담을 나누는 '고부담, 고복지' 사회로 전환
해야 할 것이다.

교육 시스템의 재설계

이번에는 교육에 관한 이야기를 해보자. 일본의 교육 시스템
에 관해서는 교육학자와 교육 실무에 관여하는 사람들을 중심으
로 활발한 논의가 이루어지고 있으므로, 이래라저래라 세세하고
구체적인 내용까지 언급할 생각은 없다. 다만, 교육에는 문외한이
지만 조직 개발과 인재 육성, 조직 변혁 프로젝트에 20여 년간 몸
담아 일해온 컨설턴트로서, 현재 외부에서 진행되고 있는 소위 교
육 개혁이란 것을 보고 있자니 몇 가지 '단추를 잘못 채웠다'고 표
현할 수밖에 없는 중대한 오류가 있다고 느꼈기에 문제 제기만이
라도 하려고 한다.

과학기술의 발전과 산업 구조, 취업 구조 등의 변화에 대응하기 위해서는 개성 넘치고 창조적인 인재가 필요하다. 지금까지의 교육은 기억력 중심의 주입식 교육 경향이 있었지만 앞으로의 사회에서는 지식과 정보를 단순히 획득하기만 할 게 아니라 그것을 적절히 활용할 줄 알아야 하며, 스스로 생각하고 창조해서 표현하는 능력이 더욱 중시되어야 한다. 창조성은 개성과 밀접한 관계가 있으니 개성을 살려야 진정한 창조성을 기를 수 있다.

이 글을 읽으면 대부분 '아, 최근 많이 들어본 말이네. 그래서 이게 어쨌는데?' 하고 생각하겠지만 사실은 그렇게 생각하고 넘어갈 일이 아니다.

위의 인용문은 1987년 임시교육심의회에서 발췌한 내용이다.[*] 이 글을 읽으면 교육 관계자들이 자주 입에 올리는 '창조성 중시' '개성 존중' '주입식 교육 탈피' 같은 교육 과제가 이미 30년도 더 전에 마땅히 그랬어야 하는 조직에서 정당화되었다는 사실을 알 수 있다. 그렇다면 그 후 일본 교육의 실태는 그전과 비교해서 크게 달라졌을까? 엄밀하게 평가하기는 어렵겠지만 당당하게 '그렇

---

[*] 임시교육심의회는 교육 개혁을 목적으로 설치된 총리 직속 자문 기관이다. 1980년대부터 입시 경쟁의 과열화, 청소년 비행의 증가, 학교 내 폭력, 집단 따돌림, 등교 거부 등으로 대표되는 교육 환경의 황폐, 학력 사회의 폐해 등이 사회 문제가 되어 1984년에 소네 야스히로(曽根康弘) 총리의 주도하에 장기적 전망으로 교육 개혁에 착수하기 위해 임시교육심의회가 설립되었다.

다'고 답할 수 있는 사람은 한 명도 없을 것이다.

취업 활동에서 드러나는 명분과 본심의 기만

30년도 더 전에 이미 '문제 = 무엇을 바꿔야 하는가?'와 '해결책 = 어떻게 바꿔야 하는가?'를 정확히 알고 있었으면서도 수없이 많은 시도를 거쳐도 이렇다 할 변화가 일어나지 않았다는 사실을 보면 똑같은 논의 끝에 똑같은 해결책을 실시하더라도 또다시 똑같은 30년을 되풀이하게 될 뿐이라는 예상이 가능하다. '이제 웬만하면 이런 논의는 그만두지 않겠습니까?' 우선 나는 이렇게 제안하고 싶다.

개선해야 할 문제가 명확하게 드러나 있는데 여러 차례 대처해도 큰 변화가 일어나지 않는다면, 그 문제는 복잡한 시스템에 의해 발생했을 가능성이 높다. 여기서 말하는 복잡한 시스템은 문제를 야기하는 시스템이 개방형(open system)으로 되어 있어서 눈에 보이는 범위 이상의 광범위하고 다양한 인과 관계에 의해 발생한 문제라는 의미다.

'학습하는 조직'이라는 개념을 주장하고 20세기 경영과학에 가장 큰 영향을 미쳤다고 하는 MIT 슬론 경영대학원의 피터 센게(Peter Senge) 교수는 이러한 문제를 해결하는 데는 기존에 사용해온 전체를 부분으로 나눠 잘못된 부분을 고친다는 요소 환원주의적 방법론, 즉 '논리 사고'가 기능하지 못하므로 전체를 통합적으로 인식하는 '시스템 사고'로 접근해야 한다고 주장했다. 다시 말해, 이 문제를 해결할 때 문제의 원인이 되는 요소는 교육이라는 테두리의 바깥에 걸치듯이 얽혀 있어, 이들 요인에 대처하지 않는 한 본질적인 해결을 할 수 있을지 의심스럽다는 의미다.

교육 현장에서 다양한 시도와 도전이 결국 무효가 되고 마는 것은, 교육 과정보다도 과정의 출구에 위치한 취업 활동과 그 후에 계속되는 경제 활동, 그리고 사회 활동 속에 잠재해 있다. 무슨 뜻일까. 이 책은 교육에 관해 이야기하는 책이 아니며, 더욱이 이 부분은 어디까지나 이 책의 보충 자료로 쓴 것이므로 여기서 상세히 고찰할 생각은 없지만, 본질적인 원인을 꼽아본다면 다음과 같은 이유를 들 수 있다.

본심으로는 아무도 개성적인 인재를 원하지 않기 때문에.

사회의 대세는 개성적인 인재 따위 원하지 않으며 오히려 반대로 순종적이고 올곧은 인재를 원한다. 게다가 아이들은 이 '명분과 본심'의 기만을 간파하고 있기에 창조성이나 개성을 기르겠다는 교육이 무의미하게 형태만 갖춘 채 공회전을 계속하는 것이다.

신규 대졸 일괄 채용 시스템의 종말

이러한 지적에 대해 '아니, 그렇지 않아. 나는 정말로 개성적인 인재를 정말로 원해'라고 반박할지도 모른다. 하지만 사회의 다수

파는 개성적인 인재 같은 건 원하지 않는다는, 어른의 본심을 드러내는 사회 규칙과 체계를 여기저기서 찾아볼 수 있다. 가령 '신규 대졸 일괄 채용'이라는, 세계적으로도 유례없는 이상한 채용 방식이 아직도 계속되고 있는 까닭은 무엇일까.

신규 대졸 일괄 채용이란 모두 똑같은 시기에, 모두 똑같은 활동을 하고, 모두 똑같은 시기에 입사하는 과정이 전제되어 있다. 심지어 채용하는 측인 기업은 정중하게 채용 활동 시작일까지 똑같이 맞추는 기괴한 일까지 벌이고 있다. 이러한 채용 방식을 주요 인재 획득 수단으로 삼고 있다는 것은, 사회의 규칙에 동조하지 않는 개성 있는 인재는 필요 없다는 메시지를 보내는 것이나 마찬가지다.

최근에는 어느 기업이나 판박이처럼 '변혁을 스스로 주도할 수 있는 개성적인 인재를 추구한다'는 개성이라곤 찾아볼 수 없는 메시지를 취업 시장에 내걸고 있는데, 대졸 일괄 채용이라는 채용 방식을 취하면서 이러한 메시지를 보내는 자체가 자기기만이다. 이런 메시지를 접할 때마다 잘도 그렇게 유들유들하게 떠들고 있다고 매번 감탄한다.

여기에는 심각한 문제가 있다. 평가에는 반드시 정확도와 시간의 트레이드오프가 발생하기 때문이다. 단기간에 평가하려면 아무래도 정확도가 희생되고, 정확도를 높이려고 하면 아무래도 시간이 걸린다. 특히 개성이나 창조성같이 성향에 관한 요건은 시험으로 평가할 수 없기 때문에 높은 정확도로 평가하려면 막대한 시간과 비용이 든다.

〈도표19〉는 인재 육성의 세계에서 많이 사용되는 전형적인 '빙산 모델'을 도식화한 것이다. '빙산'이라 표현한 이유는, 인재 요건이 '수면 위로 나와 있어 외부에서 관찰하기 쉬운 요건'과 '수면 아래에 가라앉아 있어 외부에서는 관찰하기 어려운 요건'의 조합으로 이루어져 있기 때문이다.

입시에서 이뤄지는 문제 해결 능력은 말할 것도 없이 지식과 기술(skill)에 해당하며, 이는 상대적으로 외부에서 평가하기 수월하기 때문에 대졸 일괄 채용에서도 쉽게 평가할 수 있다.

반면에 개성이나 창조성은 역량(competency)이나 동기, 성격에 관련된 항목이므로 단기간에 외부에서 평가하기가 매우 어렵다. 역량을 능력이나 스킬과 혼동하고 있는 사람이 많은데 이 둘은 전혀 다른 개념이다.

역량이라는 개념을 처음으로 주장한 사람은 하버드대학교에서 행동심리학을 가르쳤던 데이비드 맥클러랜드(David McClelland)*다. 그가 이러한 개념을 도입하고자 한 까닭은 부모의 학력이나 수입에 크게 영향을 받는 지식과 스킬로 인재를 평가하면 사회 격차를 확대 재생산하게 된다는 문제의식이 있었기 때문이다.

---

* 데이비드 맥클러랜드(1917~1998): 미국의 심리학자. 역량과 사회적 동기 이론 등 심리와 조직 행동의 문제를 관련짓는 연구로 이후 조직심리학 발전에 지대한 영향을 미쳤다.

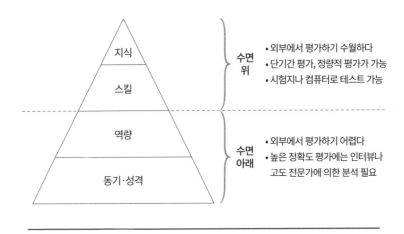

도표19: 인재 요건의 '빙산 모델'

- 지식
- 스킬

수면 위
- 외부에서 평가하기 수월하다
- 단기간 평가, 정량적 평가가 가능
- 시험지나 컴퓨터로 테스트 가능

- 역량
- 동기·성격

수면 아래
- 외부에서 평가하기 어렵다
- 높은 정확도 평가에는 인터뷰나 고도 전문가에 의한 분석 필요

이는 현재도 마찬가지다. 고액의 사교육 비용을 부담할 수 있는 가정에서 자란 아이와 그러한 환경에서 자라나지 못한 아이 사이에 지식과 스킬 차이가 생기는 것은 당연히 예측할 수 있다. 따라서 이러한 항목에 따라 인재를 선발하는 기업의 채용 담당자는 사회의 불공정을 확대, 재생산하는 엔진을 돌리고 있는 것이나 마찬가지다. 과연 당사자들은 이를 자각하고 있을까.

혁명은 '지금 여기에 있는 나'에서 시작된다

이야기를 되돌리면, 맥클러랜드 교수는 이러한 불공평의 영향에 주목해 역량, 즉 '어떤 상황에 맞닥뜨렸을 때 그 문제를 어떻게 해결할 것인가' 하는 사고 특성과 행동 특성을 측정해 인재를 선발해야 한다고 주장했다. 현재는 특히 해외 기업에서 인터뷰를 통해 채용하는 방법이 보편화되었는데, 인터뷰 형식이 주류가 된 이유는 실제로 일하는 모습을 관찰해보지 않으면 역량과 성격을 제대로 파악할 수 없기 때문이다.

이와 같은 상황을 곰곰이 생각할수록 결론은 한 가지밖에 없다. 그것은 '아무도 개성 있는 인재, 창조성 넘치는 인재를 진심으로 원하지 않는다'는 사실이다. 만약 진심으로 원했다면, 이러한 채용 방식은 진작에 철폐되었을 것이기 때문이다.

시스템 사고가 시작되는 기준점은 '현재의 시스템은 현재의 결과를 만들어내기 위해 완벽하게 최적화되어 있다'는 현상 인식이다. 이 책을 여기까지 읽은 여러분이라면, 틀림없이 현재의 교육 시스템에 큰 문제가 있다고 생각하고 있을 것이므로 '현재의 교육 시스템은 완벽하게 최적화되어 있다'는 주장에 강한 거부감을 느낄 것이다.

지금까지 수많은 복잡한 문제에 관여해온 경험에서 이렇게 지적하고 싶다. 이렇게 복잡한 문제를 해결하기 위해 시스템을 분석하면, 사람들이 실현하고 있는 것은 그들이 명분으로 말하는 '바람직한 미래'가 아니라, 그들이 본심으로 '지금 원하고 있는 것' 자체인 경우가 대부분이다.

다시 말해, 우리가 모두 현재의 교육 시스템에서 적잖은 대가를 받고 있으며 시스템을 바꿈으로써 그 대가를 잃게 되는 상황을 원치 않고 있다. 현재의 교육 시스템을 만들어내고 있는 것은 지금 이 책을 읽고 있는 당신 자신이다. 이런 인식을 중심에 두지 않고 교육부가 잘못했느니 교육 현장이 엉망이라느니, 사교육이 모든 악의 근원이니 목소리를 높여봐야 오늘날 우리가 안고 있는 문제는 영원히 해결되지 않을 것이다. 이 책은 여기서 마치겠지만, 현재 비참한 세상을 만드는 데 일조하고 있는 사람은 바로 자신이라는 의식은, 이 책에서 내가 제시한 모든 개혁안의 토대가 될 것이다.

'어딘가에 있는 누군가'에 의해 문제가 일어나고 있는 이상, 그것을 수정하는 것 또한 '어딘가에 있는 누군가'라고 생각하는 사람으로 세상은 넘쳐나고 있다. 이러한 사람들이 쏟아내는 증오로 가득 찬 공격의 말이 가상 공간을 쓰레기장으로 만들고 있다. 이러한 세계 인식의 끝에는 '침체된 어두운 골짜기'밖에 다가오지 않을 것이다. 만약 우리가 성숙하고 밝은 고원 같은 사회를 만들고 싶다면, 우선 '지금 여기에 있는 나'로 인해 많은 문제가 일어나고 있는 이상, 혁명도 또한 '지금 여기에 있는 나'부터 시작해야 한다는 의식을 가져야 한다.

자본주의 사회의 해커들에게

모든 혁명의 열정으로 너를 감싸 안는다.

Te abraza con todo fervor revolucionario.

— 에르네스토 체 게바라

이 세계에는 두 부류의 인간이 있다. 하나는 이 세계를 '뭔가 이상하다' '뭔가 불합리하다'고 느끼고 그것을 바꾸고 싶어 하는 사람, 또 한 부류는 이 세계를 '그런 거지' '어쩔 수 없다' 하고 받아들이고 그 안에서 요령 있게 행동하며 살아가고자 하는 사람이다. 만약 당신이 후자의 유형이라면 이 책의 내용이 별로 도움이 되지 않았을 것이고, 따라서 이 '저자 후기'까지 읽기가 어려웠을 것이다. 즉, 지금 이렇게 이 후기를 읽고 있는 당신은, 전자의 유형이라는 뜻이다. 세상에 넘쳐나는 불합리와 부조리에 분개하고 그것을 바꾸고 싶어 하면서도 거대한 적을 앞에 두고 어떻게 행동해야 좋을지 깊이 고민하는 사람들이다.

나는 이러한 여러분에게 앞으로 '자본주의의 해커'가 될 것을 제안한다. 우리가 의지하고 있는 사회 시스템을 외부에서 망치로 깨부술 게 아니라, 시스템 내부로 침입해서 머지않아 시스템 자체의 움직임을 바꿀 수 있는 활동을 하는 조용한 혁명가들. 앞으로 세계 곳곳에서 이러한 사고 양식과 행동 양식을 지닌 사람들이 나타나는 모습을 우리는 보게 될 것이다. 이들이야말로 21세기 사회 변혁을 주도할 '자본주의 사회의 해커'다.

20세기 전반에 활약한 독일의 철학자 마르틴 하이데거(Martin Heidegger)는 '세계극장'이라는 개념을 통해 현존재, 즉 우리의 본질과 우리가 사회에서 수행하는 역할은 다르다고 주장했다(세계극장은 세계란 일상적인 현존재가 연기하는 연극 같다는 하이데거의 사상에서 유래한 용어, 현존재(Dasein)는 인간이 현(Da)을 열고 이 현 안에 존재한다는 것을 표현한 말이다 - 역주). 무대에서 연기하는 역할을 심리학에서는 '페르소나(persona)'라고 하는데, 이는 원래 가면이라는 뜻의 라틴어다. 사람들은 실제 자신과는 다른 가면을 쓰고 주어진 역할을 연기한다. 인격을 뜻하는 영어 '퍼스널리티(Personality)'가 바로 이 페르소나에서 유래했다.

모든 인간은 세계극장에서 자신의 역할을 연기하기 위해 세계라는 무대에 올라갔다. 하이데거는 이를 '기투(企投, Entwurf, 이해의 실존론적 구조를 가리키는 하이데거의 철학 용어 - 역주)'라고 이름 붙였다. 그리고 기투된 사람들이 세계극장에서 맡은 역할에 매몰되어 가는 것을 '퇴락(verfallen)'이라고 명명했다. 여기서 문제가 되는 것은 현존재와 역할의 구분이다. 많은 사람이 세계극장에서 특정한 역할을 연기하는 퇴락한 자신과 본래의 자신을 구별하지 못한다. 멋있는 역할을 맡은 사람은 역할이 아니라 자신의 현존재를 '멋있다'고 생각하고, 변변찮은 단역을 맡은 사람은 역할이 아닌 자신의 현존재를 '변변찮다'고 생각한다.

당연하게도 주연급 역할을 맡은 사람은 극소수에 불과하다. 수많은 사람이 변변찮은 단역을 맡은 서투른 배우로서 세계극장의 무대에 서서 자신의 역할을 연기하기 위해 고생한다. 한편으로는 완전히 역할에 몰입해 신나게 노래하고 춤추는 주연급들에게 질투와 선망이 섞인 복잡한 감정을 느끼지만, 뒤에서는 '저렇게 되고 싶지는 않아' 하는 태도를 취하기도 한다.

이 세계가 건전하고 이상적인 상황이라고 여기는 사람은 세상에 단 한 사람도 없을 것이다. 즉, 세계극장에서 각본은 전혀 쓸모가 없다. 따라서 세계극장의 각본을 다시 써야 하는데, 이때 '누가 다시 쓸 것인가'하는 논점이 부각된다. 각본에 참견할 수 있는 사람은 그리 많지 않기 때문이다. 이것이 어려운 문제다. 각본을 수정할 수 있는 사람은 큰 영향력과 발언력을 가진 거물 각본가나 감독일 텐데, 조금만 생각해보면 알 수 있듯이 이들에게는 현재의 각본을 다시 고쳐 쓸 이유가 없다. 그들은 세계극장이라는 무대 위에서 좋은 역을 맡아 연기하고 있으므로 각본을 크게 변경할 이유가 없는 것이다. 다시 말해, 오늘날 세계극장에 완전하게 적응하지 못한 사람이나 단역을 강요받은 사람들이야말로 변혁가가 될 수 있다. 이 사람들이 마침내 자본주의 사회의 해커로서 세상을 바꿔나갈 것이다.

이러한 일이 가능할까? 물론 가능하다. 지금으로부터 100여 년 전의 세계를 떠올려보자. 당시 사회에서는 여성의 선거권이 인정되지 않았고, 태어날 때부터 정해진 경제 격차가 당연하게 용인되었으며, 수많은 어린아이가 가혹한 육체노동을 감당해야 했다. 또한 하천에는 맹독성 산업 폐수가 그 어떤 처리 과정도 거치지 않고 그냥 흘러 내려갔다. 현재의 우리로서는 믿기 어려운 디스토피아를 '원래 그런 거야' 하고 단념하며 받아들였던 것이다. 그렇다면 왜 이런 행동과 습관이 오늘날 사회에서 근절된 것일까? 말할 것도 없다. '이건 이상하다'고 적극적으로 목소리를 낸 사람들이 있었기 때문이다. 그들 대다수는 역사에 이름을 남길 만한 혁명가가 아니었지만 우리 사회가 당시보다 조금은 나아졌다면 이것은 그들, 옛날 그 '이름 없는 해커들' 덕분이라는 사실을 우리는 잊지 말아야 한다.

우리는 바통을 넘겨받았다. 우리도 또한 전달받은 바통을 다음 세대로 넘겨줘야 한다. 현재의 우리가 '그런 거지 뭐' 하고 받아들이고 있는 현재의 사회도 100년 후의 사람들이 보면 '얼마나 어리석었던가!' 할 만한 행동과 습관으로 가득 차 있다.

위기라는 사실을 잊은 사람들, 현재의 세계를 '원래 다 그런 거야'라며 그대로 받아들이고 있는 사람들이 이 '어리석음'을 수정하리라고 기대할 수는 없다. 이 역할을 담당할 사람은 지금 바로, 이렇게 이 후기를 읽고 있는 당신이다. 반드시 '자본주의 사회의 해커'다운 자부심을 가지고 새로운 세계의 건설에 참여하길 바란다.

야마구치 슈

The Future of
Business

┊ **옮긴이** ┊ 김윤경

일본어 번역가. 다른 언어로 표현된 저자의 메시지를 우리말로 옮기는 일의 무게와 희열 속에서 오늘도 글을 만지고 있다. 옮긴 책으로는《철학은 어떻게 삶의 무기가 되는가》《뉴타입의 시대》《일을 잘한다는 것》《어떻게 나의 일을 찾을 것인가》《오늘 밤, 세계에서 이 눈물이 사라진다 해도》《5000일 후의 세계》《불안의 철학》《니체와 함께 산책을》《왜 일하는가》《어느 날, 네가 내 죽음에 들어왔다》등 70여 권이 있으며 출판번역 에이전시 글로하나를 운영하고 있다.

비즈니스의 미래

초판 1쇄 발행 2022년 9월 27일
초판 2쇄 발행 2022년 10월 4일

지은이 야마구치 슈
옮긴이 김윤경
펴낸이 유정연

이사 김귀분
책임편집 이가람 **기획편집** 신성식 조현주 심설아 유리슬아 서옥수 **디자인** 안수진 기경란
마케팅 이승헌 반지영 박중혁 김예은 **제작** 임정호 **경영지원** 박소영

표지 사진 Hiromichi Matono(띠지)

펴낸곳 흐름출판(주) **출판등록** 제313-2003-199호(2003년 5월 28일)
주소 서울시 마포구 월드컵북로5길 48-9(서교동)
전화 (02)325-4944 **팩스** (02)325-4945 **이메일** book@hbooks.co.kr
홈페이지 http://www.hbooks.co.kr **블로그** blog.naver.com/nextwave7
출력·인쇄·제본 성광인쇄 **용지** 월드페이퍼(주) **후가공** (주)이지앤비(특허 제10-1081185호)

ISBN 978-89-6596-531-2 03320